新版

事業承継支援コンサルティング研究会●編

専門家のための
事業承継
入門

事例で学ぶ！
事業承継
フレームワーク

FRAMEWORK

LOGICA
ロギカ書房

新版 はじめに

事業承継支援は「問題の発見」がすべて

　事業承継支援のコンサルティング業務は、事業性評価から始まり、経営者の人生相談から、承継手続きに係る法務・税務および財務の問題まで多岐にわたります。それゆえ、すべてを網羅的に指導することができる支援者はほとんどいません。

　保険商品を売りたい生命保険営業担当者、お金を貸したい銀行員、法務サービスを提供したい弁護士など、支援者が取り扱う商品・サービスの販売につながる問題だけが支援され、販売につながらないような問題が放置されるケースが多く見られます。支援者と言っても、本業で稼ぐために支援していますから、当然のことでしょう。このような状態では、本当に重要な問題が見落とされ、結果として、事業承継が先送りされたり、失敗したりすることになります。

　それどころか、問題が悪化することさえあります。収益性改善が求められるお客様に、法人契約の生命保険が提案されるケース、事業承継税制が最適なお客様に、借入金による株式買取りスキームが提案されるケースなど、真っ先に解決すべき問題が無視されて、支援者の商品・サービスが強引に販売されるケースです。

　それでも、事業承継のために、どこから手を付けてよいのかわからないお客様は、そのような提案で満足してしまっているのです。結果的に、本質的な問題が解決せず、後から大きな問題となって顕在化するなど、大きなトラブルを招くことになります。

　それゆえ、支援者にとっての正しい支援のあり方は、事業承継を迎えるお客様が抱える問題を、正確かつ網羅的に把握することです。問題を漏れなく発見し、重要な問題から先に手を付けることが、最大の支援策となります。

　ここで強調しておきます。事業承継支援の正しい支援は、**「お客様が抱える問題を網羅的に見つけること」**です。支援者が儲かる商品・サービスを販売することではありません。

重要な問題を漏れなく発見することができれば、事業承継は、ほとんど実現できたようなものだと言っても過言ではありません。大きな漏れさえ無ければ、複数の小さな問題の1つくらい間違ったとしても、大勢に影響はありません。

　しかし、事業承継に伴う問題の範囲はとても広く、その専門家と称される人たちであっても、網羅的に把握することは難しいものです。

　そこで、本書は、事業承継の問題がどこに隠されているか、その所在を見つけやすくするため、問題の有無を確認すべき領域を「フレームワーク」として整理しました。

　事業承継の問題は、大別しますと、**事業性評価の問題、経営者の生き方の問題、承継手続きの問題**の3つになります。支援者は、これら3つの分野において発生する可能性の高い典型的な問題を、事前に知っておけばよいのです。そのような問題が無いかどうか、3つの分野をそれぞれ確認すればよいでしょう。

　生命保険営業担当者であっても、事業が存続できるかどうか、ローカルベンチマークを実施して事業戦略を検討しなければいけません。税理士であっても、経営者の人生を理解し、悩みを理解し、生き方のアドバイスを行わなければいけません。

　見落とされている分野、把握できずに漏れている問題があると、事業承継の失敗をもたらします。支援者の得意・不得意にかかわらず、3つの分野すべてをチェックし、網羅的に問題点を指摘する必要があるのです。

　今回の改訂版では、事業承継フレームワークを大幅に改訂し、わかりやすい簡易なものとしました。従前のフレームワークには、3つの分野の細目として、知的資産、事業戦略、キャリア選択、マネジメント、リーダーシップ、株式承継、債務引継ぎが設けられ、7項目の分類となっていました。しかし、項目が細かすぎることに対する不満の声、例えば、ここまで細かく検討する事例がほとんどない、7項目の意味がわかりづらい、実務の現場で使いづらいという声が増えてきたため、細目を廃止し、3つの側面のみフレームワークに表示することとしました。これによって、わかりやすく使いやすいフレームワークになるものと思われます。

　また、これ以外にも中小企業経営承継円滑化法（事業承継税制）の改正点を

反映させ、最新の法令に従った内容にアップデートいたしました。これによっ
て、2022年12月現在の実務の現場において、即戦力となるテキストとして使用
していただくことができるようになりました。

　本書の「フレームワーク」を活用され、支援者の皆さまが、より多くの事業
承継を支援されるようになることを祈ります。

　最後に、本書を初版刊行時から担当していただいている株式会社ロギカ書房
の橋詰守氏には心より感謝を申し上げます。

　2022年12月

事業承継支援コンサルティング研究会

代表幹事　岸田　康雄

目次

第2章　後継者の決意と覚悟

第3章　事業の存続と成長

第4章　親族内承継

第5章　親族外承継

第6章　支援者の役割

第1章

解決すべき問題

事業承継の支援が求められる3つの側面

　事業承継は、**企業経営者の立場（社長）の交代**であるとともに、**経営者の地位を裏付ける財産（株式）を承継すること**でもあります。これを支援するということは、企業経営と財産承継を考えなければいけないということです。

　そのためには、まず企業経営を理解し、事業の存続・成長を導かなければなりません。また、引退しようとする経営者、いまから経営者になろうとする後継者の気持ちや能力を理解し、彼らの人生相談を聞いてあげるとともに、社長を辞める、社長になるという大きな意思決定をサポートしなければなりません。同時に、財産の承継手続きをサポートする必要があります。

　つまり、事業承継支援では、「これからも事業は大丈夫か？」という**事業性評価**の問題、「経営者の退任・就任」という**企業経営者**の問題、「財産をどのように承継するのか？」という**承継手続き**の問題という3つの側面があるのです。

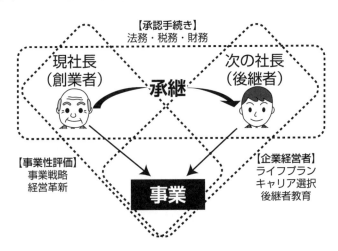

　このように3分野にわたる様々な問題を解きほぐすためには、各分野の専門家がその専門知識と経験を結集して取り組まなければなりません。そこで、士業連携によって互いに不足する機能を補うことになります。

　例えば、事業性評価や後継者のキャリア選択と教育では中小企業診断士の役割が期待されますが、承継手続きでは弁護士や公認会計士・税理士の役割が期待されます。引退する経営者のセカンドライフの相談にも中小企業診断士の役割が期待できます。各機能に強みを持つ複数の士業が相互補完する支援体制を構築することが必要です。

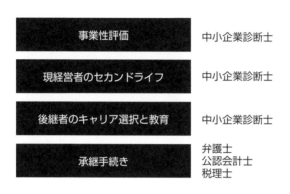

事業承継フレームワーク

課題のマトリックス

　事業承継フレームワークは、中小企業の事業承継の際に発生する問題を整理したものです。問題は広範囲に及ぶため、全てを把握するのは困難です。また、問題を1つ見つけて、それを解決できたとしても、他の問題が漏れていたために失敗するケースがあります。そこで、事業承継において想定される問題の全体像を整理してみました。それが以下のマトリックスとなります。

　事業承継の相手先には、3つの方向があります。親族、従業員、第三者です。いずれにおいても、発生する問題は、3つの側面、すなわち、事業性評価、企業経営者、承継手続きに大別できます。これを3×3のマトリックス形式で表示したものが、事業承継フレームワークです。

事業承継フレームワークのマトリックス

➡ **確認すべき分野**

		事業性評価	企業経営者	承継手続き
承継の方向性	親族内	A-1	A-2	A-3
	従業員	B-1	B-2	B-3
	第三者	C-1	C-2	C-3

　事業承継の支援プロセスは、問題を見つける前半戦と、見つかった問題を解決する後半戦に分けることができます。

　前半戦では、問題を見つけるよりも先に行うべきことがあります。それは現経営者に「気づき」を与えることです。

　現経営者は、事業承継の必要性を認識していないか、多少は認識しているとしても何が問題なのかわからず悩んでいる状況にあります。ここで行うべき支援は、事業承継の必要性を認識させること、すなわち「気づき」を与えることなのです。つまり、現経営者が「社長を退任しよう！」、その一方で後継者が「社長に就任しよう！」という心の状態をもたらすことです。

　具体的な手段は、現経営者及び後継者との間における『対話』です。『対話』の目的は２つあります。１つは、現経営者の頭の中にある知的資産を後継者に伝達することです。もう１つは、事業性評価を行い、事業が存続・成長できるか検討することです。それゆえ、この段階における主たる問題は「事業性評価」となります。

　現経営者と後継者が事業承継の必要性に気づくことができれば、支援者は問題点の所在を探ることになります。よくある問題は、知的資産と事業戦略です。

　知的資産の問題点は、顧客関係、営業力、技術・ノウハウ、許認可といった目に見えにくい経営資源を把握したところ、今後も維持することが難しいという状況です。知的資産の把握は事業戦略立案のための論点の１つに過ぎませんが、これは極めて重要なものです。

　事業戦略の問題は、既存事業を今後も存続させて成長させることが難しいという状況です。収益性が低下しているのであれば、新製品・サービスの開発、組織を再編成が求められるでしょう。既存事業を廃止して新規事業を開始するなど大胆な事業再構築が求められるかもしれません

　前半戦の大きな山場はもう１つやってきます。それは現経営者の生き方、後継者の生き方の問題です。これは、現経営者が引退後にどのような生活を送るか、後継者が、既存事業を引き継ぐという決断を行い、責任を負う覚悟を決めることができるかという問題です。これによって、事業承継の方向性が決まります。それゆえ、この段階における主たる問題は「企業経営者」となります。

　前半戦をクリアして後半戦に入ることができれば、事業承継はほとんど解決

できたようなものです。後継者教育だけは問題が伴いますが、それ以外は専門家の事務作業に過ぎないからです。

　後半戦では、現経営者および後継者は、事業承継すると決定したものの、承継手続きそのものと、それに伴う問題がわからない状況にあります。ここで行うべき支援は、承継手続き（税務・法務・財務の実務）を教えること、そこに問題があれば、専門家（公認会計士・税理士や弁護士）が解決策を提示することです。解決策の実務作業について、従業員が対応できなければ、専門家に外注すればよいでしょう。よくある問題は、株式承継と負債引受けの実務作業です。

　株式承継の問題とは、個人事業における不動産、法人における株式を現経営者から後継者に承継させることが、法務、税務、財務いずれかの点において難しいという状況です。少数株主からの株式買取りに苦労するケース、相続税や贈与税の負担が重すぎて躊躇するケース、M&Aの相手先が見つからないケースがあります。

　また、親族内承継の場合は、現経営者の株式等を取得する権利を持つ親族が、後継者以外にも存在しているため、個人の相続対策も問題となります。

　一方、負債引受けの問題とは、銀行借入金や経営者保証という負債を後継者が引き受けることを拒否してしまう状況です。支配権を承継するのであれば、負債も引き受けなければいけないのです。

　また、親族内承継と従業員承継の場合、後半戦では、後継者教育が必要となります。特にリーダーシップを発揮できないという問題が重要です。先代経営者によって雇われた従業員は、長年にわたり先代経営者の部下として働いてきたため、突然現れた若い社長（後継者）から偉そうに命令されたとしても、それに従って真面目に働こうなどとは思わないでしょう。このような状況を変えて、経営者としてのリーダーシップを発揮するためには、新しい経営体制のものでの経営理念を明確に表明することが必要となります。

　同時に、事業性評価における問題も出てきます。それは経営管理体制がうまく機能しないという問題です。新しい社長のもとで事業戦略が変われば、組織構造や人事制度、業績評価制度も変えなければなりません。

　後継者は、既存の従業員との関係において、リーダーシップと経営管理の問題を解決しなければいけないのです。

　ちなみに、M&A の場合、引受け側（買い手側）には、すでにベテラン経営者と完成された経営管理体制があるので、これらの問題点を検討する必要はありません。

　以下、マトリックスに番号を付して、事業承継に伴って発生し得る問題を整理し、典型的なケースを見ていきましょう。

Ⅲ 親族内承継に係る問題

【A-1】 親族内承継の事業性評価に係る問題

確認すべき分野

承継の方向性

	事業性評価	企業経営者	承継手続き
親族内	A-1　問題　現状　解決策	A-2	A-3
従業員	B-1	B-2	B-3
第三者	C-1	C-2	C-3

　親族内承継の事業性評価に係る問題とは、事業そのものを存続・成長させることが難しい状況をいいます。例えば、赤字が続いているが収益性改善が難しい、売上減少が続いているが食い止めることは困難というケースです。

　この場合、新しい商品・サービスの開発、経営管理体制の見直し、デジタル化による業務効率化など既存事業の改善から始め、それでも効果が乏しい場合は、既存事業の廃止と新規事業の立上げなど事業再構築を検討することになります。それでもなお改善が期待できない場合は、M&A による第三者承継が最後の手段となります。

　ここでは、承継すべき経営資源（ヒト・モノ・カネ・知的資産）を把握することが重要で、その中でも目に見えない無形の知的資産を消滅させずに維持できるかが問題となります。例えば、顧客関係、社長の営業力、技術・ノウハウなど、それが無くなると事業が存続できなくなるほどの重要な経営資源を承継で

きるかどうかです。

　また、先代経営者が築いた経営管理体制や業績評価制度を後継者がうまく引き継ぐことができないことが問題となります。例えば、これまで官僚的な組織、年功序列の給与制度のもとで経営されていたとしても、新しい経営環境に直面している後継者がうまく経営することができないケースがあります。その場合、フラットな組織構造へ変えたり、自主性を尊重し、成果主義の給与制度に変えたりすることがあります。業績評価における KPI の変更も求められるでしょう。

　実務上見られる典型的な問題として、以下のようなものが挙げられます。

【問題点】
　B to B ビジネスを営む当社は、先代経営者の属人的な関係に基づいて大口得意先との取引を続けてきたため、社長交代によって取引が打ち切られる可能性が高い。

　創業者の強烈な営業力によって顧客開拓が行われていた場合、得意先との取引関係が、現経営者の属人的な営業活動（飲食、ゴルフなど）によって構築されていたはずです。そのような場合、現経営者が引退することによって、大口取引契約が切られ、売上高が大きく減少してしまうおそれがあります。このような問題に直面しないようにするため、現経営者の引退前の数年間、後継者は現経営者と同行して得意先へ訪問し、仕入担当者との間で強固な人間関係を築いておくことが必要です。

【問題点】
　現経営者の人脈によって販売活動が行われてきたため、社長交代すると、新規顧客の開拓ができなくなる。

　創業者の強烈な営業力によって顧客開拓が行われていた場合、新規顧客の開拓などマーケティング活動が現経営者の属人的な営業活動（飲食、ゴルフなど）によって行われていたはずです。そのような場合、現経営者が引退することに

よって、新規契約を獲得することができなくなり、売上高が大きく減少してしまうおそれがあります。このような問題に直面しないようにするため、現経営者の引退前の数年間、後継者は現経営者と一緒に営業活動を行って、マーケティング活動を受け継ぐことが必要です。また、トップ営業に依存する属人的な営業活動だけでなく、若い営業マンを教育して組織的な営業活動を行う体制を構築したり、インターネット販売を開始してチャネルを増やしたりするなど、社長1人に依存しないマーケティング体制に転換することが必要です。

【問題点】

　工場の製造現場では職人の高度な技術力に依存してきたが、職人も高齢化してきており、先代経営者と同時期に退職を迎えそうだ。職人がいなくなると、製造ラインを担当することができる人材が誰もいなくなる。

　製造業において工場で働く職人に属人的に帰属する技術・ノウハウは、競争力の源泉となる貴重な経営資源です。しかし、これらは人間の頭の中に入っているものであるため、引退とともに消滅してしまいます。そこで、これらをマニュアル化など「見える化」する、OJTによって若年層の頭の中へインプットしておくなど、技術・ノウハウを伝承するための手続きが必要となります。

　製造業だけでなくサービス業など他業種においても、同様に技術・ノウハウを伝承する手続きが必要となることがあります。

【問題点】

　後継者が承継することになったが、既存事業の価値や競争力の源泉が何か理解できておらず、事業戦略を立案することができない。

　後継者は、ゼロから事業を興すわけでなく、すでにでき上がった既存事業を受け継いで経営を始めるわけですから、既存事業の価値や競争力の源泉が何か、理解しなければいけません。これらは、ヒト・モノ・カネといった目に見える経営資源が源泉となっているケースもありますが（新規事業へ投資する資金を既存事業で獲得した現金で賄う場合など）、ほとんどのケースは、現経営者の営業

力や技術・ノウハウなど目に見えない経営資源が源泉となっています。このような経営資源は、現経営者の頭の中に蓄積されているものですから、後継者は現経営者との対話を通じてこれらを聞き出し、事業承継する前に全て理解しておかなければなりません。

　ゼロベースで新規事業の立上げを検討することもあるかもしれませんが、それは既存事業の存続と並行して検討すべきものです。まずは既存事業を理解すること、これが重要です。

【問題点】
　親子のコミュニケーションが少ないため、先代経営者の事業に対する想いや情熱が後継者である子供に伝えられていない。

　事業承継のタイミングでは、後継者は、自らの信念や価値観を反映した経営理念を新たに創り出すことが求められます。しかし、後継者は社長業の知識も経験も無いため、経営者として何を考えて仕事をすればよいか、明確に理解できていません。そこで、事業を引き継ぐ前に、経営者としての先輩である現経営者に経営理念を聞いておくべきでしょう。創業時の思い、既存事業に対する情熱を聞いて、なぜ既存事業を成功させることができたのか、その経緯を理解するのです。なぜなら、経営者の思いや価値観と一致するような事業戦略を実行しなければ、事業を成功させることができないからです。

　「やらされている」「何となく」といった受け身の気持ちで成功させることができるほど、事業の経営は簡単なものではありません。適切な事業戦略と経営者の情熱が重なり合ってはじめて事業が成立するのです。

　しかし、後継者は、現経営者の思いや価値観を真似する必要はありません。現経営者とは別人格ですから、独自の思いや価値観を持っているはずです。それに立脚した事業戦略を立案すればよいのです。その結果、既存事業を再構築することもあるでしょう。結局のところ、後継者がやりたい仕事をやればよい、その実現のために既存事業（既存の経営資源）を活用するということなのです。

【問題点】
　長年営んできた事業の市場環境が厳しくなり、収益性が低下してきた。国内市場が縮小し、事業の存続が難しい状況となっている。

　現経営者が気づかないうちに外部経営環境が大きく変化していることがあります。創業から長い年数を経て、経営環境に対して事業戦略が適合しなくなっている状況です。この点については、後継者が若者の視点から気がついていることが多いため、現経営者と後継者が対話を行い、今後の事業戦略を考える必要があります。既存の事業戦略が機能しない場合には、新しい商品・サービスを導入するなど事業戦略の修正を考えたり、既存の事業を廃止して新しい事業を立ち上げるなど事業構造を根本的に変革したりすることがあります。国内市場が飽和状態となって売上高の減少に苦しむときは、海外市場への進出も決断しなければいけないかもしれません。事業再構築という経営改革は容易ではありません。社長交代が行われる事業承継は、このような大胆な経営改革を実行する絶好の契機となるはずです。

【問題点】
　後継者を支える経営人材、若年層の経営幹部候補が育っていない。

　事業承継の直後における経営判断については、全て後継者が自ら行うのではなく、権限を移譲したり、専門性や知見のある経営幹部の意見を引き出したりすることが求められます。
　また、後継者を支える次世代の経営幹部が育っているかどうかも重要な課題です。有能な経営幹部は一朝一夕には育ちませんので、早期に計画を立てて育成しながら、上位役職者の引上げも行いつつ、経営幹部の世代交代も進めていくことになります。

【問題点】
　　先代経営者が属人的に管理してきた組織であったが、後継者が管理できるような組織になっていない。

　経営管理面において、創業者である現経営者と違い、後継者は、会社がある程度でき上がった状態で入社することになります。そのため、現経営者のように会社とともに成長を実現したわけではなく、事業を隅から隅まで熟知しているわけでもないため、長年の経験の蓄積による直感的な経営判断を行うことができません。それゆえ、後継者は、社内の情報を吟味して合理的に経営判断することが求められることとなり、そのための情報が収集、分析され、業務報告が確実に上がってくるような組織の仕組みを構築する必要があります。

【問題点】
　　先代経営者は、経理・財務に無頓着であったが、事業は何とか運営できていた。今後は経理・財務の仕事が重要になってくると考えられるものの、それらを担当できる人材がいない。

　経営者の中でも創業者は、ゼロから１を生み出す超人的な能力を発揮した人です。このような創業者には、強力な営業力で引っ張るタイプが多いため、細かいことは気にしない豪快な財務管理が行われることになり、どんぶり勘定となる傾向にあります。しかし、事業が成長し規模が大きくなると、正しい経理に基づいて経営者が現状把握したり、正しい財務管理で資金を効率的に使ったりすることが重要になってきます。それゆえ、後継者は、事業承継を行う前の段階から、自分の右腕ともなる管理系の専門人材を雇い入れ、経理・財務担当者といて育成しておかなければなりません。後継者が継いだ直後は、経営に多少の混乱が発生します。そのような場合でも経理・財務管理がしっかりしていれば、多少のトラブルは乗り切ることができます。後継者は、自分を中心とする経営体制を自ら構築しなければならないため、管理系の人材育成も考える必要があるのです。

【問題点】

　先代経営者の頃から、経営陣と従業員と仲が悪い、労使関係が悪化している。

　ある程度の規模まで成長した会社であれば、従業員と経営者の関係が多少悪くとも、組織として機能すれば会社として存続することは可能です。社長不在でも組織的に経営されていれば、事業として成り立ちます。しかし、従業員のモチベーションが下がって業務の効率性は低下しているはずですから、業績は悪化することになるでしょう。売上と利益は減少し、赤字になる可能性があります。このような状況は、経営者のリーダーシップと経営管理手法の問題ですから、経営者自身がそれらを改善させなければいけません。

　このような状況で後継者が事業を承継したとすれば、就任していきなり従業員との対立に直面することとなります。いくら優秀な後継者であっても、これではやる気を失いますし、仮に改善を図るとしても多大な時間と労力を要します。つまり、これは価値の無い事業を引き継いでしまったということです。第三者承継でも同様の事態が発生しますが、引き受け側（買い手側）からすれば大失敗ということになります。

　従業員と経営者との関係性が悪化したこと、これは避けられない事実なのでどうしようもありません。重要なのは、その事実を後継者が事業承継の前に知っていたかどうかということです。後継者は、事業承継を行おうと考えるときには、第三者承継で言うところの「デュー・ディリジェンス」を実施し、自分が引き継ぐ事業に問題がないか、事前に確認しておかなければならないのです。そうすれば、従業員との関係性が悪化し、価値の無い事業だと判断して、「事業を承継しない」という意思決定を選択肢として持つことができるでしょう。その意思決定を行わずに事業承継し、後でトラブルになってしまうと後継者の人生で取り返しのつかない失敗に直面することになるのです。

【A‐2】 親族内承継の企業経営者に係る問題

確認すべき分野

	事業性評価	企業経営者	承継手続き
親族内	A‐1	A‐2　問題 現状　解決策	A‐3
従業員	B‐1	B‐2	B‐3
第三者	C‐1	C‐2	C‐3

承継の方向性

　親族内承継の企業経営者に係る問題とは、現経営者が引退することができない、子供が後継者になろうとしない、後継者に決まった子供が企業経営者となるべき教育を必要とする状況をいいます。

　創業者に多く見られるケースですが、現経営者の多くは、仕事が好きで好きでたまらず、こんな面白い仕事は死ぬまで辞められないと思っています。自分が死んだら事業は墓場まで持ち込むつもりです。仕事が命だった人が引退した後、セカンドライフにどのような生活を送ればよいかわからず、引退することを嫌がるのです。そのような状況を放置しておけば、社長が突然病気で倒れて入院してしまい、事業の存続が危なくなることが問題となります。

　一方で、現経営者の子供の中は、事業（会社）のオーナー経営者になる決意を固めることができない、責任を引き受ける覚悟ができない人がいます。子供のキャリア選択には、サラリーマン、起業家、医師などの専門家があり、父親の家業を継いで経営者になることが唯一の選択肢というわけではありません。キャリア選択の結果として、後継者になれるかどうかという問題があるのです。

　この点、幼少期から企業経営者である父親の背中を見て育ってきているため、自分が経営者になることは当然だと思い込んでいるケースが多いようです。また、現経営者の子供であるがゆえに、株式を無償で承継することができ（贈与

や相続）、税負担も軽減される制度（事業承継税制）があることから、従業員や第三者に比べて、資金負担ゼロという著しく有利な立場にあります。相続税以外に財務の問題は発生しません。

　しかし、承継する事業が、子供にとって本当にやりたい仕事であるかどうかが問題となります。子供が後継者になると決意した場合であっても、持っている価値観は、現経営者とは異なっているのが当然ですから、新しい経営理念を掲げ、新規事業の立上げを希望する可能性があります。

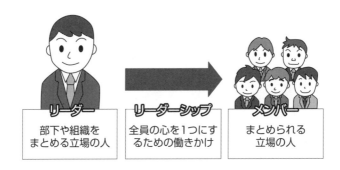

リーダー	リーダーシップ	メンバー
部下や組織を まとめる立場の人	全員の心を1つにす るための働きかけ	まとめられる 立場の人

　子供が後継者に決まった後でも、社長としてリーダーシップを発揮できないことが問題となります。経営者はリーダーシップを発揮し、従業員を通して経営課題を解決しなければいけません。経営理念（組織の目標や方向性）を伝えることでゴールを明確化し、従業員の動機づけを行わなければなりません。

　カリスマ性の高い先代経営者がいた場合、後継者がリーダーシップを発揮することは容易ではありません。会社での実績の無い新社長がお題目だけを掲げても従業員はついてきてくれず、従業員との信頼関係を構築するのに時間がかかります。後継者と従業員との人間関係をいかに創り上げるかが問題です。

　実務上見られる典型的な問題として、以下のようなものが挙げられます。

【問題点】
　先代経営者が引退しようとしないため、後継者への社長交代が遅れている。

　よくある問題です。「後継者が頼りないので、時期尚早だ」というのは口実

です。本音は、「引退後、何もすることがない状態が怖い」というものです。

　特に創業者でもある経営者は、仕事に人生を賭けて働いてきており、仕事が生きがいになっているはずです。しかし、どんなに偉い人でも、引退すれば仕事が無くなり、生きがいを失ってしまいます。

　このような状況を避けるには、現経営者は、引退後に次に自分がやりたい事を見つけておくしかありません。海外旅行をして遊ぶ、趣味に没頭するのもいいですが、それでは満足しないでしょう。そこで、社会貢献の活動を始める、業界団体の要職に就く、中小企業の経営コンサルタントとして行政機関で働く、さらには、自ら小さな新会社を新たに立ち上げてもよいでしょう。第二の人生を創ることが、引退する経営者の新たな生きがいとなります。

【問題点】

　先代経営者から無理やり社長に就任させられ、仕方なく社長になった後継者の意欲が乏しい。やる気がない。

　最後に、後継者自身に社長になる決意と覚悟ができているかです。後継者は、サラリーマンになる、自ら起業するといった他のキャリア・プランを捨てて、オーナー経営者になるという選択肢を自ら選んでいることを自覚しなければなりません。「社長の息子としてレールが敷かれているから」といった消極的な姿勢では、社長は務まりません。また、経営者としての判断力や人間力を鍛えておくことはもちろんのこと、社内外で社長として認められるような人間関係を作っておくことが求められます。なお、経営環境の変化が激しいこの時代、社長交代を事業の革新のチャンスとして捉えることができます。確かに、創業者の理念、伝統、価値観など、未来に引き継いでいくべきものはあります。しかし、これまで成功した事業であっても、変化する経営環境に適合しなくなってきているものがあるはずです。事業を見直す必要があります。そのためには、後継者がこれから何をやりたいのか、今後の事業の方向性を明確にしておき、その理解者や協力者を増やしおかなければいけません。

> **【問題点】**
> 　後継者と想定している子供が、医者として活躍しているため、後継者に
> なることを嫌がっている。

　現経営者は、自分の子供に価値ある事業を引き継いで欲しいと思う親心を
持っているはずです。しかし、子供が家業とは別の世界で活躍している場合、
子供のキャリアの選択を親子で話し合ってみるべきです。親子でのキャリア相
談は恥ずかしくてできないというのであれば、事業承継の専門家を交えて対話
すればよいでしょう。子供が経営者の仕事やその面白さを知らないのであれば、
現経営者である親がこれまでの体験談、仕事のやりがいを語ってあげることに
よって、事業を継ごうと思うかも知れません。しかし、医者になったり投資銀
行で活躍したりして、子供が価値あるキャリアを自ら築いた場合には、中小企
業の経営者という仕事に魅力を感じないこともあるでしょう。いずれにせよ、
子供が自ら「後継者になるかどうか」意思決定するプロセスを経る必要があり
ます。親が子供のキャリアを勝手に決めつけるわけにはいけません。親子の対
話を通じて、何が最適なキャリアなのか、一度冷静に話し合ってみる必要があ
ります。

> **【問題点】**
> 　現在の事業領域は、後継者がやりたいと思っている事業領域ではない。
> 先代経営者は既存事業が今後も成長すると信じているが、後継者は既存事
> 業が今後衰退すると考えているため、両者で意見が対立している。

　後継者は、先代経営者から引き継いだ事業の現状を把握し、今後の事業戦略
を考えなければいけません。事業承継の本質が、新たな価値を生み出すために、
既存の価値（経営資源）を受け取ることだと考えるますと、新たな事業価値を
生み出す方向性は、既存事業の延長線上にある必要はないものの、既存事業の
経営資源を活用して生み出していかなければいけません。
　既存事業は先代経営者が過去に構築した事業であり、今の経営環境に合わな

いと判断すれば、新たな新規事業を開始しなければいけません。そのためには、先代経営者の頃から働いている従業員の協力を得ることが不可欠です。しかし、従業員は、これまでの仕事のやり方を変えたくないので（変えるにはエネルギーを要するため）、新規事業の開始には反対するかもしれません。もし従業員に反対されたとすれば、新規事業を立ち上げることはできません。

　それゆえ、新規事業の開始は、従業員との信頼関係ができ上がり、リーダーシップを発揮できる状況になった後で取り組むべき課題と言えます。最初の最初は既存事業を完全に経営できるようになることを目指し、それができるようになれば、新しい経営理念とそれに基づく事業戦略を従業員に説明して理解を得るというプロセスになるでしょう。

【問題点】
　先代経営者に忠誠を尽くしてきた従業員達が、若い後継者の指揮命令に従って働いてくれない。後継者の人望が乏しく、リーダーシップが発揮されないため、従業員が顧客を引っ張って独立してしまうおそれがある。

　当然ですが、従業員は先代経営者に雇われ、先代経営者の経営理念やリーダーシップに従って働いています。特に、経営者がオーナーでもある多くのケースにおいては、経営者の求心力が強くなります。このような状況がある中で、後継者が突然に社長として登場し、リーダーシップを発揮しようとしても、それを従業員に受け入れてもらうことは至難の業です。

　例えば、先代経営者がカリスマ的な存在で、リーダーシップが強ければ強いほど、従業員には「指示待ちの姿勢」が染み付いているはずです。そのような組織風土のまま、リーダーシップに欠ける後継者（例えば、協調する、調整するタイプの性格の人物）が事業承継すると、事業は回らなくなるでしょう。そのため、後継者は自ら経営しやすいように組織風土を変えなければなりません。

　先代経営者が創業者である場合、経営者は個人のカリスマ性を求心力としてリーダーシップが発揮されてきたはずです。しかしながら、人格の異なる後継者が、先代経営者と同じスタイルをとることは困難です。そこで、後継者は、従業員と共に成長を目指すスタイルへの転換を目指すべきです。つまり、属人

的経営を止めて、チーム全体で力を合わせて推進しようとする組織的経営への変革が必要になります。

　このような組織的経営を行う場合に、従業員たちの求心力となるものが「経営理念」なのです。後継者が自らを求心力の中心に位置することが困難であるため、経営理念という概念を求心力の中心に位置づけます。

　後継者は、従業員との積極的なコミュニケーションを通じて信頼関係を築き、自らの考え方や信念・価値観を伝えるます。それによって、新しい経営者と従業員との間で「経営理念」をしっかりと共有することができれば、組織全体が一体となって動く体制を創ることができるはずです。

　組織的経営体制に移行するには、時間がかかります。移行が完了するまでは、後継者主導の新規事業や人事制度改革には取り組まない方がいいでしょう。それをやると従業員が戸惑うからです。経営者であれば、それが将来の事業戦略のために必要だと理解できても、従業員には理解できません。社長交代して後継者が先代経営者と異なる動きをすると、求心力の無さから社内は大混乱に陥ります。いったんは従業員との人間関係作りに時間を費やし、組織的経営体制に移行するまで後継者は何もしてはいけません。後継者が慌てると自滅するケースがあるため、要注意です。

【問題点】

　若い後継者が積極的に経営革新に取り組もうと努力しているが、既存の従業員が理解してくれず、リーダーシップを発揮することができない。

　事業承継を行った直後の後継者は、最初に従業員との人間関係を構築しなければいけません。後継者が「自分はどのようなスタイルの経営者になるべきか」と、自分の性格や考え方・価値観を知ることも必要です。同時に、従業員の考え方を知って相互理解を深めるために、個人面談や社内飲み会を行って、コミュニケーション、対話を行うことが必要です。それによって、経営者と従業員との信頼関係をゼロから築きあげるのです。

　もちろん、後継者の社長就任当初は、従業員との信頼関係はできていませんから、すぐにリーダーシップを発揮することは難しいでしょう。その一方で経

営環境の変化に適合するような新しいビジネスモデルを導入することが急務となっているはずです。そのような状況では、これからの時代を生き抜くための拠り所となる考え方や価値観を後継者が自ら創り出す必要があります。

　そこで、「経営理念」を再設定するのです。それに基づいて事業戦略を再構築します。結果として、ドメイン（事業領域）の再定義が必要になり、経営資源の再配分や新規調達が必要になることもあるでしょう。これは大きな経営革新です。

　創業者である先代経営者の時代は、個人のカリスマ性や人間関係に基づき、経営者個人が求心力となっていたことでしょう。しかし、そのような人間性を持たない後継者は、自らを求心力として機能させることができません。そこで、従業員と同じ「経営理念」を設定し、同じ「経営理念」に向かって働く同士であると理解させ、同じ方向をともに目指していくという姿勢を創ることを組織の求心力とするのです。すなわち、経営者個人ではなく、「経営理念」に向かう仕事そのものを求心力とする組織的経営体制です。

【問題点】
　先代経営者の強烈なカリスマ性によって引っ張ってきた事業であるため、経営理念が明文化されていない。

　経営理念とは、経営者の思いや考え方、価値観を明確にしたもので、経営者の行動基準であると同時に、意思決定の際の判断基準となるものです。事業承継のタイミングでは、後継者は、自らの信念や価値観を反映した経営理念を新たに創り出すことが求められますが、その前に経営者としての先輩である現経営者の経営理念を確認しておかなければなりません。しかし、少人数の仲間と一緒に創業した現経営者の場合、経営理念が明文化されていないケースの方が多いことでしょう。それゆえ、後継者は現経営者との対話（コミュニケーション）を通じて、経営理念の基礎となる価値観や考え方を聞き出す必要があります。

　事業承継のタイミングでは、これまでと比べて経営環境が大きく変化しています。経営環境が変化すれば、当然に経営者の考え方や価値観も変化するはず

です。また、事業承継のタイミングで経営理念を掲げようとするのは後継者であり、現経営者とは別人格の人間ですから、これまで掲げられてきた経営理念と異なるものになって当然です。それゆえ、経営理念を「見直す」ことが必要になっている可能性があります。そのような場合、後継者の思いや価値観を反映した新しい経営理念を創り出すことによって、事業の存続・発展が可能となるのです。

```
【問題点】
　後継者と想定している子供が、大学を卒業することになった。他社に就
職させるか、自社に就職させるか、現経営者は悩んでいる。
```

　親族内承継で子供を後継者と想定する場合、自社で育成するか、他社で育成するかという問題があります。比較的規模の大きな会社である場合、新卒で自社に就職されて、内部で育成するということも可能でしょう。しかし、中小規模の会社である場合、社外で育成すべきです。その理由の1つは、現経営者が自ら後継者教育を行うことが難しいからです。後継者が親族の場合、現経営者は社長であると同時に親であり、後継者は部下であると同時に子供です。つまり、上司部下の関係と親子の関係が併存するのです。その結果、部下と上司との関係において親子の感情が入り込み、後継者への指導が極端に厳しくなったり、中途半端に甘くなったりするため、後継者が一人前の社長へ成長することができないケースが多いのです。また、現場の従業員にとっても、「社長の御曹司」が入社されて困ってしまうからです。将来の自分の上司に対して、厳しく指導できる従業員などいません。これでは後継者が成長できないだけでなく、現場の従業員に余計な負担をかけてしまうことになります。

　したがって、子供を後継者に想定するのであれば、社外で育成したほうがいいのです。

　ただし、社外で就職したところで、自社に入ってくれるかどうかわかりません。子供がそのまま外の職場でキャリアを積むことを希望する可能性もあります。つまり、子供の就職先には、子供がやりたい仕事、好きな仕事で自己実現するための職場と、子供が経営者になる準備としての職場という2つの選択肢

があるのです。自己実現することを目的であれば、現経営者の事業とは全く関係ない事業の職場を選ぶこともできます。医者や弁護士になったり、金融機関や大手商社など大企業で活躍したりすることを望む子供がいるはずです。一方、経営者になる準備であれば、現経営者の事業と同業者の職場を選ぶことになります。同じ地域では採用してくれないと思われますので、地域の異なる同業他社を選ぶことになるでしょう。

　子供が経営者になる準備をすることを想定するのであれば、就職先としてふさわしいのは、厳しく鍛えてくれる職場、嫌な思いや理不尽な思いを経験させられる職場です。なぜなら、後から自社に入ってしまうと社長の御曹司として大切に扱われることは間違いないため、そのときには従業員の辛い立場や現場の苦労を経験することはできなくなるからです。経営者が従業員に対してリーダーシップを発揮するには、従業員の気持ちを理解する能力を持つことが不可欠ですが、それは社外で修行期間中でなければ習得することができないでしょう。このような社外での経験は、経営者として一人前になるための貴重な財産となるはずです。

【問題点】
　大きな実績を残している古参の営業部長（幹部）の発言力が強く、後継者がリーダーシップを発揮することができない。

　事業承継を行う場合、経営幹部の登用は後継者が行うべきです。また、新卒社員などの採用も後継者が行うべきです。事業承継のタイミングでは社長の若返りだけでなく幹部社員の若返りも必要ですから、営業部長、工場長、管理部長などを交代させていきますが、その際は後継者が自分の右腕にしたい人材を自ら選ぶことです。それによって、後継者の社内での立場を強固にしていくことが必要です。

　実績豊富な営業部長は後継者が何もわからない入社時のころから営業活動で活躍してきたわけですから、後継者が頑張ったところで追いつけるはずはありません。営業部長の立場からしても、「うちの会社は自分が稼いでいるのだ、仕事がろくにできないお坊ちゃんに偉そうに命令される筋合いはない」と反発

するはずです。しかし、周りの幹部社員が後継者の味方につく人材で固められてくれば、営業部長のほうの立場が弱くなりますから、後継者に従うようになるでしょう。

　経験と実績に勝る古参の幹部社員に対してリーダーシップを発揮するには、社内を後継者中心の組織体制に変えていくしかないのです。

【A-3】親族内承継の承継手続きに係る問題

確認すべき分野	事業性評価	企業経営者	承継手続き
親族内	A-1	A-2	A-3
従業員	B-1	B-2	B-3
第三者	C-1	C-2	C-3

　親族内承継の承継手続きに係る問題とは、子供が株式や事業用資産を親から承継することが困難な状況をいいます。例えば、法人の株式の贈与または相続、個人の不動産の贈与または相続に重い税負担が伴うため、事業承継に躊躇するようなケースです。

　法人の場合、後継者が承継後に安定して経営を行うには、会社法上の支配権を確保することができるよう、少なくとも過半数の議決権の獲得することができるかが重要な問題となります。

法人の持株数と株主の権利

持株数	可能な決議又は権利行使の内容	備　考
3／4以上	特殊決議（剰余金配当等に関する株主ごとの異なる取扱いへの定款変更）	非公開会社の場合
2／3以上	特別決議（定款変更、解散、事業譲渡等）	
過半数	普通決議（役員選任解任、計算書類の承認等）	
1／3超	特別決議（B）の否決	
1／4超	特殊決議（A）の否決	
10/100以上	解散判決請求権	
3/100以上	株主総会招集請求権、帳簿閲覧請求権、役員の解任請求の訴え等	
1/100以上	株主総会の議題提出権等	取締役会設置会社の場合

個人の事業用資産の移転

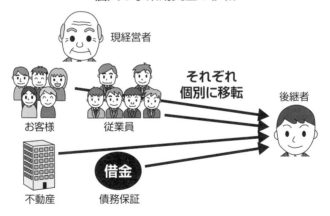

法人化された事業用資産の移転

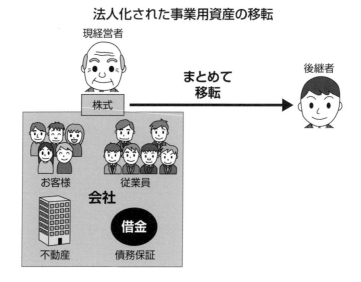

また、現経営者が負担する負債（銀行借入金、個人保証）を後継者が引き継ぐことを嫌がる状況があります。その場合、そもそも銀行借入金を引き継がないようにする方法はないか、引き継ぐとしても個人保証を外す方法はないか、検討することになります。

これは事業性評価と関連する問題です。事業性に問題が無く、借入金の返済可能性が高い場合は、後継者が負債の引継ぎを嫌がることは無いでしょう。しかし、事業性に問題があり、借入金を返済できなくなる可能性がある場合は、後継者が負債の引継ぎに躊躇することになります。会社が倒産すれば、個人財産も失ってしまう事態に陥るからです。

実務上見られる典型的な問題として、以下のようなものが挙げられます。

【問題点】

　法人に多くの少数株主（親族外、遠い親戚）が存在し、将来的に株式が分散して買取りを請求されるおそれがある。

株式承継の結果として後継者の支配権を確立し、安定的な事業を承継する必要があります。法人に現経営者以外の少数株主が存在し、彼らが所有する株式

を後継者に承継できないとすれば、事業承継後も少数株主が残されることとなります。会社を支配するのは社長（代表取締役）と勘違いするお客様もいますが、会社を支配するのは株主であり、その権利を証明するものが株式です。それを簡単に後継者以外の人間に分散させてはいけません。

　株式が分散している状況の場合、現経営者と同年代の株主であれば、おとなしく黙っているかもしれませんが、少数株主に相続が発生すると、彼らの相続人が会社の支配権を奪いに来たり、株式の高額な買取りを要求したりすることによって、経営の安定が損なわれるおそれがあります。そこで、現経営者から後継者への株式承継のタイミングで、少数株主の所有する株式を後継者または発行会社が買い取っておくべきでしょう（または贈与してもらうことが理想的です）。現経営者にとっては親しい親戚であったしても、後継者にとっては遠い親戚であり、赤の他人も同然です。少数株主に対する株式買取交渉は、社長交代した後に後継者が行うのではなく、現経営者の時代に行うほうが、ずっと円満に買い取ることができるはずです。

【問題点】

　少数株主が存在するが、名義株である可能性が高い。少数株主の所在が不明であり、何らかの法律問題が生じるおそれがある。

　株式承継の結果として後継者の支配権を確立し、安定的な事業を承継する必要がありますが、法人に現経営者以外の少数株主が存在し、それらが名義株であれば、現経営者の株式の一部が承継できずに放置されることになります。また、所在不明の少数株主が突然現れ、株式の高額な買取りを要求することによって、経営の安定が損なわれるおそれがあります。そこで、現経営者から後継者への株式承継のタイミングで、名義株の整理、所在不明の株主の調査及びその株式の整理を行い、後継者または発行法人が買い取っておくべきでしょう（または贈与してもらうことが理想的です）。

【問題点】

事業所の土地を先代経営者が個人で所有し、会社へ賃貸している。社長交代が成功したとしても、経営者個人の相続問題によって土地の賃貸借契約が切られてしまうおそれがある。

　現経営者は、事業用資産をすべて法人化しておくべきではありますが、土地など一部の資産を個人所有としているケースも多く見られます。典型的な例が、オーナー経営者の個人所有の土地の上に、法人所有の建物（営業所、工場、店舗など）を建てているケースです。このような状況の場合、土地に係る借地権が発生し、それを個人と法人との間で取引したと考えなければならないため、その対価としての権利金の授受が無い状況に対して、法人に対して権利金の認定課税（受贈益に対する法人税等の課税）の問題が発生するおそれがあります。建物が長期間にわたって利用されてきたのであれば、時効の借地権の問題として処理することが可能であり、税務上、大きな問題とはなりません。しかし、事業承継のために非上場株式を後継者に贈与する場合、相続時に土地を後継者に相続する場合には、その借地権が個人か法人のどちらに帰属するか、借地権をどのように評価するかが問題となります。

　また、通常は土地を生前贈与しないため、事業承継のタイミングではなく相続時まで後継者へ移転させないこととなります。生前に移転させるのであれば、法人が買い取ることによって現経営者に対して現金を支払うことも、後継者以外の相続人に対する相続財産の確保という観点から、効果的な取引となります。

【問題点】

後継者である子供に全て事業を継がせると、後継者ではない子供に継がせる財産が小さくなり、将来の相続時に遺産分割の争いが発生するおそれがある。

　親族内承継は、個人財産を抱えるオーナー経営者個人の相続の話と関連するため、複数の相続人の間の遺産分割が問題となります。相続に先行して、生前

に事業用資産を贈与したとしても、それは相続時の遺留分の計算上は「特別受益」として持戻しの対象となり、相続財産を巡る争いを回避することができないからですです。

　この対応策の1つは、経営承継円滑化法の民法特例を適用することです。除外合意と固定合意がありますが、非上場株式の全部または一部（値上り部分）を遺留分の計算から除外することが可能となります。

　また、生命保険などによって、後継者以外の相続人に対して相続させる「事業用ではない財産」を蓄積しておき、後継者が取得する多額の事業用資産とのバランスを図ることです。

【問題点】
　会社の株式評価額が高いため、株式の贈与に伴う税負担が重すぎる。

　親族内承継は、個人財産を抱えるオーナー経営者個人の財産を後継者である子供に無償で譲り渡すこと（贈与）が一般的です（もちろん遺言を作って遺贈することも可能ですが、望ましい方法ではありません）。しかし、高収益で規模の大きな法人の株式評価額は、驚くほど高くなっており、それに対する贈与税負担は著しく重いものとなります。従来、このような状況に直面した経営者が株式承継の実行を躊躇してしまうことによって事業承継が進まなくなることが社会的に大きな問題となっていました。

　この対応策の1つは、経営承継円滑化法の贈与税の納税猶予免除制度を適用することです。2018年に導入された特例措置を適用しますと、100％の株式に係る納税が猶予免除されますので、もはや株式評価を引き下げる対策は必要ではなくなりました。今後の経営者は、高い株式評価を気兼ねすることなく、事業の業績向上に邁進することができるでしょう。

　また、経営承継円滑化法を使うまでもない小規模な法人の場合、複数年度にわたって暦年贈与を繰り返したり、株式評価額を引き下げたうえで相続時精算課税によって課税の先延ばしを行ったりすることが効果的な株式承継の方法となります。

【問題点】
　子供2人が会社に入っており、どちらに株式を継がせればよいか悩んでいる。

　相続時に遺贈によって兄弟で株式を均等に分割してしまうケースを見ることがあります。確かに、現経営者は親心から兄弟を平等に扱おうとするかもしれません。しかし、兄弟が同じような比率で株式を所有していれば、くだらない意地の張合いで兄弟喧嘩が始まり、社内を混乱に陥れます。いったん喧嘩が始まれば、兄弟はどちらも折れずに果てしない主導権争いが続き、会社の業績は悪化することになります。血縁の絆を過信してはいけません。もともと親しい間柄であっただけに、一度関係がこじれると、修復はまず不可能です。

　このようなケースでは、現経営者が後継者を決めるしかありません。経営者として優秀なほうを選ぶことになりますが、判断がつかない場合は長子を選ぶことでしょう。後継者である子供には株式の全てを渡し、後継者ではない子供にはそれ以外の財産（不動産や金融資産）を渡すべきなのです。

　継がない子供は社外に出すことになります。その場合、サラリーマンとして働くことが難しい状況である可能性が高いので、現経営者の個人財産を使って支援して、後継者ではない子供に個人事業を新たに始めさせるとよいでしょう。経営者として優秀でないと判断されたわけですから、ゼロから創業は難しいはずです。現実的には、その子供には不動産賃貸業を始めさせ、楽して生活させてやることになると思われます。

　事業が複数ある場合（例えば、複数店舗を営む飲食業など）は、会社分割によって事業を2つに分けて、それぞれ別々の子供に承継するという方法もあります。ただし、会社分割によって規模の経済を失って収益性を低下させ、事業価値を毀損することになりますから、慎重に検討すべきでしょう。

> 【問題点】
> 　会社の借入金、経営者保証が大きく、後継者がそれを引き継ぐことを拒んでいる。

　社長交代は、経営者としての権限の移転であるとともに、個人が負担する責任の移転でもあります。つまり、現経営者が負担してきた経営者による個人保証を後継者に引き継ぐことになります。この点、事業に十分な収益力があり、事業からのキャッシュ・フローで借入金を問題なく返済できるのであれば、後継者もためらうことはないでしょう。確かに、大きな銀行借入金を抱える事業であれば、後継者に勇気が必要かもしれませんが、株式という価値ある財産を承継する見返りとして負担すべき責任ですから、後継者は覚悟を決めて引き受けなければいけません。

　しかし、事業の収益性が低下し、事業からのキャッシュ・フローで返済できるか微妙な状況のときが問題となります。後継者は、「もしかしたら、この会社は倒産するかもしれない、そうなったら私は破産だ」と考えて、躊躇することになります。このような場合、金融機関と交渉して、経営者保証ガイドラインの適用を求めることができます。

　経営者保証ガイドラインとは、経営者の個人保証を依存しない融資を促進していこうとする金融機関の自主規制ルールです。法人と経営者個人との関係の明確な分離、財務基盤の強化、財務状況の適時適切な情報開示という3つの要件が充足された場合、原則として、経営者の個人保証を取らないで融資を実行すべきとされています。

　これは法的な強制力はないため、経営者保証ガイドラインを強制することはできません。金融機関に交渉して、その適用をお願いすることとなります。金融機関も融資がビジネスですから、個人保証を外すことに抵抗するはずです。しかし、粘り強く、最低1年くらい交渉すれば、受け入れられ、個人保証が外されるケースが出てきています。

　経営者の個人保証が外れる（または外す方向で金融機関との交渉を続ける予定だ）とすれば、後継者にとっての心配、すなわち、「会社が倒産したら、自分

も破産してしまう」という問題が解消され、事業を承継する決意を固めることができるはずです。

【問題点】

　事業そのものの収益性は悪くないが、過去の投資失敗によって負担した銀行借入金が重く、大幅な負債超過となっている。

　事業の投資のために調達した借入金が残されているのであれば、事業からのキャッシュ・フローで返済しなければいけません。そのために収益性の改善の努力を求められるでしょう。

　しかし、不動産や金融商品の投資など本業以外の投資で失敗したために抱えてしまった借入金について、それを事業と一緒に後継者に継がせるのは、酷な話です。そのような場合、借入金を無理して引き継ぐという選択肢と、借入金は現経営者の世代で消滅させるという選択肢があります。

　現経営者の世代で消滅させるとすれば、いったん会社を法的に倒産させ、その借入金の連帯保証人である現経営者が自己破産することになります。ただし、既存事業が存続したままで会社を急に破綻させてしまうと、事業価値を喪失してしまうことになりますから、現経営者の生前に後継者が新たな新会社を立ち上げ、破綻させる前に新会社へ経営資源を移しておく必要があります。

　顧客関係や技術・ノウハウなどの知的資産は、情報という「目に見えない資産」ですから、課税されず無償で移転させるが可能です。また、「ヒト」という経営資源も、従業員の雇用契約を解除して新会社と締結することになりますから、こちらも課税されず無償で移転させることが可能です。あとは「モノ」ですが、不動産の移転はあきらめ、什器備品や在庫といった小さな資産のみ、後継者の自己資金や銀行借入金で賄って購入すればよいでしょう。

　このように、譲渡対価の支払い無く、課税も回避しながら、徐々に経営資源を新会社へ移していけば、実質的な事業承継が可能となります。

　もちろん、経営資源をすべて喪失した既存事業（会社）は、収益力が無くなり、多額の借入金を残しつつもキャッシュ・フローが止まって、すぐに破綻することになります。残された会社の借入金は、現経営者が責任をとって連帯保

証の履行として返済します。それでも負債が残ってしまった場合、将来の相続発生時に相続放棄を行うことによって、現経営者の相続人も含めて、負債を引き継がない手続きを取ることとなるでしょう。

【問題点】

　先代経営者個人から会社に対する「貸付金」、すなわち、会社が負担する「借入金」が大きすぎる。

　会社の資金繰りのため、一時的に経営者から資金を借り入れることがあります。このような借入金は、会社の資金に余裕ができたときに返済すべきものですが、資金繰りに余裕がない状態が長期間継続した場合には、その負債「役員借入金」が累積していくことになります。これは先代経営者個人の立場から見れば金銭債権「貸付金」ですので、それが相続財産となれば相続税が課されることになります。そこで、債権債務を解消しておかなければなりません。

　銀行からの資金を借り入れる、または、法人契約の生命保険を解約することによって、会社の資金を先代経営者からの借入に充てれば自然に解消しますが、会社の財務状態が悪化しますし、先代経営者個人の財産が増えて相続税対策の問題が発生します。それゆえ、通常は資金を動かさずに負債を消滅させることを考えるのです。

　1つは、DES（デット・エクイティ・スワップ）を実行し、会社の借入金を資本に組み入れる、すなわち、先代経営者個人の貸付金を現物出資することです。この結果、先代経営者の持株数が増えますので、その株式承継を検討しなければいけません。しかし、負債超過の状況でDESを実行しますと、貸付金の評価が券面額より低い評価額となり、会社に負債免除益が発生するため、それに対する法人税等の課税が問題となります（これに対する解決策として「疑似DES」があります）。

　もう1つは、先代経営者が会社に対して債権放棄を行うことです。この結果、会社に負債免除益が発生するため、繰越欠損金と相殺することができなければ、それに対する法人税等の課税が問題となります。また、会社の負債免除によって株式の評価額が上昇し、先代経営者以外の株主に対して贈与税が課される可

能性があります（株主間贈与）。債権放棄を行うには、個人側は「債権放棄通知書」を作成し、会社側は取締役会議事録を作成しておくとよいでしょう。

　なお、繰越欠損金が不十分であり、負債免除益に対する課税に耐えられないときは、会社を解散し、期限切れ欠損金まで活用しなければいけません。すなわち、会社を解散して清算することになります。

従業員承継に係る問題

【B-1】従業員承継の事業性評価に係る問題

➡ 確認すべき分野

承継の方向性

	事業性評価	企業経営者	承継手続き
親族内	A-1	A-2	A-3
従業員	B-1　問題 現状　→　解決策	B-2	B-3
第三者	C-1	C-2	C-3

　従業員承継の事業性評価に係る問題とは、事業そのものを存続・成長させることが難しい状況を言います。例えば、赤字が続いているが収益性改善が難しい、売上減少が続いているが食い止めることは困難というケースです。

　この場合、新しい商品・サービスの開発、経営管理体制の見直し、デジタル化による業務効率化など既存事業の改善から始め、それでも効果が乏しい場合は、既存事業の廃止と新規事業の立上げなど事業再構築を検討することになります。それでもなお改善が期待できない場合は、M&Aによる第三者承継が最後の手段となります。

　ここでは、承継すべき経営資源（ヒト・モノ・カネ・知的資産）を把握することが重要で、その中でも目に見えない無形の知的資産を消滅させずに維持できるかが問題となります。例えば、顧客関係、社長の営業力、技術・ノウハウなど、それが無くなると事業が存続できなくなるほどの重要な経営資源を承継で

きるかどうかです。

　また、先代経営者が築いた経営管理体制や業績評価制度を後継者がうまく引き継ぐことができないことが問題となります。例えば、これまで官僚的な組織、年功序列の給与制度のもとで経営されていたとしても、新しい経営環境に直面している後継者がうまく経営することができないケースがあります。その場合、フラットな組織構造へ変えたり、自主性を尊重し、成果主義の給与制度に変えたりすることがあります。業績評価におけるKPIの変更も求められるでしょう。

　実務上見られる典型的な問題は、【A-1】親族内承継の事業性評価に係る問題と同じものとなります。

【B-2】従業員承継の企業経営者に係る問題

確認すべき分野

承継の方向性	事業性評価	企業経営者	承継手続き
親族内	A-1	A-2	A-3
従業員	B-1	B-2	B-3
第三者	C-1	C-2	C-3

　従業員承継の企業経営者に係る問題とは、現経営者が引退することができない、従業員が後継者になろうとしない、後継者に決まった従業員が企業経営者となるべき教育を必要とする状況をいいます。

　現経営者が引退しようとしない問題は親族内承継と同じです。

　一方で、従業員には、事業（会社）のオーナー経営者になる決意を固めることができない、責任を引き受ける覚悟ができない人がいます。

　従業員承継の後継者は、会社の役員や従業員であり、現経営者の親族ではありません。サラリーマンとして雇われる立場において長年働いてきたため、自分がオーナー経営者となって支配すること、組織のトップに立ってリーダーシップを発揮することは難しいと尻込みするケースが多いようです。

　加えて、親族でないがゆえに、株式を無償で承継することはできず、有償での買取りとなります。それゆえ、買取資金の調達という財務の問題が発生します。

　また、特定の職務において能力が高く、経験が豊富な従業員であっても、戦略立案や経営管理のような社長の仕事ができるかどうかわかりません。例えば、優秀な営業マンであっても、管理の仕事が大嫌いというケースは多く見られます。OJTで教育すればよいと考えることもできますが、後継者候補となる従業員は、引退する社長に近い中高齢者であるケースが多いため、元気な若年者である子供よりも成長可能性は低いと言わざるを得ません。

　従業員が後継者に決まった後でも、社長としてリーダーシップを発揮できないことが問題となります。経営者はリーダーシップを発揮し、従業員を通して経営課題を解決しなければいけません。経営理念（組織の目標や方向性）を伝えることでゴールを明確化し、従業員の動機づけを行わなければなりません。

　カリスマ性の高い先代経営者がいた場合、後継者がリーダーシップを発揮することは容易ではありません。これまで他の従業員と同じレベルでは働いてきた従業員がお題目だけを掲げても、他の従業員はついてきてくれないでしょう。他の従業員からの協力が得られるよう、組織的な経営体制に変えなければいけません。

　これまでサラリーマンとして給料を貰う立場にあった従業員が、戦略立案や経営管理という社長の職務を習得し、リーダーシップを発揮できるよう、手厚い教育が求められます。

　実務上見られる典型的な問題は、【A-2】親族内承継のリーダーシップに係る問題とほとんど同じものとなりますが、それ以外にも以下のような問題が発生することがあります。

> **【問題点】**
> 　親族内に後継者がいないにもかかわらず、先代経営者は事業承継について何も考えておらず、引退しようとしない。

　現経営者は、事業承継することを不安に思っています。それは、経営者として仕事中心の人生を行きてきたため、仕事の無い人生が想像できないからです。生きがいである仕事を失って、自分はどのように毎日過ごせばよいのだろうかと、自分自身の老後の生活について、不安や心配、寂しい思いを抱くはずです。

　それゆえ、事業承継のタイミングで、現経営者の引退後のキャリア形成を支援することが求められます。つまり、次の仕事を見つけるのです。「のんびり遊んで暮らしなさい」と言っても、仕事ほど面白いことはこの世の中にはない、仕事が一番楽しいと思っている経営者は、趣味に没頭したり旅行で遊んだりしようとは思わないのです。

　例えば、慈善事業やボランティア活動に取り組む、業界団体など公的な仕事に取り組む、新たな事業と立ち上げるなど、引退後のキャリアを考えるのです。キャリア・コンサルタントなど専門家の助言やアドバイスを受けながら考えることも効果的です。

> **【問題点】**
> 　後継者はサラリーマンとして勤務してきた従業員であるため、経営者としての経験がなく、企業オーナー・経営者になることを覚悟することができない。

　サラリーマンが経営者になるには、会社を辞めて起業するしかありません。しかし、ゼロから事業を立ち上げる「起業」や「創業」は、事業価値をゼロから創り始めることになるため、極めて難易度の高い生き方となります。大部分が失敗するため、成功する人はごく一部なのです。

　しかし、事業承継には、それほど難しいものではありません。すでに稼働している、価値ある事業が手に入るからです。しかも、第三者間のM&Aのよ

うに高い価格での譲渡を要求されることはなく、手が届く低い金額で譲り受けることができます。つまり、従業員承継は、従業員にとって、宝くじに当たったといっても過言ではない、極めて恵まれた状況なのです。

　長年サラリーマンとして働いてきた従業員は、経営者の立場で働くことに自信が持てず、「自分には無理だ」と言い出すケースが多く見られます。しかし、運良く後継者として任命されたことに感謝し、その恵まれた状況を正しく理解することができれば、企業オーナー及び経営者になることを覚悟することができると思います。

【B-3】従業員承継の承継手続きに係る問題

　従業員承継の承継手続きに係る問題とは、従業員が株式や事業用資産を現経営者から承継することが困難な状況を言います。例えば、法人の株式の買取り、個人の不動産の買取りには大きな資金調達が伴うため、銀行の融資を受けることができないケースです。

　従業員承継の場合、現経営者が所有する株式や事業用資産を後継者に対して有償で譲渡することになりますが、その買取資金が無いケースがほとんどです。そこで、日本政策金融公庫などの金融機関からの融資を受けることができるかが問題となります。

　また、現経営者が負担する負債（銀行借入金、個人保証）を従業員が引き継ぐことを嫌がる状況があります。その場合、そもそも銀行借入金を引き継がないようにする方法はないか、引き継ぐとしても個人保証を外す方法はないか、検討することになります。

　ちなみに、ほとんどの会社では、従業員には決算書を見せていないはずですが、検討の最後の局面において銀行借入金の金額を見た従業員が、事業承継を辞退してしまうケースがよくあります。負債の状況は、早い段階で後継者に開示しておかなければなりません。

　負債の引継ぎは、事業性評価と関連する問題です。事業性に問題が無く、借入金の返済可能性が高い場合は、後継者が負債の引継ぎを嫌がることは無いでしょう。しかし、事業性に問題があり、借入金を返済できなくなる可能性がある場合は、後継者が負債の引継ぎに躊躇することになります。会社が倒産すれば、個人財産も失ってしまう事態に陥るからです。

　実務上見られる典型的な問題として、以下のようなものが挙げられます。

【問題点】

　後継者である従業員には、事業を買取る資金が全く無い。

　子供への親族内承継を断念した現経営者が、すぐに直面する問題が、後継者にしたいと考えた従業員に、事業の買取資金がないという現実です。この点については、「私がこれまで十分稼いできたし、十分な退職金もいただくから、事業はタダで従業員に引き継いでもいい」という気前の良い経営者もいます。従業員に対して会社や事業を無償で譲渡する（贈与する）という方法です。ただし、従業員は他人ですから、奥様や子供など推定相続人から財産の流出に反対されることがないよう、事前に親族全員で話し合い、従業員承継に合意しておかなければいけません。

　有償で譲渡するという場合であっても、会社の株式評価が非常に高くなっているために従業員が買い取ることができない状況に直面します。しかし、ほとんどのケースは、会社に余剰資金（定期預金や有価証券など）や生命保険（保険積立金）があるために株式評価の高くしている状況です。これについては、

2つの対処方法があります。

1つは、株式評価を下げてから会社の株式を譲渡する方法です。余剰資金や保険解約返戻金を現経営者に退職金として支払うか、株主に剰余金の分配を行えば、株式評価額は低下します。従業員に手が届く金額（例えば、3,000万円など）まで評価を引き下げることができれば、あとは個人で資金調達させればよいでしょう。

もう1つは、会社ではなく、事業だけを切り出して譲渡する方法（事業譲渡）です。余剰資金や生命保険は会社に残し、営業用資産と負債のみ従業員へ譲渡するということです。そうすれば、従業員に手が届く金額まで評価を引き下げることができるはずですので、あとは個人で資金調達させればよいでしょう。

後継者である従業員の資金調達方法として、日本政策金融公庫（国民生活事業）が実施する「企業再建・事業承継支援資金」があり、最大7,200万円までの融資を受けることができます。経営承継円滑化法の金融支援の適用も受けるとすれば、低い特例利率が適用されますので、有利な条件での借入金となります。

【問題点】

　本社ビルを所有しているため株式評価額が高くなり、従業員が株式を買い取ることができない。

有償で譲渡するという場合であっても、会社の株式評価が非常に高くなっていると、従業員が買い取ることができない状況に直面します。本社ビルのような大きな不動産や投資用資産があるために株式評価が高くなることがあります。この状況では、会社ではなく、事業だけを切り出して譲渡する方法（事業譲渡）をとります。すなわち、不動産は会社に残し、営業用資産と負債のみ従業員へ譲渡するということです。そうすれば、従業員が買い取ることができるでしょう。

ちなみに、このように不動産を対象から外して事業譲渡するケースは、先代経営者は、本社ビルを後継者に賃貸し始めるなど、事業承継が済んだ後に不動産賃貸業を営む法人を持つこととなります。この場合は非常に恵まれており、経営承継円滑化法の納税猶予制度の適用が可能となります。すなわち、親族ではない正社員を5人以上雇って、不動産賃貸業を3年以上営むならば、贈与税

はゼロ、相続税もゼロ（特例措置、一般措置では一部課税）で、子供に財産承継することができます。

【問題点】

　先代経営者は、後継者である従業員は「中継ぎ」と位置づけて株式を承継せず、株式を持ち続けている。自分の孫を次の後継者として事業承継するときに株式を贈与または遺贈するつもりだ。しかし、先代経営者が病気で入院してしまい、相続が発生する可能性が高まってきた。

　先代経営者の子供が社長に就かなかったために、孫へ事業を継がせようと考えるケースがときどきあります。すなわち、先代経営者の子供の世代には一時的に経営は行わず、孫の世代まで事業承継を先延ばしするということです。孫が継ぐまでの間は、従業員や外部招聘の専門人材に、リリーフとして社長職を任せます。雇われサラリーマン社長による経営です。

　中小企業は、株式の所有と社長の経営を同一のオーナー経営者が行うことが原則ですが（所有と経営の一致）、このようなケースでは、一時的な所有と経営の分離が発生することになります。

　この状況が発生することはやむを得ませんが、いくつか問題があります。株主側からすれば、親族外の従業員が社長として経営を行うことによって、経営リスクを考えない無茶な経営が行われ、会社が倒産してしまうおそれがあります。サラリーマン社長は、会社を所有しているわけでなく、負債保証しているわけでもありませんので、ハイ・リスクの投資を実行しようと考えるわけです。成功すれば社長の成果、失敗しても失うものがないからです。これに対して、経営者側、すなわち雇われ社長側からすれば、業績向上によって事業価値が高まったとしても、それは株主の財産に転化されるため、個人の利益に直結しないことから、業績を上げるための経営努力を行おうというモチベーションが生じにくいという問題があります。努力の成果を得られないのであれば、サラリーマンとして無理せずのんびり働こうと考えることでしょう。

　したがって、このような問題が伴う状況であることを認識したうえで、孫への事業承継が実現するまで、慎重に事業の存続を図る必要があります。

Ⅴ　第三者承継に係る問題

【C-1】　第三者承継の事業性評価に係る問題

確認すべき分野

	事業性評価	企業経営者	承継手続き
親族内	A-1	A-2	A-3
従業員	B-1	B-2	B-3
第三者	C-1	C-2	C-3

承継の方向性

（第三者 × 事業性評価のセルに「C-1」「問題」「解決策」「現状」の吹き出し）

　第三者承継の事業性評価に係る問題とは、事業そのものを存続・成長させることが難しい状況を言います。例えば、赤字が続いているが収益性改善が難しい、売上減少が続いているが食い止めることは困難というケースです。

　この場合、M&Aによるシナジー効果（相乗効果）によって、問題を解決します。例えば、引受け側（買い手側）が提供している商品・サービスを新たに販売してみる、経営管理体制を一体化させる、デジタル化による業務効率化を行うなど、単独では実施することができない経営改善策を実施します。引継ぎ側の事業と引受け側の事業を統合させることで、収益性を改善させることが可能となります。

　また、承継すべき経営資源（ヒト・モノ・カネ・知的資産）を把握することが重要で、その中でも目に見えない無形の知的資産を消滅させずに引受け側（買い手側）へ承継できるかが問題となります。例えば、顧客関係、社長の営業力、

技術・ノウハウなどです。

　第三者承継における引受け側（買い手側）は、将来キャッシュ・フローを獲得するために、M&Aによって高額な譲渡対価を支払うわけですから、将来キャッシュ・フローを生み出す源泉となる知的資産は、漏れなく承継しなければいけません。

　この点、中小企業では顧客関係や営業力などの無形資産が現経営者に帰属していることも多いため、一定期間、先代経営者が残ってでも、買い手に無形資産を引き継ぐことができるかが問題となります。また、無形資産が従業員に帰属していることも多いため、M&Aが成立するまでに従業員が離職してしまうことを防止することができるかが問題となります。

　また、企業経営者の問題にも関連しますが、譲渡価格を最大化できるかどうかが問題となります。そのためには、M&Aを実行する前に、事業の磨上げを行って事業価値を高めておかなければいけません。引受け側（買い手側）にとってシナジー効果の発揮が期待できるような状態とすることで、高い譲渡価格を実現することができるかが勝負となります。

　第三者承継では、通常、同業他社（会社）が事業を引き受ける（買い取る）こととなりますが、引受け側（買い手側）には、これまで自社の経営管理を行ってきたベテランの経営者が存在しています。それゆえ、後継者としての企業経営は、買い手側の経営陣によって遂行されることになります。これは、事業承継を行おうとする現経営者の問題ではなく、それに口を挟む余地はありません。

　しかし、引退する経営者個人の今後の評判を考えなければなりません。M&A実行前に、現経営者から役員・従業員へ経営者が交代すること、それでも雇用と処遇が維持されることを伝え、同意や納得を得ることによって、引き継がれる従業員から、「現経営者としての責任を果たしている」というイメージを持ってもらうようにすべきでしょう。

　実務上見られる典型的な問題として、以下のようなものが挙げられます。

【問題点】
　第三者承継を実行することに、優秀なキーパーソンである幹部社員が拒否反応を示しており、退職する可能性が高い。

　従業員がM&A直後に退職するケースはよくあります。これは買い手側の経営に従業員が馴染めなかったことが原因であるため、買い手側の問題であり、売り手側の現経営者の直接的な責任ではありません。しかし、長年連れ添ってくれた従業員が幸せに働き続ける環境を作ってあげることも、現経営者の役割と考えるならば、その点に注意を払い、事業の買い手を選ばなければいけません。

　この点、幹部社員や従業員の継続雇用に係る誓約事項を入れることは、ほとんどのM&A実務において合意され、譲渡契約書に記載されています。買い手としても従業員は重要な経営資源と考えますので、当初からリストラし解雇することを計画に入れることはほとんどありません。

　しかしながら、買い手側の経営に基づく職場環境が従業員にとって働きやすいものかというのは別の問題です。中小企業を買収する買い手は、ほとんどが大企業です。大企業の経営では、従業員には組織の一員として働くこと、細分化された職務と専門的な能力が求められます。これに対して、中小企業では、幅広い仕事と、オールラウンドな能力が求められていたはずです。それゆえ、中小企業で活躍してきた従業員が大企業で通用するとは限らず、多くのケースは、その堅苦しさに耐えかねて退職してしまうのです。これでは、従業員の幸せは維持できたとは言えないでしょう。

　従業員の幸せを考えますと、オーナー経営者のM&Aが最適だ、ハッピーリタイヤだとは必ずしも言えないのです。従業員の幸せと経営者の利益にはトレードオフの関係があることに留意しなければなりません。

【問題点】
　事業を成長・発展させてくれる優良企業に事業を引き継いでほしいが、見つからない。

　M&Aの買収は、買い手にとっては大きな投資ですから、投資額を回収できるような事業価値ある事業しか買収対象となりません。高い確率で5～7年間の利益で投資額を回収できるくらいの収益力が必要です。以下のような状況の事業は、買収対象と見ることが難しいでしょう。

　・損益が赤字で、経営改善しても黒字に転化する見込みがない
　・投資回収が10年以上かかる予測だ
　・損益が黒字ではあるが、引き継ぐ銀行借入金が重く、返済が長期になる
　・損益は黒字ではあるが、現経営者が交代すると、収益性が低下する危険性
　　がある（経営力が低下する、従業員が退職する）
　・大きな偶発負債を抱えている（土壌汚染など）

　このように、収益性の現状の問題、収益性の維持の問題、負債の問題によって、買い手が買収する意義を見いだせないです。

　したがって、M&Aを決定するのであれば、事前に事業の磨上げを行い、収益性を高めておくことが不可欠です。また、負債が過大であるときは、現経営者が経営責任として個人財産を会社に拠出して負債の返済しておくか、借入金をM&Aの譲渡対象から外す（残った負債は現経営者が個人で返済する）ことになります。

【問題点】

　従業員の雇用維持を約束してくれる買い手に事業を引き継いでもらいたいが、見つからない。

　現経営者がM&Aを実行しようとする場合、どうしても譲れない条件として、一般的に、譲渡価格と雇用継続があります。この点、義理人情を重んじる日本的な文化のもとでは、価格条件を犠牲にしてでも従業員の継続雇用を優先して考える企業オーナーも多いようです。それゆえ、従業員の継続雇用や処遇維持は、買い手候補に対して当然に要求すべき条件であり、基本合意のような早い段階から話し合うべきものです。買い手候補はよほどのことがない限り、従業員の継続雇用という条件には合意するでしょう。

> **【問題点】**
> 　事業が赤字である、または、収益性が著しく低いため、買い手が見つからない。

　そもそも M&A の最適なタイミングは、業績が悪化したときではなく、業績が向上しているときです。それゆえ、最適な売却タイミングを計って決断することに難しい判断が求められます。すなわち、買い手候補から提示される買収価格は、将来キャッシュ・フローに基づく評価が基本となりますので、将来キャッシュ・フローが増加する傾向にあるタイミングに売却すべきということです。少なくとも直近の事業年度に利益を計上して黒字でなければ、高い評価は得られないでしょう。

　したがって、M&A で会社売却を実現しようとするなれば、赤字を解消し、収益性を向上するために、事前に経営改善を図る事業の磨上げを行っておく必要があります。事業の収益性を高める方法として、長期的には、販路拡大などの収益拡大、低コストでの原材料仕入によるコスト削減、製造工程や販売・物流プロセスにおける効率化が求められます。これらは、数年間かけて効果が出る方法ですが、譲渡価格最大化を実現するために、必ず実行すべきでしょう。また、短期的には、不要な資産（遊休資産、不稼働資産、赤字の事業）の処分を行い、貸借対照表をスリム化しておくこと、経営者と会社との線引きを明確化しておくこと（資産の貸借、ゴルフ会員権、自家用車、交際費など）が必要です。

　なお、上場企業への売却を考えるのであれば、会社売却の前に内部統制を有効に機能させておく必要があります。なぜなら、M&A で売却すれば上場企業の子会社となり、その内部統制は金融商品取引法上の公認会計士監査の対象となるからです。内部統制が整備されていない場合には、その整備のために必要なコストが事業価値のマイナス要因として評価されてしまうことになるため、注意しなければなりません。

【C-2】第三者承継の企業経営者に係る問題

確認すべき分野

	事業性評価	企業経営者	承継手続き
親族内	A-1	A-2	A-3
従業員	B-1	B-2	B-3
第三者	C-1	C-2 問題 現状 解決策	C-3

承継の方向性

　第三者承継の企業経営者に係る問題とは、引退する現経営者個人のセカンドライフと相続税対策のことです。現経営者はM&Aによって多額の譲渡代金を得ますが、引退後にどのような生活を送るか、また増加した個人財産の相続税負担をどのように軽減することができるか、事業承継の実行前に考えて置かなければいけません。

　一方、第三者承継において後継者の問題は発生しません。通常、同業他社(会社)が事業を譲り受ける（買い取る）こととなりますが、買い手側には、これまで事業を営んできた経営者が存在しているからです。後継者のリーダーシップは、買い手側の経営者によって発揮されるわけです。これは、現経営者（売り手側）が口を挟む余地はありません。

【C-3】第三者承継の承継手続きに係る問題

確認すべき分野

	事業性評価	企業経営者	承継手続き
親族内	A-1	A-2	A-3
従業員	B-1	B-2	B-3
第三者	C-1	C-2	C-3

承継の方向性

問題
現状　　解決策

　第三者承継の承継手続きに係る問題とは、第三者が株式や事業用資産を現経営者から適切に承継することができない状況をいいます。例えば、法人の株式の譲渡、個人の不動産の譲渡では、譲渡価格の決定という話が伴うため、売り手である現経営者の利益最大化を実現しなければいけません。

　現経営者は、M&Aを通じてオーナーの地位を引き渡し、その対価として多額の現金を受け取ります。M&Aのイメージは、現経営者は、経営することで稼ぐ将来キャッシュ・フローを、譲渡対価という一時金に交換する行為です。それゆえ、現経営者は、引退した後の生活費や子供への相続財産を増やすため、譲渡価格の最大化を目指すことになります。この点、譲渡価格は、譲渡スキームの選択と条件交渉の巧拙によって大きく変わるため、事業承継の支援者による適切なアドバイスが不可欠です。

　なお、M&Aにおいて承継するものが会社であった場合、会社をそのままにして株式譲渡すべきではないケースがあるため、注意が必要です。例えば、大きな銀行借入金があって株式価値がマイナスになるケース、事業に使わない余剰資金が山ほどあって株式価値が高額になるケースが問題となります。

　多額の借入金、多額の余剰資金を全部まとめて譲渡する必要はありません。引受け側（買い手側）はそれらを必要としていないからです。その場合、株式

譲渡ではなく事業譲渡とすることによって、承継する資産・負債・契約を事業の存続に最低限必要なものに限定すれば、承継手続きをスムーズに行うことが可能となります。

　もちろん、売り手である現経営者は、譲渡価格を下げてでも負債も一緒に引き受けてもらいたいと考えるはずです。課税されない負債の引受けのほうが、課税される譲渡対価よりも税務上は有利ですから、交渉してみるとよいでしょう。銀行借入金の引継ぎは、現経営者にとってみれば譲渡対価の一部を構成するものなのです。

　実務上見られる典型的な問題として、以下のようなものが挙げられます。

【問題点】
　事業を譲り受けてくれる相手が見つからない

　M&Aによる買収は、買い手にとっては大きな投資ですから、投資額を回収できるような事業価値ある事業しか買収対象となりません。高い確率で5年間〜7年間の利益で投資額を回収できるくらいの収益力が必要です。以下のような状況の事業は、買収対象と見ることが難しいでしょう。

- ・損益が赤字で、経営改善しても黒字に転化する見込みがない
- ・投資回収が10年以上かかる予測だ
- ・損益が黒字ではあるが、引き継ぐ銀行借入金が重く、返済が長期になる
- ・損益は黒字ではあるが、現経営者が交代すると、収益性が低下する危険性がある（経営力が低下する、従業員が退職する）
- ・大きな偶発負債を抱えている（土壌汚染など）

　このように、収益性の現状の問題、収益性の維持の問題、負債の問題によって、買い手が買収する意義を見いだせないです。

　したがって、第三者承継のためのM&Aを進めるのであれば、事前に事業の磨上げを行い、収益性を高めておくことが不可欠です。

【問題点】

　M&A 仲介業者から、事業を引き受けてくれる相手を紹介してもらった
が、事業の譲渡価格が想定した金額よりも安い。もっと高く売りたいが、
相手は譲渡価格を引き上げてくれない。

　景気の良い業種で、収益性も高い優良事業の M&A 案件であれば、買い手
候補から提示される譲渡価格は高くなるはずです。10社を超える買い手候補が
名乗りを上げるケースもあるでしょう。

　しかし、M&A 仲介業者がとる売却の方法は「仲介」です。すなわち、買い
手候補を 1 社ずつ紹介します。複数の買い手候補を同時に紹介し、価格競争を
もたらすような方法で紹介することはありません。

　相対取引のメリットとしては、交渉プロセスがシンプルであるため、短期間
で交渉をまとめることができ、対象会社の機密情報が漏洩するリスクが低くな
ります。その半面、買い手候補に競争相手が存在しないため、売り手の交渉力
が弱くなり、譲渡価格が低くなる可能性があります。

　そこで、検討すべきなのは、M&A 仲介業者ではなく、金融機関など利益相
反取引が禁止される M&A アドバイザーによる「片側助言」です。彼らは売
り手側のみ助言を行い、仲介は行いませんので、複数の買い手候補を同時に紹
介してもらうことができます。すなわち、競争入札が実施されます。

　複数の買い手候補に同時に交渉を行い、入札を行って買い手候補を競わせた
方が譲渡価格は高くなる可能性があります。

　もし10社以上を招いた競争入札を行い、好条件を出してきた 2 社にデュー・
ディリジェンスを実施させ、もう一度競争入札を実施して 1 社に絞り込むとい
う段階的な競争入札を行うことができるのであれば、売り手は最終契約の締結
時まで買い手を競わせて交渉を有利に進めることができ、譲渡価格を最大化す
ることができるでしょう。

【問題点】

　M&Aの譲渡スキームを株式譲渡に決定したが、名義だけの株主がいるため、買い手が難色を示し、名義株の解消を求められている。

　真の株主と名義上の株主とが一致しない株式のことを名義株式とい言います。これは、他人の名義を借用して新株の引受けを行うことによって発生します。名義株式は、M&Aの譲渡対価が真の株主と名義上の株主のどちらに帰属するか不明確であるため、買い手は当然にその解消を求めてきます。

　実務では、名義上の株主に依頼し、「真の株主に名義書換えを行います。」とする同意書に署名・押印してもらうことになります。名義上の株主から同意が得られないときは、真の株主が、自分が株主であることの確認を求める訴訟を提起しなければなりません。

　M&Aで株式が高く売却されることが決まれば、売却益欲しさに名義上の株主が同意しなくなってしまうかもしれません。事業承継でM&Aを想定するならば、早い段階で解消しておくべきでしょう。

【問題点】

　会社の少数株主にM&Aの話をしたら、高値での買取りを要求してきた。また、所在不明の株主も存在している。

　M&Aの結果として買い手に事業を売却し、安定的な事業を承継する必要がありますが、現経営者以外の少数株主が存在し、それらの所在が不明であれば、一部の株式の売却が実行されないこととなります。少数株主が残ってもらっては困りますので、買い手は全部の株式を買収できないのであれば、M&Aを実行しようとはしないはずです。そこで、現経営者からM&Aを行う直前のタイミングで、所在不明の株主の調査及びその株式の整理を行い、現経営者または発行法人が買い取っておくべきでしょう（この場合の買取価額については、M&Aの譲渡価格と大きく乖離する場合に問題となります）。

【問題点】

　事業そのものの事業性に問題は無く、収益性も高いが、過大な銀行借入金に買い手側が難色を示し、M&A 交渉が進まなくなってしまった。

　M&A の買収は、買い手にとっては大きな投資ですから、投資額を 5 ～ 7 年程度で回収できるような事業価値ある事業しか買収対象となりません。それゆえ、過大な負債を背負う事業は、買収対象と見ることが困難となります。なぜなら、事業から獲得できるキャッシュ・フローが負債の返済に回るため、回収期間が長期にわたるからです。仮に、今後は市場成長が見込まれ、10年で投資回収できると予測された事業であっても、将来の市場環境が実際にどうなるか分かりませんから、買い手はその投資回収不能リスクを心配し、投資の決断をためらうことになります。

　このような場合、現経営者が経営責任として個人財産を会社に拠出して銀行借入金を先に返済しておくか、銀行借入金は M&A の譲渡対象から外す（残った負債は現経営者が個人で返済する）ことになります。

【問題点】

　先代経営者個人による「貸付金」すなわち、会社の「借入金」が大きいため、買い手側が難色を示し、M&A 交渉が進まなくなった。

　M&A 後に先代経営者からの借入金が買い手へ引き継がれるとすれば、買い手からそれが返済され、売り手である先代経営者の手元に現金が入りますので、その返済は実質的な譲渡対価の支払いと考えることができます。ただし、その負債に相当する価値が株式の譲渡価格から減額されて取引に合意されているはずですので、譲渡価格が上がったというわけではないですが、売り手は、譲渡対価ではなく債権回収という形で現金を受け取るため、株式譲渡に伴う譲渡所得税の負担が軽減されるというメリットを享受することはできます。

　もちろん、事業譲渡が採用される場合には、このような借入金は対象の事業から外されて会社に残されるため、譲渡対価として受け取った現金を原資とし

て先代経営者に返済することになります。それで返済することができなければ、そのまま放置するか、DES（デット・エクイティ・スワップ）または債権放棄（負債免除）によって解消することになります。

　しかし、負債超過の状況でDESや債権放棄を行いますと、会社に負債免除益が発生するため、それに対する法人税等の課税が問題となります。充分な繰越欠損金がなく、負債免除益に対する課税に耐えられないときは、会社を解散し、期限切れ欠損金まで活用しなければいけません。すなわち、会社を解散して清算することになります。

第2章

後継者の決意と覚悟

受け身の後継者

【1】事業承継が進まない

Q
　私は、会社を創業して40年になります。昨年70歳になったので、健康の不安もあり、近い将来に40代半ばの息子に事業を引き継ぎたいと思っています。

　しかし、肝心の**息子がどうも頼りなく思えて仕方がありません**。周りの経営者に話を聞いても、後継者がいない、あるいは後継者がいても、果たして**自分の後を継いで社長として本当にやっていけるのかどうか**、不安に思っているということをよく聞きます。

　自分としては、せっかく創業してそれなりにいいお客様にも恵まれて、小さいながらも堅実な会社にまで発展させたので、ぜひ息子に継いで欲しいのですが。どうすればよいのでしょうか？

〈フレームワーク〉

→ 確認すべき分野

承継の方向性		事業性評価	企業経営者	承継手続き
	親族内	A-1	A-2 問題／現状→解決策	A-3
	従業員	B-1	B-2	B-3
	第三者	C-1	C-2	C-3

Answer.

　先代経営者から後継者への事業承継が、わが国においては喫緊の課題である
と言われるようになりました。しかし、中小企業の事業承継は遅々として進み
ません。これは、なぜでしょうか。

　1つには、現経営者からみて、後継者としての資質を備えた人材が見当たら
ないということがあげられます。そして、仮に後継者がいたとしても、どうも
次期社長としては頼りないということもあります。いずれにしても、後継者と
いう存在がいない、あるいは後継者が育たない、ということが、事業承継が進
まない最大の要因であるという認識は、多くの方が持っているようです。

　後継者がいない場合は、その会社を他社に買い取ってもらうか、あるいは清
算するという方法もありますが、せっかく後継者がいるのに事業承継が進まな
いのは、もったいない、歯がゆいことです。

　しかし、ここで考えて欲しいのは、果たして事業承継が進まないのは、後継
者の問題なのかということです。

　現経営者から後継者に対していだく不安として、「経営者としての能力に欠
ける」「本気で継ぐ気持ちがあるのかわからない」「どこか、受け身になってい
る」という声が多いようです。

　しかし、それに対して後継者の方も実は不安に思っています。「自分が継い
で本当にやっていけるのか」「親父は何も言わないけど、本当に自分が継ぐの
か」「いつ、親父は自分に譲ってくれるのだろう。聞きたいけど、聞けない」「い
つまでたっても、親父は俺を認めてくれないし、任せてくれない」と、日々悶々
としながら過ごしている後継者は多いのです。

　お互いに共有しにくい思いを内に抱きながら月日だけは過ぎ、現経営者が亡
くなった後に未熟な後継者が残され、会社を倒産させてしまうという事態は、
現実には多いのではないでしょうか。

　この問題への対応策ですが、「事業承継は現経営者が主導で進めるもの」と
いう考え方を改める必要があります。事業承継は、現経営者が行うべきことの
1つではありますが、実は、現経営者が主導すると事業承継は進まないことが
多いのです。

　なぜならば、第1に、事業承継とは現経営者のリタイアを進めることですか

ら、決して現経営者にとって楽しい、わくわくすることではない、むしろ直面したくない事柄だからです。成功した経営者は、誰でも経営が好きでたまらないはずです。それを辞めることなど、普通は想像したくないのです。

　また、経営をすることは朝飯前でも、事業承継を得意とする経営者はいません。なぜなら、事業承継など経験したことがないからです。まして、日々忙しい経営者にとって、事業承継をするために割ける時間は決して多くはないはずです。どうしても、後回しにしてしまいがちです。

　さらに最大の問題は、現経営者側が主導して事業承継を進めようとすると、後継者にとって事業承継は譲られるまで待つこと、つまり他人事になってしまい、現経営者任せの受け身になってしまうことです。

　すなわち、事業承継が進まないのは、現経営者が主導して進めるものという思込みが世の中一般であるというところに原因があります。

【2】事業承継を進める主体

Q　　自分は、父のあとを継ぐつもりで父の創業した会社に入って10年以上経ちます。しかし、**社長である父はいっこうに私へ経営権を譲る気はなさそうですし**、自分も専務取締役としての仕事に日々追われ、**会社を承継するための準備は何もしていません。**
　　このまま、何もしなくても事業を承継できるものなのでしょうか?

〈フレームワーク〉

確認すべき分野

	事業性評価	企業経営者	承継手続き
親族内	A-1	A-2　問題／現状→解決策	A-3
従業員	B-1	B-2	B-3
第三者	C-1	C-2	C-3

承継の方向性

Answer.

　事業承継は、現経営者が主導すると進まなくなるのは既述の通りです。後継者は現経営者任せになり、どうしても姿勢が受け身になるという問題があります。

　また、後継者が受け身になってしまうもう１つの要因があります。それは、事業承継を「相続」と同じものと考えていることです。確かに、親が所有する財産を譲られるという点では、相続に似ていると言えなくもありませんし、専門家も両者を同一のカテゴリーとして取り扱うこともあります。

　しかし、事業を譲る側と譲られる側が事業承継と「相続」を同一ととらえると、譲られる側は必ずといっていいほど受け身になります。なぜなら、譲られるまで待つしかありませんし、譲られる内容について調べたり吟味したりすることもはばかられるからです。もらう側なのに財産にケチをつけるようで引け目があり、自分があたかも親の財布を盗み見する子どものように感じてしまうからです。

　さらに、「相続」は親の死亡を想起させますから、事業承継を「相続」としてとらえてしまうと、それを語ること自体がタブーになります。まだ元気な現経営者が亡くなることを想定した話をすることですから、無理もありません。経営に継続して関わっている専門家も、事業承継について話を持ち出すことも

はばかられるようになります。

　すなわち、事業承継を「相続」と考えてしまうと、後継者はそのための準備を何もしなくなるのです。いつ来るかわからない相続について、準備のしようもありません。現経営者が元気であればなおさらです。

　しかし、事業承継と「相続」では、1つの大きな違いがあります。現金や不動産を承継する相続では、財産価値は誰が受け取ろうと、既に確定しているものがほとんどです。それに対して、事業承継で受け継ぐのは生きている事業（会社）です。受け取る後継者の能力によりその価値が大きくなったりゼロになったりする、複雑で繊細な生き物のようなものです。

　通常の相続であれば、受け取る側は受け身でも構いません。でも、事業を承継する後継者は、受け身のまま待っていれば、ほぼ必ず失敗します。能力のある経営者が一生懸命に経営しても潰れる会社は多いのです。受け身の後継者がある日突然継いで経営できるほど、事業の経営は甘くありません。

　つまり、事業承継を「相続」と考えると、後継者は受け身になり会社を潰してしまうおそれがあるのです。

　では、どう考えればいいのでしょうか。

　事業承継を、「後継者が価値を生み出すために、価値あるものを受け取る超友好的な乗っ取り」[1]と考えたらどうでしょうか。既存の事業価値を受け継いで、新たな事業価値を創出することを目指すM&Aととらえるのです。

　「乗っ取り」というのは不穏当な言い方ですが、要は「M&A」です。現経営者ではなく、後継者が主体となり、乗っ取り手として現経営者から事業を自分のものとするのです。ただし、超友好的にです。

　そう考えれば、後継者はまず受け身にはなりません。もらうという行為と違って、乗っ取りは主体的な行動です。そして、乗っ取るためにはまず、その対象を調べ上げる必要があります。M&Aにおいて最初にするのは、事業の価値を評価（デュー・ディリジェンス）することです。もしも乗っ取る価値があると見定めれば、その乗っ取りを実行することとなります。

　このように、事業承継をM&Aととらえるならば、後継者は事業承継のた

---

[1] 『MESSAGE from 後継者の軍師活用せよ！　価値を生み出す"軍師力"』（一般社団法人軍師アカデミー刊）p. 12より引用。

めに何をすべきかが明確になり、主体的に行動することができるようになります。

　それゆえ、事業承継の成功のためには、後継者が受け身ではなく、会社を乗っ取る意気込みで主導となって進めるべきなのです。

【3】後継者の立場とは

Q　自分は、父が創業した会社に入社して5年になります。将来は父の跡を継いで、この会社の社長になるつもりで、日々の仕事を頑張っています。

　会社を経営するためには、営業力が必要だと思い、自分で希望して営業部門に配属され、トップクラスの成績を収め、周りからも「さすがは次期社長」と賞賛されています。

　自画自賛になりますが、**自分ほど頑張っている後継者はいない**と思いますが、どうでしょうか？

〈フレームワーク〉

確認すべき分野

	事業性評価	企業経営者	承継手続き
親族内	A-1	A-2　問題 現状→解決策	A-3
従業員	B-1	B-2	B-3
第三者	C-1	C-2	C-3

承継の方向性

Answer.

　事業承継を相続ではなく、「後継者が価値を生み出すために、価値あるもの

を受け取る超友好的な乗っ取り」[2]、すなわち後継者主導の M&A であるということは、既述の通りです。

　それでは、後継者が単に主体的に行動すればいいのかということですが、やみくもに主体的に努力しても、事業承継がうまくいくとは限りません。むしろ、後継者の立場を誤解した努力は、事業承継を失敗させてしまうこともあります。

　事業承継における後継者の立場は、どのように考えればいいでしょうか。

　一般的には、後継者とは「現在の社長の後を継いで経営者になる人」と思われています。これは、確かに「後継者」という字面だけ見れば間違いではありません。

　しかし、後継者が自分をそのように定義したらどうなるでしょう。やはり、経営者になる日まで待つことになり、受け身になってしまうのです。

　そして、現経営者といえども、当然のことですが生身の人間ですから、今は健康に見えても、いつ急病になったり事故にあったりして急逝しないとも限りません。その日は、もしかしたら明日かもしれないのです。そのようなリスクを考慮しますと、後継者は明日にでも自分が経営者になるかもしれないということです。だとすれば、この定義のように受け身の姿勢で準備していると事業承継には間に合いません。

　そこで、後継者はこのように定義すべきです。すなわち、後継者とは、「いつでも現在の社長の代わりとなって、経営者の仕事ができる人」です。

　そうであれば、後継者はいつでも社長の代わりになれるように準備していなければならないのです。それをしていない人は、後継者とは言えないということです。

　本問の方は、確かに営業で頑張って会社に貢献はしていますが、後継者の立場を誤解していると言わざるを得ないのです。営業が得意であっても、経営者の代わりが務まるとは限らないからです。

　それでは、社長の代わりになるために、後継者は何をすべきでしょうか。

　まずは、事業の徹底的な現状把握です。事業承継を後継者による M&A ととらえるならば、事業の価値を事前に把握するのは当然です。

---

[2] 『MESSAGE from 後継者の軍師活用せよ！　価値を生み出す"軍師力"』（一般社団法人軍師アカデミー刊）p. 12より引用。

　それでは、現状把握はどのようにすればいいのでしょうか。企業経営には「ヒト・モノ・カネ・情報」と言われる経営資源を活用して、目標を達成します。後継者が会社を経営するために自社の「ヒト・モノ・カネ・情報」について、詳しく知っておくことです。人材管理や育成、商品の製造や販売方法、資金の流れや財務管理、ITや人脈など、全てを再点検します。

　すなわち、自分が後継者として新たな事業価値を生み出すために、そもそも既存の事業に価値があるのかどうかを把握し、あらためて後継者として事業承継を行う決意を行います。決意は闇雲に行うものではなく、事前に現状把握をしっかり行わなければ、本物の覚悟は定まりません。

　その上で、経営者として必要な能力を学んで身につけます。後継者は、経営者としての経営に必要な知識や考え方を勉強しなければ、一人前の経営者になれません。雇われ従業員としての勉強や経験をいくら積んでも、経営者になることは不可能です。なぜなら、後継者は社長になったと同時に現経営者と同じ成果を求められます。だから、経営者になってから経営知識を学ぶのでは遅いのです。

　そうして、経営者として成長しつつ、事業（会社）も自らの手で成長させていく事が経営者の仕事となります。後継者のすべきことは、一人前の経営者になることです。そこのボタンを掛け違ってはいけません。根本的な所を間違えると、後から挽回することは不可能です。

Ⅱ　経営者のキャリア

【1】後継者のキャリアとは

Q　　自分は、古くから続く老舗の跡取りです。子供の頃から、5代目の後継者として、親や親戚から会社を継ぐように期待されてきました。後継者候補として会社に入社して、8年になります。

　しかし、どうしても**後継者として会社を継ぐ決心がつかない**のです。実は、子供の頃から音楽を聴くのが大好きで、それが高じて親にはだまってバンドに熱中していました。週末だけのバンド活動ですが、アマチュアとしてはかなりいい線をいっていて、プロにもスカウトされたこともあります。そのときはかなり悩みましたが、自分は後継者として会社を継がなければならないという思いがプロへの道を断念させました。

　しかしその後も、**もしかしたらプロになって好きなことを続けていた方がよかったのかもしれない**、という思いが捨てきれません。その思いが強すぎて、会社の仕事にも身が入りません。

　このように悩んでいる自分は、後継者として失格でしょうか？

〈フレームワーク〉

	事業性評価	企業経営者	承継手続き
親族内	A-1	A-2 問題 現状 解決策	A-3
従業員	B-1	B-2	B-3
第三者	C-1	C-2	C-3

確認すべき分野

承継の方向性

Answer.

　現代の日本における後継者は、「悩みの総合商社」と言ってもいいくらい、いろいろなことで悩んでいます。本問のようなキャリアの問題もその１つです。

　キャリアとは、職業選択や仕事の履歴というようにとらえられることが多いですが、キャリア理論という体系だった学問分野が確立しており、そこでは「個人が環境との相互作用によって、自分自身で構築し意味づけしていく、人生そのもの」[3]を意味しています。すなわち、自分の人生を多面的（仕事・家族・プライベート・経済性・時間など）に捉えどのように作っていくのかがキャリアです。

　実は、後継者は自ら事業承継することを決意して選択する、という自分の人生において重要な意思決定をしていないことが多いのです。親などの身内や、配偶者からの期待に応えて後継者になってしまうことが多いようです。それも、１つの決意ではあるでしょうが、自分で選んで決意した場合よりもどうしても意思が弱くなります。また、事業承継に対する姿勢も、自分で選択していないので、受け身となってしまうのです。

　本問のように悩んでいるケースはまだいいほうで、そもそもその悩みに気がつかない後継者も多く見られます。「本当に、会社を継ぐということでいいの

---

[3] 『軍師養成講座テキスト』（一般社団法人軍師アカデミー刊）より引用。

でしょうか？　別に継がなくてもいいのですよ」と言うと、「えっ？」と驚く
方もいらっしゃるくらいです。

　しかし、事業承継にあたって、この後継者のキャリアの問題は極めて重大な
問題です。後継者が受け身となってしまうのは、事業承継を「相続」と思い込
んでいる構造的な要因もありますが、本人がそもそも後継者になるという選択
肢を自ら選んだわけではないということに大きな原因があるからです。

　自ら選び取っておらず、受け身で他人任せの姿勢で経営と向き合っていると、
会社が生きるか死ぬかというような厳しい状況に陥ったときに、踏ん張るパ
ワーが生まれてきません。

　それでは、後継者はどうすればいいのでしょうか。その解決策は、さほど難
しいことではありません。キャリア支援の専門家に協力してもらって、改めて
「後継者が事業を承継する意思決定プロセス」を踏めばいいのです。人間は「や
る」か「やらない」か、という選択では、多くの場合「やらない」（現状維持）
を選びます。後継者が会社を継ぐということは、「やる」「やらない」の選択で
はなく、後継者が「後継社長の人生」か「サラリーマンの人生」か「フリーラ
ンス（独立）の人生」か、等と複数の未来から「自らの意志」で選択すること
が大切です。また、人生は仕事だけはないので、家族・経済的・プライベート・
時間など総合的に判断するべきです。すなわち、後継者になることを改めて自
ら選び取ればいいのです。本問の後継者の方も、自ら後継者になることを選択
するというプロセスを経ていないため、後継者としての決意と覚悟が定まって
いないというところに、悩みの原因があるのです。

　後継者は、自分の人生は自分自身で選ぶものであるということに気づくこと
が大切です。

【2】後継者のキャリア選択

> Q
> ①　長男に、自分が創業した会社を継がせたいと考えています。し
> かし、長男は子供の頃から勉強がよくできて、大学の医学部に入
> 学し、今は大学病院で医者として活躍しています。会社には、長
> 男以外にこれといった後継者の候補が見当たりません。**医者として充実
> したキャリアを積んでいる長男に、事業を承継してくれとは言い出しに
> くい状況です。**どうしたらいいでしょうか？
> ②　長男に、先代から引き継いだ会社を承継して欲しいと思っています。
> 長男は、大学を卒業した後で、**私どもの会社とは一切関係ない他社に入
> 社して働いています。**事業承継の話はしたことはありませんが、他の会
> 社で働いた経験を活かして、後継者になってくれると期待しています。

〈フレームワーク〉

確認すべき分野

承継の方向性		事業性評価	企業経営者	承継手続き
	親族内	A-1	A-2 問題 / 現状 解決策	A-3
	従業員	B-1	B-2	B-3
	第三者	C-1	C-2	C-3

Answer.

　後継者として期待されている子供が、他のキャリアを選んだり、他の会社に
所属して活躍したりしている場合は、どう考えたらいいでしょうか。

　これも、子供のキャリアの問題です。まずは、子供がどのようにキャリアを

考えているか、キャリア支援や事業承継の専門家を交えて率直に対話し、コミュニケーションを図る必要があります。その場合、後継者候補と考えていたことや現在の会社の状況、社長の仕事内容と仕事時間・年収など、総合的に伝えます。そのうえで、本人が自分のキャリアを歩みたいということであれば、その意思を尊重すべきです。

　ただし、本問のような場合は、子供たちは事業承継のことを多少なりとも意識していることが多く話し合っているうちに、事業の後継者としてのキャリアを選択するかもしれません。その場合でも、その意思が「本当の決意」かどうかを確かめるために、「後継者が事業を承継する意思決定プロセス」を行う必要があるでしょう。

　子供たちが、後継者として承継する会社に所属していないことは、マイナスになることはありません。入社してから経営者としての勉強し経験を積めば、後継社長として必要な経営力を養えます。ただし、自社の状況に当初は疎いため、現状把握を徹底的に行う必要があります。

【3】現経営者の引退後のキャリア

Q　私は、現経営者の娘と結婚し、会社に後継者候補がいなかったため、後継者として会社に入りました。事業承継は順調に進んでおり、いつでも現経営者の代わりが務まると自負しています。しかし、**いつまでたっても現経営者が社長の座を譲ってくれません。**それどころか、前にも増して事業に対して熱心に取り組んでいます。現経営者は60代半ばとまだ若く、いつ自分が社長になれるのかわかりません。

〈フレームワーク〉

Answer.

　将来のキャリアについては、従業員や後継者に限らず、経営者ももちろん考えなければならない大切な事柄です。単なる職業選択ではなく、人生をどう構築するかということだからです。

　事業承継とは、後継者が新たな価値を生み出すために、既存の事業という価値あるものを受け取る超友好的な乗っ取りであるということは既述の通りです。ここで「超友好的な乗っ取り」ということは、後継者自らのみならず、現経営者、従業員、取引先、その家族たちを幸せにするためでもあるのです。とすれば、後継者は、引退する現経営者のキャリアをも考え、支援する必要があります。

　現経営者から事業だけ受け取って、後のことは知らないというのでは、現経営者は、事業を譲ることに対して不安に思ってしまうことでしょう。自分自身の今後について、不安や心配、寂しい思いを抱くはずです。そのような精神状態に追い込むとすれば、それは超友好的な乗っ取りであるとはいえません。本問の現経営者も、社長退任後のご自身のキャリアを描くことができないために、積極的に退任に向けた動きをとりにくいのかもしれません。

　後継者は、現経営者のそのような気持ちに配慮して、今後のキャリア形成を支援する必要があります。経営者としての経験を活かして、後継者のサポート

役として支援してもらう、あるいは業界団体などに積極的に参加して、外から会社をサポートしてもらう、もしくは小さな規模でいいので自分の好きなビジネスを始めるなど、複数考えられます。大切なことは、後継者と現経営者だけで話すのではなく、事業承継の専門家を交え、他社事例などのアドバイスを受けて、落ち着いて検討しましょう。後継者は、自分のキャリアを構築すると同時に、引退する現経営者のキャリアについても考えなければならないのです。

Ⅲ　後継者経営の特性

【1】後継者が背負うことになる宿命

　　子供の頃から会社経営をしている父の背中を見ていましたし、両親からも「お前は長男だから、うちの会社の跡取りとしての人生を考えてくれ」と言われてきました。自分自身もなんとなく会社を継ぐんだなと思っていましたから、高校時代は文系クラス、大学も経営学を専攻し、大学在学中にはシリコンバレーへも行ってきました。大学卒業後は直ぐに父の会社に入らずに、友人が起業したベンチャー企業で友人の右腕として10年程経過しました。自分で言うのも恥ずかしいですが、それなりに大きい企業に成長し部下からの信頼も厚く、ベンチャー支援のセミナーで経営について話したこともあり、経営のいろはは充分に学んだと思っています。

　そろそろ父の会社に戻り、今迄の経営の経験を活かしたいと考えていますが、**ベンチャーでの経験と何か違う事はありますでしょうか？**

〈フレームワーク〉

確認すべき分野

	事業性評価	企業経営者	承継手続き
親族内	A-1 問題 現状 → 解決策	A-2 問題 現状 → 解決策	A-3 問題 現状 → 解決策
従業員	B-1	B-2	B-3
第三者	C-1	C-2	C-3

承継の方向性

Answer.

　大学卒業後すぐに親の会社に入社せずに、他社で経験を積む後継者は多いものです。そのときの経験は親の後継者になった際に役に立つことが多いですが、後継者（社長就任後）として背負うことになる宿命というものが４つあります。その宿命を意識しなければ、後継者による経営は危険なものとなります。

　第１の宿命は、身の丈に合っていない会社を経営しなくてはならないことです。友人のベンチャー企業の創業者同様に、現経営者であるお父様も創業者と

して、ゼロから自分の身の丈に合わせて企業を成長させてきました。自分 1 人で始めた事業、必要に応じて自分の裁量で従業員を 1 人 1 人増やし、何十人、何百人の従業員の会社に拡大させました。取引先も初めは 1 社だけであったものが、現経営者が 1 社 1 社開拓して、何百社の取引先になってきたはずです。この大きくなった会社のトップに後継者はいきなり就任するため、事業（会社）が後継者の身の丈に合わないことが多いのです。これは、小学生が大人のスーツを着るようなものであり、自分だけでなく、外からみても違和感があります。

　第 2 の宿命は、わからないことが数多く存在することです。入社する前には、「大学やベンチャーで経営を勉強してきたから、知らないこと、わからないことは少ないはずだ」という自負があると思います。確かに、経営戦略、組織論といった学問の知識、外部で勤めていた会社での経営はわかっているかもしれません。

　しかし、後継者が継ぐ会社の現状をすべて把握しているわけではありません。創業時の経営理念は如何にして作られたのか、どうして利益率の悪い商品を取り扱っているのか、どうして能力が低い社員が未だ勤めているのか、どうしてこちらの言うことを聞かない取引先があるのか、どうして立地の悪いこの場所に本社があるのか。これらは、全て先代経営者のみが知っており、後継者は継いだ段階では知らないのです。

　第 3 の宿命は、すぐには経営をコントロールできない状況に直面させられることです。

　ベンチャー企業で新人採用も任され、何十人という部下のトップの経験があり、リーダーシップには自信があったのに、父の会社に入ったら誰も自分の言うこと聞いてくれないといったように、後継者がコントロールできないことが数多く存在するのです。

　しかし、従業員の立場になって考えてみますと、雇ってくれたのは先代経営者であり、自分が一人前の職人になれたのも先代経営者のおかげです。いきなり先代経営者が指名した後継者が、「明日からは、業務効率化のために〇〇しましょう！」と言ったところで、「どうして、あなたに言われないといけないのか。先代の時代からこの方法でやってきたのです。先代がやれと言っているんですか？　違いますよね？」と言いたくなる気持ちがわかると思います。

　第4の宿命は、経営上の爆弾が埋め込まれている危険性があるということです。

　継いで半年も経過しないうちに、売上の50％超を超える主要取引先が撤退し、どうすればよいかわからないという話もあります。取引先にしてみれば、昨今の経営環境から代替先を探しており、取引を中止する理由は容易に想像できます。しかしながら、先代経営者との恩があるからという理由で取引を継続していただいていることが多々あり、先代経営者から後継者になった途端、代替先に変更されることがあるのです。すなわち、そもそも先代経営者のビジネス・モデルが崩壊しており、取引関係が継続できない状況にあったという爆弾が隠れているのです。

　後継者が会社に入って直面する、もう1つのビジネス・モデルの崩壊として、従業員の高齢化があります。昨今の人手不足も重なり新人採用ができないまま先代経営者が経営を続け、知らないうちに従業員の高齢化が進み、後継者が会社に入った際には「うん？　自分より年上の方ばかり」という状態に直面します。挙句の果てには、製造現場の職人の技術が若手に伝承されないまま退職を迎えてしまい、製造工程が止まってしまうという危機に陥いることになります。また、先代経営者の時代には黙っていた従業員の不平不満も、後継者が経営者になったとたんに突如として噴出することもあります。気づかないうちに、組織風土が崩壊してしまっているのです。

　さらに、財務内容が見た目以上に悪化しているという爆弾が隠れているケースがあります。回収できない債権、含み損を抱える不動産、稼働していない設備等で、実態の貸借対照表は債務超過だったという実態を見抜くことができない危険性です。

　そして、発生すると怖いのが同族株主の問題です。事業が不調になればなるほど、兄弟、叔父さんとの親族関係も複雑に絡み、社内で派閥争いになり業務に支障が出たり、株式の買取りを請求され資金が不足したりと難しい問題に後継社長が直面し苦労します。

　このように、後継者が修行の一環として社内の営業部長を務めていたときには表面化していなかったとしても、後継者が社長に就任した瞬間、先代経営者が、放置してきた経営上の問題が顕在化し、それに後継者が直面させられるこ

とが宿命なのです。

【2】既存の経営資源を活用できる後継者経営

Q　父親の命令で、後継者である私は同業他社へ修行に来ています。修行先では境遇が同じ後継者の先輩がいて、公私ともにお世話になっていました。

　先輩は2年前に修行を終えて後を継がれる会社へ戻られ、それ以降一切連絡がなかったのですが、先日連絡があって「戻ってビックリしたよ。借金があることは覚悟していたが、職人の技術は古いし、設備も古い。こんな会社へ戻らなければよかった。お前はアイデアや技術もあるから、**ベンチャー企業として独立したほうがいい**」とのことでした。

　1か月後には親の会社に入ろうと考えていたのですが、どうしたらよろしいでしょうか？

〈フレームワーク〉

確認すべき分野

承継の方向性

	事業性評価	企業経営者	承継手続き
親族内	A-1 現状→問題→解決策	A-2 現状→問題→解決策	A-3
従業員	B-1	B-2	B-3
第三者	C-1	C-2	C-3

Answer.

「独立」、「起業」、「ベンチャー経営」というと言葉の響きがよく、世間から

も一目を置かれる存在かもしれません。それに比べて、後継者経営は古臭いイメージがあります。また、後継者という存在は、身の丈に合わせて事業を大きくした先代経営者と異なりますし、何十年も経験を持つベテランの経営者とも異なります。先代経営者にしかわからないもの、先代経営者だからこそ見えていた会社の状況、先代経営者が残してしまった負の遺産等から、後継者は逃れることができない宿命にあります。

しかし、起業家と後継者の大きな違いは、後継者には既にヒト、モノ、カネ、無形資産（ブランド、信用力、ノウハウ、顧客基盤）といった経営資源が手に入ることです。人手不足の昨今、たとえ団塊の世代が多い従業員であったとしても、彼らが知っている営業の知恵、製造のノウハウ、部下の掌握術でさえも手に入ります。また、起業から5年後には15％しか生存していないというデータがあるように、起業したばかりの経営者が信用力、顧客基盤を獲得することは容易ではありません。これらの経営資源をゼロから獲得する苦労を考えてみるとゾッとするものです。後継者という立場からすれば、このような既存事業の価値に気づき難いかもしれませんが、これを手にすることができるチャンスを失ったときにはじめてその価値の大きさに気づくかもしれません。

「会社で何に満足していますか？」と質問すれば「働いていること」と答える人はいなくても、「会社で何か不満はありますか？」と質問すれば、「職場環境がひどい」と答える人は多いことでしょう。人は当たり前の価値に気づかないものなのです。

価値ある既存事業を引き継ぐことができれば、後継者という存在そのものや、後継者が有する能力が、既存事業の継続性と新鮮さをもたらします。後継者が事業を継ぐことができず、廃業して清算することになった場合、従業員は職を失いますし、取引先も商売が継続できなくなる可能性がありますから、事業に後継者がいるという事実だけでも、従業員や取引先にとって価値あることなのです。また、後継者の新しい経営スタイルが従業員の新たな能力を引き出し、取引先に新しい提案をするなど、既存事業に新しい価値を加え、企業を発展させる可能性があります。

後継者は、与えられた現実を直視し、既存事業の価値とそれを受け継ぐ貴重なチャンスを認識すべきです。統計資料によれば、「社長」になれる人はサラ

リーマン100人のうち、1〜2名です。

　確かに、キャリア選択という点では、後継者になるということは、逃れられない宿命なのかもしれません。しかし、「社長になる」メリットに早く気づけば、既存事業のマイナスを解消してプラスへ転じることは可能なのです。後継者自身が受け身の姿勢でいるうちは、既存事業のマイナスばかり目立つかもしれませんが、受け身の姿勢から脱すれば、既存事業に伴う問題の本質に気づき、適切な経営課題と経営目標を設定して自ら動き出せば、既存事業の価値を何倍にも大きくすることができるはずです。

【3】後継者自身の自己改革

Q　後継者として大学卒業後、父の会社に勤め、製造部門、購買部門と経験をしてきましたが、他社での修行もしていませんし、理系出身ということもあって**経営管理の勉強をしたことがありません**。コミニケション能力が乏しくリーダー向きでないため、土日を使って、「リーダーシップを発揮して組織を活性化」という勉強会や、経営管理に関するセミナーに参加しています。

　後継者として、他に勉強しておくことはありますでしょうか？

〈フレームワーク〉

確認すべき分野

承継の方向性

	事業性評価	企業経営者	承継手続き
親族内	A-1	A-2 問題 現状 解決策	A-3
従業員	B-1	B-2	B-3
第三者	C-1	C-2	C-3

Answer.

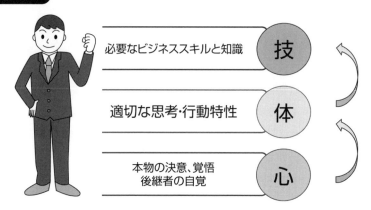

　後継者が経営管理の勉強をしなくてはならないと自ら認識したことは素晴らしいことです。しかし、事業承継は、「価値を生み出すために、価値あるものを受け取る超友好的な乗っ取りである」と前述しましたが、後継者が一人前の経営者となるために高い壁を超えなければいけません。そのためには、後継者自身の成長が不可欠となります。後継者は、先代経営者が長年かけて大きくした会社のトップにいきなり就任することになるわけですから、後継者が意識的に自分自身を成長させなければ、間に合わないのです。この成長に欠かせない要素が3つあります。

　まずは、本物の決意・覚悟と後継者としての自覚です（「心」の要素）。これは、受け身の姿勢ではなく、困難な壁を自ら乗り越え、超友好的な乗っ取りを行うのだという決意と覚悟を決め、後継者としての自覚を持つことです。

　次に、「後継社長」として適切な思考と行動特性の習得です（「体」の要素）。これは、経営者として必要なモノの見方・考え方・人との接し方を習得することです。テクニックではなく、社長として成功するために人間の本質的な思考プロセスと行動特性です。

　最後に、経営者に必要なビジネス・スキルと知識です（「技」の要素）。後継者は事業戦略の立案方法、組織を有効に機能させるためのリーダーシップ力、会計や財務の知識など、身につけるビジネス・スキルと知識は多様です。書籍や各種セミナーや専門家からの直接指導（家庭教師的に）によって、習得できます。

　大事なことは、これらの要素を習得する順番です。後継者になろうと思った瞬間に、一般的にはビジネス・スキルや知識(「技」)を習得しようとしますが、まずは本物の決意と覚悟を決め、後継者としての自覚を持つこと (「心」) から鍛えるべきです。決意と覚悟が決まらなければ、適切な思考や行動特性(「体」)を持つことができません。また、適切な思考や行動特性を持つことができなければ、せっかく習得したビジネス・スキルや知識が有効に活かし切れないのです。

　これらを正しい順番で習得しなければ、事業承継という高い壁を乗り越えられず、後継者の経営に失敗します。また、正しい順番で習得することで、後継者の成長の速度を速め、自己革新を実現することができるのです。

【4】経営全体を俯瞰すること

Q　私は35歳で、父親の会社に入って経理部門以外の全ての部門を経験し、3年後には社長になるべく営業部長として営業を統括していたところ、父親が不慮の事故で先日他界しました。かねてより父親の事業戦略では、今後わが社は市場で生き残っていけないと思っていましたので、**社長就任と同時に新しい事業戦略に打って出ようと思います。成功するでしょうか？**

〈フレームワーク〉

確認すべき分野

	事業性評価	企業経営者	承継手続き
親族内	A-1　問題 現状　解決策	A-2　問題 現状　解決策	A-3
従業員	B-1	B-2	B-3
第三者	C-1	C-2	C-3

承継の方向性

Answer.

後継者が、先代経営者の事業戦略の問題点に着目し、その改革に手を着けることは重要ではあるのですが、経営者としてそれだけに着目することは危険です。経営者は、事業を構成する経営全体を俯瞰して見ることが必要なのです。

新しい事業戦略をとることに決めたとしても、「新社長、なに夢物語を語っているんですか？　そんな新規ビジネス、おひとりでやったらどうですか？

そんな新しいことなど私たちはやりたくないですよ」と従業員から言われる恐れがあります。また、新しい事業領域への進出には、必要な新規設備の投資が必要であり、そのためには会社に資金があるのか、銀行から借入することができるのか、投資によって財務内容はどのように変化するのかを考える必要があります。

　一方、少数株主であり（例えば、40％所有）工場長である専務取締役の叔父さんから、「新しいビジネスを始めるんだね。俺も兄貴であるお父さんには、これまで何とかついてきたけど、もう我慢の限界だよ。ここで一区切りさせてもらうよ。株式は後継者である君に譲渡するよ」と言って、工場にいる職人を連れて別会社を作られ、同時に時価で株式の買取りを迫られるような事態も想定されます。

　想定すべき事態は様々なものですが、生きている事業では、これらが分離されているわけではないのです。1つの側面についてのみ着目して行動を起こすのではなく、人・組織の問題、財務の問題、統治基盤（自社株式）の問題も含め、経営全体を俯瞰してみることが必要です。

　また、このような相談を受けた専門家で、事業承継支援の経験が少ない方は、「どのような事業戦略なのですか？　御社のSWOT分析を行いましょうか？」と事業戦略の問題に特化する可能性があります。そして、相談を受けてから半年後に「叔父が別会社を作って出て行ってしまいましたよ！」と泣きつかれるような事態が想像できます。これでは専門家による指導とは言えません。

　また、後継者が新しい事をやろうとしても、社内から賛同を得られない場合が多く、後継社長は会社を掌握できるまで、2～3年は大きな変化（新規事業や人事制度改革など）は行わない事が常道です。

　社内を俯瞰して、新しい事に協力できる体制と信頼を築きましょう。そこからが、後継社長の経営が本格的にスタートします。

Ⅳ　後継者の成長がもたらす事業成長

【1】現状把握から始める経営革新

 事業承継の本質を学び、後継者としての決意と覚悟もでき、日々経営者としての能力開発に励み、経営全体を俯瞰する習慣も身につけることができました。**後継者としての成長と自己革新があれば、会社を成長させることはできるのでしょうか？**

〈フレームワーク〉

確認すべき分野

承継の方向性

	事業性評価	企業経営者	承継手続き
親族内	A-1 問題 現状→解決策	A-2 問題 現状→解決策	A-3
従業員	B-1	B-2	B-3
第三者	C-1	C-2	C-3

Answer.

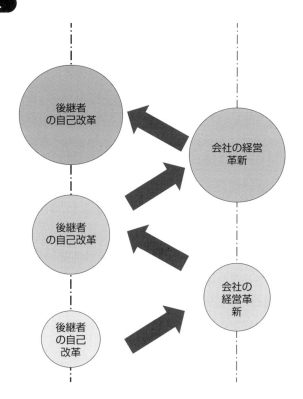

　事業承継の終着点は、後継者が社長に就任した時点ではなく、事業承継を機に、新たな事業価値を生み出していくことができるようになった時点です。

　すなわち、後継者の成長が会社の成長を促し、その結果、後継者がさらに成長するという好循環を繰り返す成長プロセスを実現することが求められます、経営者個人と会社は、連動して成長し、新たな事業価値を生み出していくのです。

　後継者個人の成長は、既述のような後継者の自己改革となりますが、その結果が、会社の成長をもたらさなければなりません。そのためには、後継者は、事業内容を客観的に調査する作業を始めます。会社の調査を通じて、財務、事業戦略、人・組織など様々な側面から会社の実態を把握します。第三者承継（M&A）であれば、このような実態把握の作業をデュー・ディリジェンスといいますが、親族内承継であっても先代経営者から事業承継は乗っ取ることには変

わりませんので、後継者は同様の作業を実施するのです。

　承継する会社の登記簿謄本、定款、株主名簿、決算書、契約書関係、組織図、従業員名簿等の必要書類を集め、経営者として一つひとつ確認するのです。株主名簿の記載されている株主の実態を調べる、決算書の内訳書を見て棚卸資産を確認する、不動産賃貸借契約書を見て賃貸人・賃料などの条件を確認する、従業員名簿を見て年齢構成・勤続年数といった情報を入手するといった調査を、先代経営者や専門家の手を借りながら、自分で実施するのです。

　その調査結果として問題点が検出された場合であっても、例えば、「従業員が高齢だから新卒を採用しよう」、「株主にいる取引先から株式を買い取ろう」など、すぐに個別具体的な行動に移ってはいけません。それよりも先に、「わが社はこうあるべきだ」という企業理念を固める必要があります。企業理念に基づき、事業の方向性が決まってから、個別具体的な問題の解消に手を着けて、後継者が目指すべき事業を創り上げていきます。会社の実態把握を行うと「これはまずい、あれもまずい、やばいことだらけ。早く手を着けて改善しないと！」と焦ることが多いと思われますが、事業の方向性を決めてから動かなければ全ての行動が中途半端になってしまいます。

　そして、初めから後継者が目指すべき経営が実現するわけでなく、現時点における仮の目標を目指して実行し、その結果を検証し、それがうまくいかなければ仮の目標を修正して、再び実行を繰り返す、マネジメントサイクルを回します。これにより、会社の事業価値を生み出す経営革新が動き始め、成長を実現することができるのです。

【2】後継者自ら描く成長戦略

Q　後継者として、父親の会社の現状把握を行ったのですが、事業の先行きが見えないですし、借金は多いし、株式が分散していて支配権の確保もできません。そうだからといって、1人息子の私は、高齢の父親の後を継ぐしかない状況になっており、**本当にこの会社を継いだらいいのか日々悩んでおります。**どうしたらいいのでしょうか？

〈フレームワーク〉

確認すべき分野

承継の方向性		事業性評価	企業経営者	承継手続き
	親族内	A-1 問題 現状 解決策	A-2	A-3
	従業員	B-1	B-2	B-3
	第三者	C-1	C-2	C-3

Answer.

　本事例は、現状把握を行って、後継者の宿命にぶつかっている状態だと思われます。しかし、事業承継の本質まで視野を広げてみますと、事業承継は価値を生み出すために「価値あるもの」を受け取る超友好的な乗っ取りだと考えることができ、新たな事業価値を生み出す方向性が既存事業の延長線上にある必要はないのです。

　例えば、事業承継する会社で新規事業を始める方法があります。既存事業は先代経営者が過去に構築した事業であり、今の経営環境に合わないかもしれません。先代経営者の段階で、新規事業を開始してから承継する、または、事業承継した後に新規事業を始めることで、後継者は新たな事業価値を創り出すことができます。

　また、債務が過大であるなど、現在の会社に問題があるのであれば、新会社を作って、現在の事業価値を移転させることも考えられます。つまり、新しい会社で新しい事業を開始するのです。「えっ、創業でないの？」と思われるかもしれませんが、これも事業承継のスタイルの1つです。特に、事業価値の中心となる「目に見えない経営資源」を別会社に移すことは、それほど難しいことではありません。

　また、本事例のように株式が分散している場合でも、事業承継の専門家と協

力することで、株式を集中させる方策も考えられます。

　既存の会社で、既存の事業を継続することにとらわれることなく、価値ある経営資源を受け取って、新たな事業価値を生み出すためにどのような成長戦略がいいのか、後継者が自らシナリオを思い描けばよいということです。

第3章

事業の存続と成長

I　経営理念と経営計画

【1】 後継者にとっての経営理念

Q　　先代経営者が経営を行っていた時代と、後継者である私が経営を行う現代では経営環境が大きく変化しており、先代経営者が築き上げてきた「経営理念」に違和感を持つようになってきました。もちろん、創業者の価値観や考え方は普遍的なものであることは理解していますが、私にも自分自身の価値観や考え方があります。事業承継を行い、後継者として**新たな経営理念を再検討したい**と思います。そこで、そもそも「経営理念」とはどのようなことなのでしょうか、そして私としては考え直してみたいのですが、いかがでしょうか？

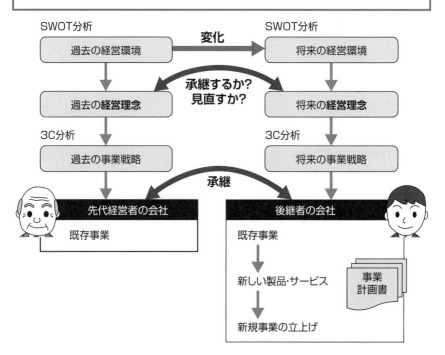

〈フレームワーク〉

確認すべき分野

	事業性評価	企業経営者	承継手続き
親族内	A-1	A-2　問題 現状　解決策	A-3
従業員	B-1	B-2	B-3
第三者	C-1	C-2	C-3

承継の方向性

Answer.

　事業承継とは、「事業」を「承継」することですが、そこで気をつけなくてはいけないことは、現経営者と後継者で「経営理念」の共有ができているかどうかです。例えば、親族内で承継する場合、親子だからといって考え方や仕事へ取り組むスタイルが共通しているわけではありません。親の背中を見てきたからといって、自分が創業した会社をうまく引き継いでくれるはずと現経営者が考えることがありますが、そのような過信はトラブルの原因になりかねません。

　カリスマ的存在であった現経営者が引退した後においても、後継者が安定した経営を行うためには、現経営者が培ってきた経営資源を承継する必要があります。その中で重要な資源が経営理念です。

　経営理念は、会社の価値観や考え方、目指すもの（ビジョン）、会社の提供する価値を明確化するものであり、「わが社は誰のためにあり、何のために経営するのか」を社内外に示すものです。従業員はこのような経営者の強い思いを理解して、行動します。つまり、経営理念は経営者自身のみならず、従業員にとっても判断基準、行動基準になるものなのです。

　事業承継においては、まず、かつて経営理念が作成された当時の「想い」を経営者と後継者で共有します。その上で、現在の「経営理念」について敬意を

払いつつ、承継するべき想いや普遍の価値観と、変更したい後継者の考えや社会貢献などの想いを検討します。それを後継者の言葉で明確な文章にします。中小企業らしさのある経営理念が良いので、「感謝」や「誠実」といった、短い言葉のスローガンではなく、「顧客は誰」で「わが社の提供する価値は何」で、「どんなことを社会に貢献するか」を数行の文章にしましょう。

　経営理念を自分の言葉で話せる後継者になることが、経営者の第一歩と心に刻み、全力で作成してください。

Q 後継者である私は、これまで社長だった父親と深く話をしたことがないため、父親の価値観や考え方をよく理解できていません。
　後継者として**現経営者の「経営理念」を確認する**にはどのようにすればよいでしょうか？

〈フレームワーク〉

確認すべき分野

承継の方向性		事業性評価	企業経営者	承継手続き
	親族内	A-1	A-2 問題／現状／解決策	A-3
	従業員	B-1	B-2	B-3
	第三者	C-1	C-2	C-3

Answer.

　経営理念とは、経営者の思いそのものであり、経営理念のない事業はこの世の中に存在しないでしょう。現経営者は、これまで事業を経営するにあたって、何らかの価値観や考えを持って行動してきたはずです。それがどのようなもの

であったか、後継者としてしっかりと理解しておかなければなりません。

　それでは、どのようにして現経営者から経営理念を聞けばよいでしょうか。例えば、以下のようなことを現経営者に聴取してみてください。

・何のために事業を経営（創業）してきたのか？
・どのような事業を目指してきたのか？（現経営者の夢は？）
・顧客（取引先）の何に貢献してきたのか。そのきっかけは？
・取引先や従業員に対する姿勢はどのようなものだったか？
・社会にどのように貢献してきたのか？
・経営判断に迷ったときに。最終的な判断基準は何か？
・従業員は現経営者のどんな思いに共感して入社してくれると思うか？

　大切なことは、後継者が経営理念の真意を知ることで、事業承継後にいい会社にしたい、経営を良くしたいという意図を伝えることです。

> Q　父親との対話を通じて、現経営者のこれまでの経営理念は確認できました。しかし、私自身にも独自の価値観や考えがあります。後継者として事業を引き継ぐに際して、**私が掲げるべき経営理念を再検討したい**と思いますが、どのように進めればよいでしょうか？

〈フレームワーク〉

確認すべき分野

承継の方向性

	事業性評価	企業経営者	承継手続き
親族内	A-1	A-2 問題 現状 解決策	A-3
従業員	B-1	B-2	B-3
第三者	C-1	C-2	C-3

Answer.

　事業承継で、経営者が変わるタイミングというのは、経営理念を再検討するタイミングでもあるのです。経営理念を策定した時代背景、経営環境を比べて、事業承継のタイミングで必要に応じて経営理念を見直ししてください。なぜなら、経営理念は事業領域に大きく影響を与えるため、間違った経営理念を掲げると事業戦略を誤るおそれがあるからです。前述のように、経営理念の企業の原理原則であり、判断基準であり、後継者が今後何十年も掲げる旗印です。自分の心の底から、信じる内容でなければなりません。

　この質問のケースでは今後の後継者が覚悟を持って、リーダーシップを発揮して経営するために新たな経営理念を掲げるのです。その進め方ですが、以下の事項について見直しすることをお勧めします。

　・現在の事業内容や価値観、顧客への貢献にマッチしているかどうか
　・守るべき創業の想いや根付いた社風を表す言葉は何か
　・後継者、次世代幹部社員、従業員にもきっちりと通じる内容かどうか
　・経営環境の変化に対応する事業領域を検討する場合、現在の経営理念を修
　　正する必要があるかどうか
　・表現方法を変えてわかりやすくしたほうがよいかどうか
　・短すぎる経営理念（感謝や誠実など）ではなく、顧客や地域への貢献など
　　社会性がある理念か

　ここでの経営理念の再検討において、引き継ぐ事業が後継者にとって本当にやりたい仕事であるかが問題となります。後継者の抱く価値観や考え方は現経営者と異なっていて当然ですから、現経営者とは異なる新たな経営理念により、経営革新につながることもあります。再検討した経営理念について、後継者が自分の言葉で、幹部社員、従業員に説明して納得させることが大切です。後継者は、新しい経営理念を従業員に何度も伝え、わかってもらいます。しかし、従業員は後継者に対する不信感のほうが大きく、心の溝がある場合は従業員との積極的なコミュニケーションが何度も必要です。そのツールとなるのが経営理念に関する対話なのです。

　後継者が、このように経営理念を変更する場合には、自分だけの問題ではないので慎重に対応すべきです。現経営者や従業員に納得してもらう必要がある

からです。そのために、「表現を変えた部分とその理由（伝わりやすい言葉にした等）」「内容を変えた部分とその理由（これからの時代の環境を考えて経営として変わるべきことをまとめた）」などを整理すると納得が得られやすいでしょう。現経営者の心情としては、「自分の経営理念を変更する」ことは、頭でわかっていてもなかなか受け入れにくいものであり、現経営者の思いをどのように残していくかということも大事です。後継者は「経営理念変更についての検討書」などの資料を作成して、現経営者との対話において、"現経営者の思いはわかっている"ということを文書として表すことも効果的です。

　また、その上で取引先や金融機関などステークホルダーに経営理念を説明することで、将来に向けた支援を得ることも有益です。

【2】 承継タイミングで経営計画を策定する意義

Ｑ　　後継者として経営理念を掲げることができ、従業員との対話も進んでいます。この経営理念に基づいて、次に**具体的な経営計画を策定したいのですが、従業員はそれに従って働いてくれるでしょうか？**

〈フレームワーク〉

➡ 確認すべき分野

		事業性評価	企業経営者	承継手続き
承継の方向性	親族内	A-1	A-2　問題　現状→解決策	A-3
	従業員	B-1	B-2	B-3
	第三者	C-1	C-2	C-3

Answer.

　事業承継の局面において、後継者は、まずは自社を知ることが重要です。次に将来に向けたビジョン、経営計画を練っていきます。

　それでは、どのようなタイミングで経営計画を策定していくのでしょうか。もし、後継者が社内の重要なポジションで結果が出せない、決算書などの計数の意味がわかっていない、従業員との信頼関係が構築できていない状況では、せっかく経営計画を策定しても、円滑な事業承継に結び付かないでしょう。そのようなことを回避するうえでも、適切なタイミングになっているかどうか、以下の事項を確認してください。

　・任されたポジションで結果が出せたか、率先して動いているか
　・事業についての理解は十分か、そのプロセスについても理解しているか
　・決算書の計数を理解しているか、指標を改善するにはどうすればよいか理解しているか
　・仕事についての責任感があり、従業員と信頼関係ができているか

　現経営者、後継者ともに機が熟していると判断できるならば、経営計画策定のステップへ進みましょう。そう判断できなければ、今一度、従業員と後継者との関係を冷静に見つめ直し、人間関係作りから入っていく必要があるでしょう。ですから、会社を引き継いで1年間はこれまでと同じやり方でも OK です。焦らずじっくりやりましょう。

Q　あるセミナーでは「経営計画は現経営者が創って後継者に伝えるべき」と言われましたが、顧問の中小企業診断士からは、**「経営計画は後継者が自ら作るべきだ」**と言われました。これから自分が経営する事業ですから、自分で経営計画を作らなければいけないことは理解できますが、**具体的にどのような計画にすればよいか、わかりません。**
　事業承継のための経営計画を策定するうえで、現経営者から何を教えてもらえばよいでしょうか?

〈フレームワーク〉

確認すべき分野

	事業性評価	企業経営者	承継手続き
親族内	A-1	A-2　問題 現状　解決策	A-3
従業員	B-1	B-2	B-3
第三者	C-1	C-2	C-3

承継の方向性

Answer.

　経営計画を策定するために、後継者は、自社を取り巻く環境、強み・弱みを踏まえて、中長期的な方向性・目標を設定します。例えば、10年後に向けて、現事業を維持していくのか・拡大していくのか、現在の事業領域にとどまるのか、新規事業に進出するのか、といったイメージを持つことが重要です。この方向性に基づいて、組織体制のあり方や、投資計画を検討し、さらに、売上高や利益水準、マーケット・シェアといった具体的な数値に落とし込みます。

　この過程では、今後の計画の中で、いつ社長交代するのかということも織り込みます。事業承継後に計画を実行に移し、目標の達成を向けた経営努力を行うのは後継者ですから、経営計画の策定は、現経営者だけでなく、後継者が主体的に行うべきものとなります。実際は、現経営者のアドバイスを聞きながら、後継者が創り上げていく作業となるでしょう。

　現経営者は、後継者がどのように経営を改善したいのか、新規事業のアイデアはないのかなど、今後の考えを引き出すようにすべきです。これは、後継者が事業の将来性を考えながらも、現経営者に遠慮して発言できていないケースが多いからです。後継者は、これから会社を背負う重要な人材ですが、急に経営者的視点が身につくものではありません。経験不足から間違った判断をする時もあります、そんな時に現経営者は経営者の先輩として指導してください。

このような対話から、これまでの経営者から次の経営者、経営の知恵が引き継がれ、事業承継の本質が次世代に繋がります。

　事例で紹介しますと、ある会社では創業者である現経営者が率先垂範で経営を取り仕切っていました。従業員も事業を成長させてきた現経営者を尊敬していましたが、なかなか意見を言う雰囲気がなかったそうです。事業承継のタイミングで中小企業診断士が間に入り、現経営者と後継者が、少子高齢化社会の環境を乗り切るための将来ビジョンを共有しました。後継者が付加価値重視の必要性を説いたのです。すると、売上至上主義の経営スタイルから、顧客満足度を上げ、付加価値向上によって利益を確保する経営スタイルに変わり、そのための人材育成についても、力を入れるようになりました。

Q 現経営者と後継者が一緒になって経営計画を作成する意義については理解できました。しかし、売上や利益目標など細かい数値まで作り込まなければいけないとのこと、困っています。具体的に**経営計画を策定するには、どのような手順で進めていけばよいのでしょうか？**

〈フレームワーク〉

➡ 確認すべき分野

承継の方向性		事業性評価	企業経営者	承継手続き
	親族内	A-1	A-2（現状→問題→解決策）	A-3
	従業員	B-1	B-2	B-3
	第三者	C-1	C-2	C-3

Answer.

　経営計画についてのプロセスは以下の通りです。成果物としての計画書の作成それ自体を目的とするのではなく、計画策定プロセスにおいて、現経営者と後継者、そして幹部社員・従業員と後継者の間で考え方や意識を共有することが重要です。

　まず、自社の現状を分析します。経営状況、経営課題等の把握を通じて、自社の現状を把握し、次世代に向けた改善が必要になりそうな課題や論点を整理します。

　次に、今後の経営環境の変化を予測し、その対応策を検討します。事業承継の後に更なる事業成長を目指すためには、変化する経営環境を把握し、今後の変化を予測して、それに適合するための適切な対応策を整理します。

　さらに、今後の事業の方向性を検討します。そして、中長期の売上高や利益額といった具体的な数値目標を設定します。その際、中小企業診断士など事業承継の専門家へ相談するなど、外部の助力も得てください。

　自社の現状分析と経営環境の変化の分析を踏まえ、まずは既存事業の成長または収益の拡大を目指し、その後、その収益で新事業への投資の原資としましょう。

　事例を紹介しますと、ある住宅建築会社が、業績が不安定であるという悩みを抱えていました。住宅建築は1件当たりの売上規模は大きいのですが完成するまでの資金負担や材料費価格など経営に波があるからです。そこで、事業承継のタイミングで後継者の意見を取り入れてリフォーム事業に新規進出し、内装の修理、水回りといった小さなリフォーム事業を始めました。また、女性の人材育成にも力を入れて積極的に登用し、インテリアに関する提案を積極的に行うようにしました。この会社には、これまでの建築実績とその顧客リストという財産があります。その結果、女性人材を活用してリフォーム事業が立ち上がり、顧客満足の向上による紹介案件のアップなど、業績を安定化させるようなプラス効果が出ています。

知的資産の承継

【1】競争力の源泉

Q　　現経営者は、中堅ゼネコンでの経験を活かし地元で内装工事業を始めて30年になります。社員は20名です。60歳を超え事業承継を考え始めたら、中小企業診断士の先生から、**「強みを明確に」** と言われました。
　　創業以来、当たり前のことを当たり前にやってきただけです。**強みというほどのものはありません。**

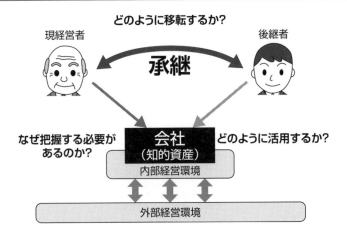

〈フレームワーク〉

➡ 確認すべき分野

	事業性評価	企業経営者	承継手続き
親族内	A-1 問題 現状 解決策	A-2	A-3
従業員	B-1	B-2	B-3
第三者	C-1	C-2	C-3

承継の方向性

Answer.

　事業承継では、ヒト、モノ、カネ、情報などの経営資源を引き継ぎますが、これらの経営資源には決算書などに表される「目に見える経営資源」と、表されない「目に見えない経営資源」があります。「目に見える経営資源」を後継者に引き継ぐことは難しいことではありませんが、「目に見えない経営資源」は、目に見えないものであるがゆえに難しいこととなります。そこで、事業承継の局面では、「目に見えない経営資源」を明確化し、それを後継者に引き継ぐ方法が問題となります。

　「目に見えない経営資源」は、特許、商標など知的所有権（無形資産）として明確なものもありますが、経営理念に基づく経営や従業員の持つノウハウ、組織力などの蓄積とその活用によってもたらされることが多く、これらの経営資源は決算書に表される有形・無形資産と区別して、「知的資産」と呼ばれています。

　知的資産を把握して活用する「知的資産経営」は事業承継特有というわけではありません。しかし、事業承継に際しては、これまでの知的資産とその活用方法を認識したうえで承継後の経営環境の変化や今後の事業の方向性と合わせて、知的資産経営のあるべき姿を検討することが重要です。

(1)　知的資産とは

　下図は、知的資産のイメージを示したものです。氷山の上に見えるのは決算書に示される経営資源ですが、事業の現状や将来性を正しく理解するにはそれだけでは不十分です。現経営者の経営力となり、得意先との関係を構築し、従業員を育成する「強み」の源泉は、氷山の下に隠れていて見えません。特に網掛けの項目は外部からはわかりにくい部分ですが、この部分にこそ競争力の源泉があります。これらの強みを経営者自身が正しく認識しておらず、経営者と従業員が口を揃えて「うちには何も強みはない」と思い込んでいるケースもあります。

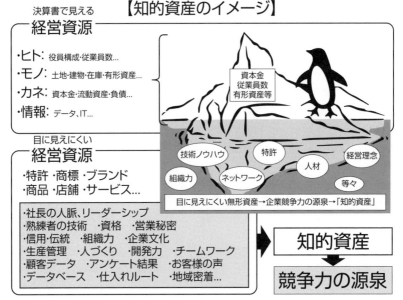

出典：近畿経済産業局HP「知的資産経営のすすめ」を基に筆者作成。

　事業承継にあたっては、親族内・従業員・第三者への承継のどの場合についても、改めて自社の「強み」の源泉である知的資産を現経営者と後継者が再認識した上で、次世代に引き継ぐべき知的資産は何かを決め、後継者による経営に活かしていく必要があります。

(2)　競争力の源泉

　見た目の業績は同じような A 社と B 社があります。新しく 5 千万円の設備を購入するため、金融機関に融資を申し込みました。A 社は融資が通りましたが、B 社は通りません。その違いは何でしょうか。

A社　　　　　　競争力があるのは　　B社

	A社		B社
①	リーダーシップ＋後継者がいる	代表者	ワンマン、後継者なし
②	明確、価値観共有	経営方針	思いつき、朝礼暮改
③	幅広い年代、定着	従業員	60歳超＋短期パート
④	計画的な育成、開発力強化	技術・ノウハウ	属人的、技術伝承困難
⑤	HPで公開、顧客ニーズに対応	事業計画、サービス	下請業務、開発なし
⑥	長期契約、新規引き合い多数	取引先	値下交渉、取引先減少
⑦	CSR活動、信頼獲得	地域活動	閉鎖的、地域活動なし
⑧	健康経営、明るい、和やか	組織・社風	不衛生、暗い、無口

　現時点の決算書の数値は似たようなものであっても、A 社は長年にわたり経営者のリーダーシップのもと、経営方針を明確にし中長期の事業計画を立て顧客ニーズに対応した製品開発力の強化を図り、社員と後継者を計画的に育ててきました。社内は明るく清潔で活気がみなぎっています。

　一方、B 社はベテラン職人の技術力があったために下請で生き延びてきましたが、技術を受け継ぐ若い職人も経営を受け継ぐ後継者もいません。取引先からの値下交渉は年々厳しくなり、取引先も売上も減り続けています。工場は掃除が行き届かなく、機械も故障続きで稼働率が下がっています。

　金融機関は、融資先として 2 社をどのように評価するでしょうか？　決算書だけでは正しく評価できません。A 社は他社との競争力の源泉となっている知的資産を把握・活用し、事業価値を高め業績の向上に結びつけています。つまり、知的資産経営を行っているのです。A 社の競争力の根源となっている知的資産は外部から見えにくいものですが、これを見える化することができれば、金融機関から短時間で正しい評価を得ることができます。

【2】内部環境分析①　業務の流れ

> **Q** 社員20名の事業所ですが、営業と設計監理、事務方はそれぞれ長年タテ割りで仕事をしています。他社で勤務中の長男を後継者に考えていますが、経営者である私自身、各課の責任者から報告は受けているものの、仕事の流れがよくわかりません。長男に**業務の流れを理解させるには、何から始めさせたらよいでしょうか？**

〈フレームワーク〉

→ 確認すべき分野

	事業性評価	企業経営者	承継手続き
親族内	A-1　問題　解決策　現状	A-2	A-3
従業員	B-1	B-2	B-3
第三者	C-1	C-2	C-3

承継の方向性

Answer.

　小規模事業者ほど、業務がタテ割りのまま、長年受け継がれてブラックボックスになっている場合がよくあります。事業承継にあたり、後継者が会社全体の業務フローを自ら書き出して、把握するとよいでしょう。

(1) 業務の流れの確認

　業務の流れ（業務フロー）を書き出すことには、2つのメリットがあります。

　1つは、会社全体の業務フローを見える化することで、社内の仕事の流れを俯瞰し、業務上のムリ・ムダがないか、ボトルネックの原因はどこにあるのか

を見つけることができます。

　もう1つは、業務フローの中で、どこで競合との差別化ができ、どのように顧客価値の創造につながっているかを再認識できることです。

　商品企画から、仕入・調達、製造・加工、販売・物流、顧客対応までの業務フローを個々の業務の連続ではなく価値（Value）を生み出す一連の流れとして「バリュー・チェーン」と呼ぶことができます。

(2)　差別化の工夫

　このような業務フローの中で、顧客に評価される価値を生み出しているのは、①から⑤のどこでしょうか。

　例えば、①商品企画力が優れているのか、②独自の仕入ルートを持っているのか、③製造・加工技術力が優れているのか、超短納期が売りなのか、④販売担当者の教育に力を入れているのか、⑤販売後のフォローでリピートの仕組みがあるのか等を確認します。各機能が単独で価値を生み出していることもあれば、各機能の差別化が相乗効果となり、自社でなければできない顧客価値を生み出している場合もあります。

　業務フローの中で、経営者や各業務の担当者のこだわりポイントを見つけると、そこが他社との差別化になっているはずです。後継者が第三者の視点で業務フローを眺めたとき、なぜそこに手間暇をかけているのか理由がわからない点があるとしたら、そこは差別化のポイントになっているか、本当にムダな業務かどちらかです。長い間、当たり前のように続けてきた業務が、本当に顧客価値を生み出しているのか、それともムダなのか、後継者が顧客視点から見直してみるとよいでしょう。

　ここで大切なことは、顧客が自社のどんな提供価値を高く評価しているかを知ることです。時間とコストをかけて差別化を図ってきたことでも、顧客が将来も自社の商品・サービスを選び続ける理由になっていなければ、再検討することも必要です。

(3)　事例

　業務フローが強みとなって知的資産を構成している事例として、屋外給配水設備事業者の事例を紹介します。一般的な事業者は、①営業、②見積り、③受注、④施工、⑤納品という流れで、元請の設備工事業者の施工図面に合わせた配管工事を請け負います。

　しかし、ある事業者の場合は、①現場に適合した仕様の提案、②見積り、③受注、④現場の工程調整管理、⑤施工、⑥納品という業務フローです。

　元請の設備工事業者を補助して、①現場に適合した仕様の確認や④給排水工事周辺の土木工事の全体の現場調整の業務を行っています。

　屋外配管工事は、後で不具合が起きると、埋設した箇所を掘り起こしての再工事となるため、工期やコストに大きく影響します。経験豊かな配管事業者が、配管工事前に、元請の外構図面を元に現地の勾配・寸法確認と全体最適な他職種の施工手順を検討し改善提案をするうちに、元請から現場調整を任されるようになったものです。その結果、元請の施工監理の負担が少なく安心して任せられる現場調整力を高く評価され、営業活動をしなくても先々の仕事を頼まれる会社になりました。

　この事業者の場合は、経営者の現場調整能力を組織力とするため、若手社員のOJTの段階で全体最適な現場調整ノウハウを徹底して指導してきました。その結果、人的資産を構造資産とすることができ、さらに元請との強い信頼関係という関係資産も構築することができました。知的資産の承継は時間がかかります。この事例のように、承継前から自社の強みを意識し、若手に時間をかけて引き継いでおくことが大切です。

【3】 内部環境分析②　自社の強みと弱み

Q

　後継者の長男を自社に入社させ、育成のために社長見習いをさせ
ています。当社は、20代の専門学校を出たばかりの新人から、現場
監督を長く任せてきた60代超の社員まで、年代も専門性もバラバラ
です。
　長男は何が当社の強みになっているのか、逆に弱みになっているのかよ
くわからず、今後の事業戦略をイメージすることができないようです。ど
うしたらよいでしょうか？

〈フレームワーク〉

確認すべき分野	事業性評価	企業経営者	承継手続き
親族内	A-1 問題／現状→解決策	A-2	A-3
従業員	B-1	B-2	B-3
第三者	C-1	C-2	C-3

（左側縦書き：承継の方向性）

Answer.

　経営者は、競合他社と比較して、自社のどの部分に強み・弱みがあるのかを
分析し、事業戦略の有効性や改善の方向を探ります。自社の強みと弱み、それ
ぞれの理由と背景を知的資産の「人」「組織」「ネットワーク」の３つの視点で
見るとよいでしょう。

(1)　自社の強みと弱み

　他社と比べて自社がどのような特長を持っているか、顧客は自社の何を評価しているのかを考えると、自社の強みを示すことができます。結果としての強みだけでなく、なぜその強みが提供できているのか理由を考えましょう。

　この事例では、営業力の強みは、社長個人の営業力と社長の人脈に依存しています。後継者が社長から営業力と人脈を引き継ぐことができなければ、強みを維持することはできません。承継前に十分時間を取り、社長に同行し、営業ノウハウと人脈を引き継ぐことが肝心です。

　また、職人が少ない弱みに対しては、承継後の事業にとって何人の職人が必要かをまず判断する必要があります。不足するようであれば、職人の確保のための専門学校生の採用や中途採用、もしくは入社後の育成計画が必要です。しかし、機械化や外注、他の施工方法で解決できる場合もあります。

　このように、事業承継時には、今後の事業方針と承継後の組織体制によって、強み・弱みが変わることもあるという前提で現状の強み・弱みを理解し、承継後の対策を検討しましょう。

自社の強み	強みの原因	資産
営業力が強い	社長の営業力	人
	社長のネットワーク	ネットワーク
	営業のOJT教育を進めている	組織
工期が早い	ムダの少ない工期管理ができる	組織
	自社一貫施工でムダがない	組織
	施工管理と職人の連携が早い	ネットワーク
	外部職人の人脈を大事にしている	ネットワーク
安定した財務基盤	物件ごとの収支管理を徹底している	組織
	自己資本比率50%超	その他

自社の弱み	弱みの原因	資産
職人が少ない	社員の職人が少ない	人
	外注先職人の高齢化	ネットワーク
	受注物件の増加	その他
元請工事が少ない	長年の取引のゼネコンが多い	ネットワーク
	B-to-Cが弱	その他
情報発信力が弱い	HPの情報発信が不十分	組織
	従業員が兼任している	組織
年間の繁閑差が大きい	計画的な営業活動ができていない	組織

(2)　知的資産の３分類

　知的資産は、主に「人」「組織やしくみ」「ネットワーク」という３つのタイプの資産に分けられます。

　「人」に関するもの　　　　　→「人的資産」
　「組織やしくみ」に関するもの→「構造資産」
　「ネットワーク」に関するもの→「関係資産」

　「人」に依存する知的資産は、そのままではその人の退職に伴って流出するおそれがあります。属人的な強みを組織に根付いた強みに変えていかなければいけません。

　また、社長や営業部長の「ネットワーク」は長い時間をかけて獲得した自社の宝です。自社を取り巻く関係者をリストアップし、その相関図を書き出します。「会社対会社の強い信頼関係」ができていると思っていたものが、取引先役員の退職で失われることがあってはなりません。

知的資産の活用状況	
人的資産 あるヒトがやめたら なくなる資産	【熟練の力】 ・社長の営業力が高い ・ベテラン職人の現場対応力が高い ・内装工事の有資格者が多い
構造資産 あるヒトがやめても 企業内に残留する資産	【ブランド力】 ・ムダの少ない工期管理 ・自社一貫施工でムダがない 【ニーズ対応力】 ・営業のOJT教育を進めている ・ベテラン職人の現場対応力が高い ・物件ごとの収支管理を徹底
関係資産 企業の対外的関係に 付随した資産	【顧客からの信用】 ・顧客との信頼関係がある 【業界関係力】 ・社長の人脈が強い ・施工管理と外部職人の連携が早い
その他 商品・サービス 上記３分類に属さない もの	・資金調達力 ・自己資本比率50％超

　このように、強み・弱みの分析から自社の知的資産を棚卸しし、「人」「組織」「ネットワーク」を見える化すると社内の人間関係も明確になります。
この棚卸の作業は、経営幹部だけで行うのではなく部署単位の全員で行い他の部署と共有します。

　タテ割りになりがちな組織でも、一度、全社で棚卸し知的資産を共有することで社内の人財を見直すきっかけとなり社内交流が活性化します。

　後継者は、役職や年齢にこだわらず従業員1人ひとりが自社で果たしている役割を尊重して接するとよいでしょう。

　この場合も、これまでに蓄積した知的資産と今後、活用・補完すべき知的資産は何かを全社的視点で精査することが重要です。現経営者陣が確立した大事な人間関係であったとしても、承継後の戦略と合わない場合は誠意をもって距離を置いていくことも必要です。

【4】外部環境分析

　　これまで現経営者の人脈で、大手ゼネコンの内装工事を多く請け負ってきました。
　　この度、同業他社で働いていた長男が入社し、5年後をめどに承継する予定です。金融機関からは、事業承継にあたり、長男と一緒に外部経営環境を客観的に分析し、今後の方向性を考えるようにと言われます。
　　外部経営環境はどのように分析すればよいでしょうか？

〈フレームワーク〉

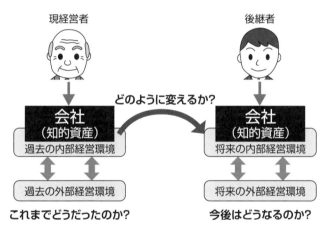

	事業性評価	企業経営者	承継手続き
親族内	A-1	A-2	A-3
従業員	B-1	B-2	B-3
第三者	C-1	C-2	C-3

確認すべき分野

承継の方向性

現経営者

後継者

どのように変えるか？

会社（知的資産）
過去の内部経営環境

会社（知的資産）
将来の内部経営環境

過去の外部経営環境

将来の外部経営環境

これまでどうだったのか？　　　　**今後はどうなるのか？**

Answer.

　外部環境の分析は、事業承継に限らず常に必要です。しかし、事業承継の局面では、どんな環境変化が生じているか、今後はどのように変わっていくのかを把握した上で、今後のビジョンを検討しなければなりません。これまで、把握した知的資産及び自社の強み・弱みを元に、後継者はどんな環境変化を味方にできるのか、改めて自社の顧客提供価値を再確認しましょう。

(1) 外部環境分析

　経営環境の変化には、プラス面とマイナス面の両面があります。自社を取り巻く業界や市場にとって、追い風（プラス）になる状況の変化や要因を「機会」、逆に向かい風（マイナス）になる状況の変化や要因を「脅威」と考えます。

　まず、マクロ的な視点で業界や地域全体で、どんな「機会」や「脅威」があるのか、政治（Politics）、経済（Economy）、社会（Society）、技術革新（Technology）の4つの視点で捉えます。

P	Politics	政治状況	・法規制（規制強化・緩和）　・税制 ・裁判、判例　・政党の動き　・補助金
E	Economy	経済環境	・景気　・物価変動　・成長率　・賃金 ・金利　・株価　・為替　・業界再編
S	Society	社会環境	・人口動態　・社会インフラ　・世論　・流行 ・自然環境　・安全保障　・宗教
T	Technology	技術革新	・技術開発　・新技術の普及　・特許 ・ビッグデータ　・IoT　・AI

　また、業界内の変化を見るため、競合の変化、自社と仕入先及び顧客との力関係、新規参入の増加・減少、代替製品やサービスの影響などの競争要因から、自社への影響を考えます。外部環境分析の事例を示します。

機会・ビジネスチャンス（活かす方策）
・地震や耐震偽装事件の影響で、新耐震基準への関心が高まっている（P規制強化）
・消費税増税前の駆け込み需要（E経済環境）
・高齢世帯の増加でバリアフリーリフォームニーズが増加（S社会環境）
・駅周辺の利便性向上で子育て世代の流入（S社会環境）
・住宅設備のIT化（T技術革新）

脅威・ビジネスリスク（避ける方策）
・他業界からのリフォーム業界への参入で価格競争が激化（P規制緩和）
・人口減で世帯数減少。生活スタイルの多様化とニーズの細分化（S社会環境）
・リフォーム紹介のウエブサイトの増加（T技術革新）
・建築業界の人手不足（E経済環境）

⑵　外部経営環境を分析した事例

　事業承継時の外部環境を分析した分析の事例を示します。

　現経営者は、ゼネコンの内装工事を請け負い、職人の丁寧な仕事と従業員の
しっかりした工期管理で安心して現場を任せられると高い評価を得てきまし
た。しかし、年々、施工費や納期の条件が厳しくなり、首都圏の中でも遠方の
工事も増え、従業員の負担も多く、売上は大きいものの利益を確保しにくくなっ
ていました。

　一方、事業所のある住宅地は30年前に開発され、ここ10年ほど前から外回り・
水回りのリフォーム工事の引合いがあります。でも、ゼネコンの仕事で職人が
足らず、断ることも少なくありません。

　後継者は、この地域に割安の中古戸建を購入する子育て世代の流入が増えて
いることに着目し、多様な生活スタイルに合わせたリノベーションが増えるの
ではないかと考えています。知人のインテリアデザイナーに依頼し、リノベー
ションした物件は雑誌にも紹介されました。これまでは自社のホームページも
ありませんでしたが、首都圏の見込客をターゲットにして、ホームページや
SNSで施工例の紹介やインテリアデザイナーとの連携を検討しています。

　ゼネコン工事は、今後ますます職人の確保が難しく、工事部材も値上りし、
利益を確保することが難しい見通しです。これに対して、地元のリフォーム工
事は、施工費は低いものの利益はしっかり確保することができます。

　今後は、ゼネコンの下請から、B-to-Cの元請の仕事を増やし、地域密着型の
工務店となるよう、新たな事業戦略を考えています。

　このように、同じ内装業と言っても、外部経営環境の分析により、ターゲッ
トや内部経営環境も変革していくことになります。事業承継に際しては、現経
営者と後継者が一緒に、外部経営環境を分析し、自社の方向性を検討すること
が大切です。

【5】 経営目標と成長戦略

Q　社長の仕事は、「戦略を考えること」と「管理をすること」と言われますが、これまで会社の経営について系統立てて学ぶ機会がないまま、社長交代する時期を迎えました。**後継者として経営目標や事業戦略はどのように考えたらよいでしょうか？**

〈フレームワーク〉

➡ 確認すべき分野

	事業性評価	企業経営者	承継手続き
親族内	A-1 問題／現状 解決策	A-2	A-3
従業員	B-1	B-2	B-3
第三者	C-1	C-2	C-3

（縦軸）承継の方向性

Answer.

　経営目標とは、自社の今後あるべき姿を具体的に示したものです。社長交代した後継者が数年後どうありたいのか、そのビジョンを実現するために何をすべきか、後継者が自ら検討することになります。

(1)　知的資産を活用する事業戦略

　自社の知的資産を把握し、承継後の外部経営環境の変化に合わせて、限られた経営資源を活用し、選択と集中で自社の強みを活かせる実現可能な事業戦略を立案します。

　自社の強みを活かして、新たなビジネスチャンスをつかむことはできないか

検討します。また、やらない事業、撤退する事業を決める思い切った経営判断も必要です。

　この事例では、若手の営業力と工期の早さという強みを活かし、「地元のバリアフリーリフォームのニーズ増加」や「子育て世代の流入増加」という機会に対して、若手従業員と高齢職人を中心に地域のリフォーム・リノベーション担当チームを作り、B-to-C 受注を増やすという事業戦略が取られました。

　外注職人の高齢化が進み、建築業界の人手不足がさらに厳しくなることが予測されることから、物件ごとの収支管理を徹底して、採算の合わない下請工事から撤退するという経営判断が行われました。

　今後の事業戦略を決めたら、それを実現するための具体的な取組みを書き出します。例を示します。

今後の ビジョン	①	地域の住宅リノベーションニーズに対応する B-to-C 事業の強化
	②	自社の一貫施工体制を活かした付加価値の高い元請中心の事業体制
	③	IT 活用による管理部門の効率化

具体的な 取り組み	①	・地元密着型の営業体制整備 ・インテリアデザイナー、ウエブデザイナーのパート採用
	②	・過去の施工例集をまとめ、営業ツールとする ・施工データのデータベース化
	③	・管理部門スタッフを採用し、管理マニュアルを作成 ・IT リテラシー教育の実施

⑵　価値創造ストーリー

　今後の事業戦略と具体的な取組みをまとめたら、どのようにそれらを実施するのか、知的資産経営の観点に戻って検討しましょう。

　次頁の表のように、左側に現在の顧客価値・強みを生み出している知的資産の活用目標を示します。一方、右側に今後の事業戦略を実施するための知的資産の活用方法を記載します。その際、自社の強み・弱みを再確認しましょう。強みをさらに伸ばすのか、弱みを克服するために何をするのかを書き出します。最後に、客観的に事業戦略の達成度合いを把握できるように、数値目標を立てます。それには、**目標達成指数（キー・ゴール・インディケーター、KGI）と業**

【過去〜現在のストーリー】 （2018〜2021年） 知的資産の活用状況（KPI）		【現在〜将来のストーリー】 （2022〜2027年） 知的資産の活用目標（KPI）	
人的資産 あるヒトが やめたら なくなる資産	【熟練の力】 ・社長の営業力が高い ・ベテラン職人の現場対応力が 　高い ・内装工事の有資格者が多い	人的資産 あるヒトが やめたら なくなる資産	【新規ノウハウ】 ・後継者の経営力向上（経営者 　塾） ・管理部門スタッフの採用・育 　成 ・インテリアデザイン力 ・ウェブ対応力・IT リテラシー
構造資産 あるヒトが やめても 企業内に 残留する資産	【ブランド力】 ・ムダの少ない工期管理 ・自社一貫施工でムダがない 【ニーズ対応力】 ・営業の OJT 教育を進めてい 　る ・ベテラン職人の現場対応力が 　高い ・物件ごとの収支管理を徹底	構造資産 あるヒトが やめても 企業内に 残留する資産	【ブランド力】 ・営業ツールの整備と共有 ・工程管理のマニュアル化 ・HP による情報発信（KPI： 　発信数） 【ニーズ対応力】 ・地元リフォーム提案力の強化
関係資産 企業の対外的 関係に付随 した資産	【顧客からの信用】 ・顧客との信頼関係がある 【業界関係力】 ・社長の人脈が強い ・施工管理と外部職人の連携が 　早い	関係資産 企業の対外的 関係に付随 した資産	【顧客からの信用】 ・顧客データベースの構築 【業界関係力】 ・社長の人脈の承継 ・後継者の経営仲間との人脈構 　築 ・地元施工者からの紹介
その他 商品・ サービス 上記 3 分類に 属さないもの	・資金調達力	その他 商品・ サービス 上記 3 分類に 属さないもの	・自社デザイン施工（5 件／年 　間）

現在 KGI	売上	○○○百万円
	利益	○百万円
	元請工事率	30%

将来 KGI	売上	○○○百万円
	利益	○○百万円
	元請工事率	70%

績評価指数（キー・パフォーマンス・インディケーター、KPI）を設定すればよい
でしょう。

　KGI（目標達成指数）とは、売上高や利益額など、定量的な数値目標です。

　月次や年次、数年後に達成すべき目標として使います。他には、利益率、得
意先数、付加価値額、従業員1人当たりの付加価値額などを使います。また、
KPI（業績評価指数）とは、KGIを達成するための活動目標となる指標です。
計測可能な活動目標を定め、継続的に活動することで、その結果、KGIの達
成につながる目標を設定します。例えば、営業訪問数や研修参加者数、新製品
開発数などです。

【6】 後継者による知的資産経営

　知的資産は、親族内だけでなく、従業員や第三者へ承継する場合にも重要な
事業価値となり、M&Aにおけるデュー・ディリジェンスでも重点的にチェッ
クされるものとなります。

　知的資産は、見える化することによって、社内外での理解が深まります。

⑴　知的資産経営

　事業承継をきっかけに知的資産経営を実践するには、現経営者だけが取り組
むのではなく、現経営者と経営幹部及び後継者と後継者を支える従業員が一緒
になって取り組むことが重要です。知的資産経営を根付かせるには3年から5
年の時間を要しますから、事業承継計画の中で、しっかり時間を確保し、以下
の手順に沿って進めていきます。

(STEP 1) 知的資産の把握

　　まず、現在の知的資産の棚卸から始めます。創業以来の沿革を振り返り、
　拠り所としてきた企業理念を再確認し、現経営陣の価値観を理解します。

　　次に、内部環境分析として、各部署で業務フローを書き出します。経営
　者が業務フローのどこに関わっているのか、業務上のこだわりポイントを
　具体的に書き出すと、顧客価値を提供する差別化のポイントになります。

　さらに、自社の強みと弱みを書き出し、なぜこの強みを持つことができたのか、強みをどのように活用しているのか、また、弱みの原因は何か、克服する方法はあるのかを検討します。

（STEP2）知的資産の活用方法の検討

　知的資産を人的資産、構造資産、関係資産の3つのタイプに分け、これらをどのように活用し、顧客価値の創出につなげているのか、1つのストーリーとしてまとめます。提供するお客様に対する価値を理解し、社内で共有します。

　「A社は、○○という経営理念を掲げ、経営者のリーダーシップのもと、○○のサービスの提供を行うため、○○の育成強化を図ってきた。○○を求める顧客ニーズに応える社内体制を整備し、○○のニッチな市場で独自の地位を獲得し、市場や顧客から○○の高い評価を得ている。」

　さらに、今後の事業戦略をまとめ、これまでの知的資産の活用と今後の活用目標をまとめます。事業承継では、5～10年の事業承継計画に合わせて、知的資産の活用目標を設定すべきでしょう。必要に応じ、全社目標と部署別、後継者の計画などを目標設定した上で、1年単位の目標に落とし込みます。

（STEP3）知的資産の見える化

　自社の知的資産経営をコミュニケーション・ツールとして、タイムリーに社内外のステークホルダーに伝えます。誰に何を伝えるのかを明確にし、対象に合わせて伝える媒体を選択し、開示します。

　知的資産を社内や金融機関、ステークホルダーに示すには、後述の「事業価値を高める経営レポート」のフォームを使うと俯瞰的にわかりやすく示すことができます。ただし、それだけでなく、会社案内や採用パンフレット、自社ウエブサイトなど媒体に合わせて、開示情報を選定することが重要です。社外向けだけでなく社内に対しても、社長の決算報告、会議、従業員教育、掲示板などで情報発信を続け、社内で共通認識を持つことが大

事です。

（STEP 4 ）知的資産経営の実践

　　知的資産経営の目標の進捗状況や環境変化を踏まえながら、定期的な見直しを図ります。経営会議や後継者の承継計画の中で、作った目標を達成するだけでなく、必要に合わせて変更や追加目標を設定しながら、実践を続けます。

知的資産経営の実践

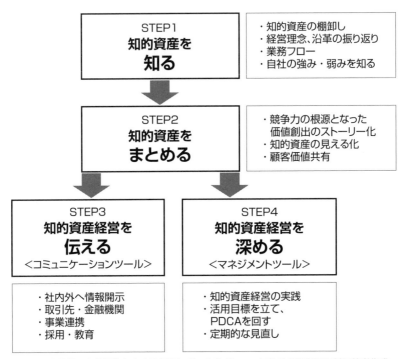

出典：中小機構　事業価値を高める経営レポート作成マニュアル改訂版2012を基に筆者作成。

⑵ 「事業価値を高める経営レポート」

　知的資産を見える化するために、独立行政法人中小企業基盤整備機構が推奨するA3シートの「事業価値を高める経営レポート」を活用することが効果的です。

　このテンプレートを使えば、自社の知的資産を俯瞰的に捉えることができ、社内外にわかりやすく示すことができます。事業承継時に知的資産があいまいな場合でも、「事業価値を高める経営レポート」の書式で書き出してみることで、自社のこだわりや価値観に気づき、自社の強みを再認識することができるでしょう。

　また、事業承継の際に作ったらそれで終わりというわけではなく、社内外の環境変化に合わせて、随時それを書き直し、従業員や外部の利害関係者と共有

するとよいでしょう。どこをどのようにいつまでに「磨き上げ」するかという
目標を明示するために使うこともできます。

（参考文献）

・大山雅己「『対話力』ですすめる事業性評価がよく分かる本」（経済法令研究会初
　版2017年）

・「平成29年度版事業承継支援マニュアル」（独立行政法人中小企業基盤整備機構2017
　年）

・「事業価値を高める経営レポート作成マニュアル改訂版」（独立行政法人中小企業
　基盤整備機構2012年）

【事業価値を高める経営レポート】

事業価値を高める経営レポート	商号:	作成日：　年　月　日

キャッチフレーズ

Ⅰ. 経営理念（企業ビジョン）

Ⅱ-1. 企業概要

Ⅱ-2. 沿　革
- ・
- ・
- ・

Ⅱ-3. 受賞歴・認証・資格等
- ・
- ・
- ・

Ⅲ-1. 内部環境（業務の流れ）

①	②	③	④	⑤	顧客提供価値

業務の流れ	他社との差別化に繋がっている取組
①	
②	
③	
④	
⑤	
顧客提供価値	

Ⅲ-2　内部環境（強み・弱み）

【 自社の強み 】	【 自社の弱み 】（経営課題）

【 その理由・背景 】	【 その理由・背景 】

出典：中小機構　事業価値を高める経営レポート　作成マニュアル＆フォーマット
　　　http://www.smrj.go.jp/tool/supporter/soft_asset1/index.html

Ⅳ．外部環境（機会と脅威）

機　会	取組の優先順位

脅　威	取組の優先順位

Ⅴ．今後のビジョン（方針・戦略）

外部環境と知的資産を踏まえた今後のビジョン	①	
	②	
	③	

今後のビジョンを実現するための取組	

Ⅵ．価値創造のストーリー

知的資産・KPI	【過去～現在のストーリー】 （　年～　年） 知的資産の活用状況		【現在～将来のストーリー】 （　年～　年） 知的資産の活用目標	
	人的資産 ※従業員が退職時に一緒に持ち出す資産（ノウハウ、技能、経験、モチベーション、経営者の能力など）		人的資産	
	構造資産 ※従業員の退職時に企業内に残留する資産（システム、ブランド力、もうかる仕組みなど）		構造資産	
	関係資産 ※企業の対外的関係に付随した全ての資産（販路、顧客・金融機関などとの関係など）		関係資産	
	その他 ※上記3分類に属さないもの（資金、設備など）		その他	

KGI	【現在】	【将来】

Ⅲ 人的資源の承継

【1】人事・労務の現状把握

Q 　近年、中小企業での親族や従業員による事業承継の結果として、表面化していなかった人事・労務の問題が突然顕在化して、後継者による経営が行き詰まってしまうケースがあるようです。そうであれば、事業承継する前に人事・労務の現状を詳細に把握する必要性があるということなのでしょうか？

〈フレームワーク〉

➡ 確認すべき分野

承継の方向性 ⬇		事業性評価	企業経営者	承継手続き
	親族内	A-1 現状→問題／解決策	A-2	A-3
	従業員	B-1 現状→問題／解決策	B-2	B-3
	第三者	C-1 現状→問題／解決策	C-2	C-3

Answer.

　第三者承継（M&A）では、買い手側により人事・労務面の詳細調査（デュー・ディリジェンス）が行われることが一般的です。一方、本来行うべき人事・労務デュー・ディリジェンスは、一部の大企業を除き、財務や法務デュー・ディリ

ジェンスの一部に組み込まれて行われており、中小企業を対象とするデュー・ディリジェンスでは適切に実施されていないケースがほとんどでした。

　しかし、労働法改正に伴う労働者保護強化の観点や、労働者側の権利意識の高まりなどに伴い、労働法を遵守していない会社[1]による巨額の損害賠償金や和解金支払いの事例が増えてきました。労働法を遵守していないことは大きなリスクであり、事業承継を行う前に綿密な調査を行うことが必要といえます。

　その一方、「働き方改革」が大きなテーマになっているように、現代の会社は、人事・組織を経営環境に適合させつつ労働生産性を高めていくことが求められています。そこで、事業承継の前に人事・組織の現状を把握し、事業承継後の人事マネジメントの在り方を検討することも必要となっています。

　また、親族内承継や従業員承継の場合でもデュー・ディリジェンスは必要で、後継者が人事・労務の詳細な現状を事前に確認しておくことが不可欠です。例えば、従業員が未払残業代の支払いを先代経営者には請求しない場合であっても、事業承継後の後継者には請求してくる場合もあり、経営者が交代すると、隠れていた問題が顕在化する事があるからです。

　さらに、後継者が事業承継後のビジネス・モデルを考える上でも、人事・労務面の調査は重要で、それによって人事・組織の課題をあぶりだし、経営環境の変化に対応させることができるようになります。

　ちなみに、第三者承継（M&A）におけるデュー・ディリジェンスは、主に買い手側が行うものですが、その結果として問題が検出され、売却価格が大幅に下がるケースや、M&Aの交渉が破談になることがあります。人事・労務については意識を払っていない経営者も多いかと思いますが、M&Aを成功させるためには、売り手側として事前に問題点を把握し、それを解消しておくことが必要です。

　一般的に人事・労務デュー・ディリジェンスにおけるチェック・ポイントは、大きく分けて⑴労働法遵守の観点、⑵人事・組織の管理の観点、の２つに分けられます。

---

[1] 労働法では本来、個人事業者を含む「事業主」を対象としていますが、本書の対象は主として会社であるため、本章では「会社」を使用しています。

(1)　労働法遵守の観点

　労働法遵守の観点から、後継者は、未払残業代などの簿外債務を調査しておかなければなりません。また、労働災害発生の際、会社側が安全配慮義務違反に問われ、損害賠償金の支払いを命じられる偶発債務の調査も必要です。

　もう1つは、コンプライアンスに関連する評判の調査です。労働法では刑事罰を科される場合もありますが、刑事罰を科されない場合であっても、厚生労働省がホームページに法令違反事案を公表しており、いわゆる「ブラック企業」として世間の評判が悪くなって業績が悪化したり、採用が困難になったりしてしまうおそれがあります。発生確率を予測することはできませんが、評判の悪化が発生すると、経営上の損失が発生するリスクとなることから、後継者は事前に調査しておくことが必要です。

　なお、全国社会保険労務士連合会には、社労士診断認証制度[2]がありますので、これを活用するのもお勧めです。

(2)　人事・組織の管理の観点

　人事・組織の管理の観点から、後継者は、人事・組織のパフォーマンスを調査しておかなければなりません。事業承継した後に、従前の生産性を維持することができるのか、従前よりも生産性を上げることはできるのかという点について、事前に調査しておきます。

　また、組織再編に伴う人員増強または削減などの費用や、給与水準引上げによる人件費の増加など、事業承継に伴う人事制度改革による費用も見積もらなくてはなりません。

人事・労務チェックの2つの観点

労働法遵守の観点	人事・組織の管理の観点
① 簿外債務・偶発債務 ② コンプライアンス	① 生産性の維持・向上 ② 改革・統合費用

[2] 労働社会保険諸法令の遵守や職場環境の改善に積極的に取り組み、企業経営の健全化を進める企業を社労士が診断・認証する事業です。2020年4月1日から運用を開始しています。

【2】人事・労務の調査に必要な情報

 後継者が承継する事業の人事・労務に関する調査をする際には、どのような書類や資料が必要となるのでしょうか？

〈フレームワーク〉

確認すべき分野

		事業性評価	企業経営者	承継手続き
承継の方向性	親族内	A-1 現状→問題→解決策	A-2	A-3
	従業員	B-1 現状→問題→解決策	B-2	B-3
	第三者	C-1 現状→問題→解決策	C-2	C-3

Answer.

一般的には次のような書類を精査します。

【人事・労務デュー・ディリジェンスの必要書類リスト】

・決算書及び申告書

・就業規則その他の雇用関係規程

・雇用条件や雇用契約に関する資料（例：雇用契約書、労働条件通知書）

・競業避止、秘密保持などの契約等

・給与に関する資料（例：給与明細、賃金台帳）

・労働時間に関する資料（例：勤怠管理表、タイムカード）

・年次有給休暇の取得状況に関する資料

・年金に関する資料

・労働保険・社会保険に関する資料

・過去の懲戒処分に関する説明

・退職者、解雇者、休職者に関する資料

・労働組合に関する資料

・労使協定、労働協約

・不当労働行為や労働関係の争訟に関する資料

・労働基準監督署・公共職業安定所との書面のやり取りの記録

・組織図など組織構造に関する資料

・各従業員及び役員の人事データ

・経営者や人事担当者へのインタビュー

・求人情報サイトなどでの口コミ情報

　本来、人事・労務の調査には、従業員へのインタビューが不可欠です。親族内承継においては、現経営者だけでなく、後継者が従業員と積極的にコミュニケーションをとって、人事・労務の現状を理解しなければいけません。しかし、第三者承継（M&A）の場合は秘密保持が求められることから、買い手から従業員への接触は慎重に行うことが必要で、一般的には売り手の事前承諾なしには行いません。

【3】労働法遵守の現状把握

Q　事業を承継するにあたり、会社が**労働法を遵守することができているか事前に把握しておかなければいけない**と言われました。後継者としてどのように調査すればよいのでしょうか？

〈フレームワーク〉

確認すべき分野

		事業性評価	企業経営者	承継手続き
承継の方向性	親族内	A-1 問題 現状→解決策	A-2	A-3
	従業員	B-1 問題 現状→解決策	B-2	B-3
	第三者	C-1 問題 現状→解決策	C-2	C-3

Answer.

ここで、A社の事例を見てみましょう。

【A社の事例】

　金属製造業のA社は、高度な特殊技術を持つため、これまでリーマン・ショックなど数回の経営危機を乗り越え、近年の売上や利益は堅調です。

　72歳になるA社社長の甲氏は、体力的にもそろそろ引退の時期と考えていましたが、子供がいないことから、第三者承継（M&A）をすることにしました。そこで、取引先からの紹介で同業者のB社と交渉したところ、M&Aの話がすんなりとまとまりました。B社にとってはA社の技術および人材は大変魅力的であり、売上も好調であることから、譲渡価額は2億円が提示されました。甲氏もこの譲渡価額で異存はなく、リタイア後は夫婦で海外旅行に行こうと考えていました。

　ところが、1か月後、B社の乙社長から、「人事・労務デュー・ディリジェンスの結果、未払残業代が検出されたため、譲渡価額を5,000万円減額してほしい」との連絡を受けました。

　A社の従業員は甲氏に対して忠実であり、社内一丸となって働くことによって経営危機を乗り越えてきたのですが、甲社長が従業員のその姿勢に

甘えていたため、業績が好調になった近年でも慣例的に従業員にサービス
残業を行わせていたのでした。

　労働法では、未払賃金（賃金請求権）の消滅時効は当面は 3 年間[3]であり、
裁判所から付加金の支払いを命じられる場合もあることから、従業員全体
（20数名）の未払賃金の額は5,000万円近くになるとの見積りが出てしまっ
たのです。

　このように人事・労務の現状を調査する際に一番多いのは、サービス残業な
ど未払賃金の問題が検出されるケースです。この事例のように、検出された未
払賃金の金額はたいへん高額になる場合があります。しかも、今後は未払賃金
の消滅時効が 5 年間に延びることが予想されているため、従業員の未払賃金は
後継者にとって無視できない問題になってきたと言えます。退職金規程や労働
契約書などにおいて退職金の支払いが明記されている場合などには、退職金未
払いで退職した元従業者から支払いを求められることもあり、注意が必要です
（退職金請求権の消滅時効は従前通り 5 年）。

　既述の通り、親族内承継において先代経営者には未払賃金等の請求をしてこ
ない従業員が、後継者に交代した後に請求してくるケースがあります。先代経
営者にはカリスマ性があること、長年の恩義があることなどから、従業員にとっ
て未払賃金は請求しづらいものです。しかし、後継者に対して遠慮は必要ない
ため、従業員は平気で請求してくることがあります。それゆえ、後継者は、労
働法に係る問題とリスクを、事業承継を行う前に把握し、可能な限り解消して
おかなければなりません。

　また、法令違反とまではいかないまでも、コンプライアンスに係る評判の問
題もあります。刑事罰を科されないとしても、一度「ブラック企業」のレッテ
ルを貼られてしまうと、取引先や世間からの評価が悪化して顧客離れが起き、
業績が急激に悪化してしまうことがあります。

---

[3] 改正労働基準法115条により、退職金請求権以外の賃金請求権の消滅時効も 5 年（旧法下では 2 年）
に延長されたものの、同改正法143条 3 項により、当分の間は 3 年とされている（2020年 4 月 1 日施
行）。なお、同改正法附則 2 条 2 項により、これらの規定は、施行日以後に支払期日が到来する賃金
請求権の時効について適用し、施行日前に支払期日が到来した賃金請求権の時効については、従前
の例によるものとされている。

　以下に、労働法を遵守することができているか、後継者が確認すべきコンプライアンスのチェック・ポイントを列挙していきます。

⑴　労働時間関係の確認事項

　まず、労働時間が記録されているかを確認します。使用者[4]は、労働者[5]の労働時間を管理する義務を負っています。ところが、労働者の自主申告などによって労働時間を管理し、実際の労働時間より少ない時間を労働者に申告させる（サービス残業）ケースがあります。

　また、使用者によっては、故意に実際の労働時間より少ない時間を記録して、賃金額を少なくしている者もいます（よくある例としては、19時以降まで勤務した場合でも一律19時退社として賃金計算しているなど）。

　しかし、近年では、労働者から訴えられて未払賃金の支払いを命じられるケースや、労働災害発生の際の調査の結果として多額の和解金を支払うケースも発生しています。大手運輸会社Ｙ社は勤務時間の改ざんなどについて労働基準監督署から是正勧告を受け、グループ全体で約240億円もの未払賃金を支払ったと言われています。

　裁判においては、労働者が残した勤務時間を記したメモやパソコンのログインの情報なども証拠となります。使用者が法の規定に従い労働者の労働時間を記録する体制を整備していない場合は、労働者の主張が認められる可能性が高くなります。

　次に、法定労働時間・法定休日が守られているかを確認します。労働基準法では、原則として1日8時間、1週間40時間を労働時間の限度として法定労働時間を定めています[6]。また、少なくとも毎週1日の休日か、4週間を通じて4日以上の休日（法定休日）を与えなくてはなりません[7]。年10日以上の年次有

---

[4] 労働法は基本的に使用者と労働者に関する法律です。そこで、本章では労働法の解説をする際には、「使用者」、「労働者」を用語として使用しています。
　「使用者」：事業主又は事業の経営担当者その他その事業の労働者に関する事項について、事業主のために行為をするすべての者をいいます（労働基準法10条）。経営者だけではなく、労務管理をしている者（例えば、人事課長、班長）なども含まれます。
[5] 「労働者」：労働者とは、職業の種類を問わず、事業又は事務所に使用される者で、賃金を支払われる者をいいます（労働基準法9条）。
[6] 労働基準法32条

給休暇が付与される労働者に対して、使用者は年5日間の年次有給休暇を取得させる義務もあります[8]。

　そして、災害時などを除き、この法定労働時間を超えて労働してもらう場合や、法定休日に労働してもらう場合には、36協定という労使協定を結び労働基準監督署へ届けなくてはなりません[9]。

　「労使協定」は、使用者と労働者との間で締結される書面による協定のことです。事業場[10]に労働組合が存在するときはその労働組合と使用者の間で結ばれ、労働組合が存在しないときは、労働者の過半数を代表する者（いわゆる「過半数代表」「従業員代表」）と使用者の間で労使協定が結ばれます。

　労使協定を締結することで、労働基準法、育児介護休業法、高年齢者雇用安定法等で定められた所定の事項について、一定の法定義務が免除されたり、免罰されたりします。ただし、労使協定には、労働契約を規律する規範的効力はないため、これを締結するだけでは労働契約上の権利義務は生じません[11]。それゆえ、時間外労働や休日労働を行わせる場合には、労使協定とあわせて、労働協約・就業規則等の定めが必要となります。

　そこで、事業承継の際には、後継者は、36協定などの労使協定が結ばれているか、就業規則等にその定めが記載されているかについて、事前に調査する必要があります。

　さらに、割増手当が支払われているかを確認します。労働基準法では、法定労働時間を超える労働時間に対して、時間外労働手当（原則25％以上）を支払う義務があります。また、法定休日勤務に対しては休日手当（35％以上）、22時以降の深夜勤務には深夜手当(25％以上)などを支払わなくてはなりません[12]。

　そして、各種規程の運用ミスはないかについても確認しておくべきでしょう。労働時間に関する使用者の認識が間違っていた結果、賃金支払額を少なく計算してしまうケースも発生しています。例えば、労働基準法では、「管理監督者」[13]

---

[7] 労働基準法35条
[8] 労働基準法39条7項　2019年4月1日施行
[9] 労働基準法36条
[10] 事業場ごとの対応が必要です。
[11] 昭和63年1月1日基発1号
[12] 労働基準法37条
[13] 労働基準法41条2号

は労働時間、休憩や休日の規程から除外されることになっているため、労働者を無理やり「管理監督者」扱いとして時間外労働手当や休日手当を支払っていない場合があります。しかし、その勤務の実態が「管理監督者」の要件（職務内容や責任・権限など）を満たさないと、いわゆる「名ばかり管理職」として否認されるおそれもあります。大手ファストフードチェーンM社に対する判決では、裁判所は、会社が「管理監督者」として扱っていた店長の勤務実態が「管理監督者」の要件を満たしていないと判断し、未払賃金と付加金を合わせて約750万円の支払いを命じました（M社は控訴しましたが、結局、約1,000万円を支払って和解しました）。

　また、「管理監督者」も深夜勤務の規程[14]からは除外されないため、通常の労働者と同様に深夜手当を支払う必要があるにもかかわらず、それが支払われていない場合もあります。

　さらに、「固定残業代」についても、問題が多く発生しています。「固定残業代」とは、決まった金額を見込みの残業手当として、実際の労働時間に関係なく支給する制度のことで、一定の要件を満たす限り適法な制度です。しかし、この制度の不適切な運用や誤解から労使トラブルを招くケースが増えています。労働者の実際の残業時間が見込みの残業時間を超えた場合、使用者には超過分の割増手当を支払う義務があるにもかかわらず、定額分しか支払わなかったり、残業代を正しく計算していなかったりなどの法律違反が後を絶ちません。そのため、近年では、固定残業代が労働基準監督署の重点調査項目の1つとなっています。

(2)　労働災害やトラブル

　大手広告代理店D社の問題を見ればわかるように、労働災害やハラスメントなどで訴訟を起こされると会社は大打撃を受けます。トラブルの発生は訴訟等で顕在化しているものだけでなく、職場や人事部門だけが把握している潜在的なものまで、後継者はそのリスクを把握しておくべきです。特に、休職率や退職率の高い会社の後継者は、重大な労使トラブルが隠されていないか、注意

して調査しておくべきでしょう。なお、2020年6月1日から大企業に義務づけられていたパワハラ防止措置[15]が、2022年4月1日からは中小企業においても義務付けられており、中小企業においてもハラスメント対策は無視できない課題となっております。

(3) 労働保険・社会保険未加入

　労働保険の未加入は少ないと思いますが、加入義務があるにもかかわらず社会保険へ加入していない会社は、未だにあります。社会保険料の消滅時効は2年間[16]ですので、過去の2年間分を日本年金機構などから請求されることもあり、後継者にとって無視できない重要な簿外債務であると言えます。

(4) 労働組合の有無

　まず、企業内に労働組合が存在するかどうかを把握します。存在する場合、それが企業内組合なのか、それとも上部組織の支部などなのかを確認する必要があります。

　企業内組合の場合、そこに加入する労働者が、事業場[17]全体の過半数を占めている過半数組合は、36協定などの労使協定の締結当事者となるため、大きな影響力を持ちます[18]。また、使用者と組合との間で締結される労働協約が、事業場全体の4分の3以上に適用される場合、他の労働者にもこの協約が適用されます[19]。組合への加盟率は、重要なポイントとなります。

　企業別労働組合のほかに、企業の枠を超えて活動する合同労組があります。ユニオンなどの名称が付されており、労働者は雇用形態に関係なく1人でも加入することができる組合です。解雇撤回や未払残業代の請求などの団体交渉を要求してくる場合があるため、事前に確認しておきましょう。

　なお、労働組合と使用者が結ぶ「労働協約」は、法令に次ぎ、就業規則や労

---

[15] 「労働施策の総合的な推進並びに労働者の雇用の安定及び職業生活の充実等に関する法律」（労働施策総合推進法）30条の2（雇用管理上の措置等）参照。

[16] 健康保険法193条、国民健康保険法110条、厚生年金保険法92条

[17] この過半数とは各事業場の労働者数に対してです。

[18] 労働基準法36条

[19] 労働組合法17条

働契約を上回る民事的効力を持ちます[20]。労働協約に、第三者承継（M&A）等を行う場合について労働組合の承諾や事前協議が必要なことが定められている場合もあるため、事業承継のボトルネックとなる可能性があります。労働協約や労働組合との交渉の経緯は、事業承継の前に把握しておかなければなりません。

　なお、中小企業の中には、労働組合がないところも多いかと思います。その場合、例えば、36協定等の労使協定の締結相手は労働者の過半数を代表する者（いわゆる「過半数代表者」）となります。この労働者の過半数を代表する者は、労働基準法の手続きに従って選出しておかなくてはなりません[21]。後継者は、この代表者と事業承継の前に対話を行い、労使問題の有無の確認や解決策の検討をしておく必要があるでしょう。

⑸　退職給付債務の金額はいくらか

　退職給付（いわゆる退職金の類）は、労働者の勤務期間に応じて年々増えていくことから、労働者に対する後払いの労働対価であると考えられます。それゆえ、退職給付債務は、退職以後に支払われる退職給付のうち、現時点で既に発生していると認められる金額ということになります。

　退職給付債務は、決算書の簿外になっていることもありますが、後継者が現経営者から引き継ぐことになる重要な債務です。会社の財務に大きな影響を与えますので、後継者は必ず事前に確認しておく必要があります。

⑹　就業規則が整備されているか

　中小企業では、就業規則や労務規程が整備されていない場合もあるかと思います。事業承継前にこれら労働法上の必要規程が整備されているのか確認し、問題があればそれを解消しておく必要があります。

　就業規則の作成義務があるのは、1つの事業場[22]に常時10人以上の労働者を雇用する使用者のみです[23]。10人以上の事業場で作成していなければ法令違反

---

[20]　労働組合法14条、16条
[21]　労働基準法施行規則6条の2
[22]　企業や会社単位ではなく事業場ごとです。

となります。これに対して、10人未満の事業場には作成義務はないものの、就業規則がないということは、事業場内のルールブックがない不安定な状況だということです。労働者の懲戒処分を行おうとする場合でも就業規則等がなければ、それを科すことはできません。事業場の規模にかかわらず、就業規則は作成しておくべきでしょう。

　これらの就業規則及び労働法に係る諸規程やその書類を整備していない会社、作成はしているが法改正に対応していない会社は、事業承継のタイミングを契機として、これらをきちんと整備するべきです。

【4】人事・組織の管理体制の現状把握

Q　事業を承継するにあたり、**従業員の人事や組織の管理体制を事前に把握しておかなければならない**と言われました。既存事業の人事や組織の問題を、後継者としてどのように調査すればよいでしょうか？

〈フレームワーク〉

確認すべき分野

承継の方向性		事業性評価	企業経営者	承継手続き
	親族内	A-1 問題／現状→解決策	A-2	A-3
	従業員	B-1 問題／現状→解決策	B-2	B-3
	第三者	C-1 問題／現状→解決策	C-2	C-3

---

[23] 労働基準法89条

Answer.

　事業承継した後に、従前の生産性を維持することができるのか、あるいは、人事制度改革などによって生産性を向上することができるのかは、後継者にとって重大な関心事です。

　経営学者のチャンドラーは「組織は戦略に従う」と述べています。事業承継後の経営戦略と照らし合わせ、必要となる人材は確保できるのか、また事業承継後も引き続き現状のパフォーマンスを維持できるような組織構造であるのか、後継者は事前に確認しておかなければなりません。

　親族内承継の場合、事業承継後の経営方針や事業戦略は、先代経営者が作ったものをそのまま引き継いでいく場合も多く、人事制度・組織構造の見直しは不必要と考えている後継者がいるようです。しかし、経営環境の変化に応じて人事制度や組織構造の再検討が必要となっています。例えば、平成30年6月に成立した働き方改革関連法によって、労働生産性を高めていくような人事制度や組織構造への変革が求められています。

　一方、第三者承継（M&A）の買い手の場合、人員削減や労働条件の引上げなど事業承継に伴う費用がどれくらい発生するのか、事前に調査すること（デュー・ディリジェンス）が不可欠です。

　人事制度や組織構造の現状を把握する際に調査すべきポイントは以下の通りになります。

(1)　労働生産性を維持・向上することができるか

　決算書などから従業員1人当たりの売上高・経常利益額・付加価値額など労働生産性の指標を算出し、それを同業種企業の指標と比較します。ただし、これらの数値が高いことが必ずしも良いわけではありません。事業承継の後に、重要な従業員が退職してしまえば、それを維持することができないからです。

　また、第三者承継（M&A）においては、組織文化が大きく違うことで組織統合が困難となったり、熟練者が退職したりして、承継した後の生産性が低下する可能性があります。

　逆に、労働生産性の低いことが判明した場合は、事業承継した後の経営改善や組織改革によって、大きく伸ばす余地があるともいえ、後継者の経営努力が

期待されることになります。

(2)　従業員の構成を確認する

　後継者は、従業員の年齢別構成や勤務年数別構成を調べなければなりません。例えば、高年齢の従業員に偏っている場合、数年後には人材不足となる可能性があり、また、多額の退職給付債務の支払いが発生することも考慮する必要があります。これらは、事業承継後の経営に大きく影響する問題です。

　また、非正規労働者の人数も把握しておかなければなりません。労働契約法では5年を超える有期契約労働者の無期転換ルール[24]が定められているため、有期契約労働者の契約年数を調査しておきます。無期転換が発生すれば、人件費が2～3割上昇することもあり得ます。そして、非正規労働者が多いということは、今後長期間継続して勤務することが期待できないため、事業承継の後に労働者の退社によって人員不足となる事態が生じることを想定しておかなければなりません。

　また逆に、人員削減の必要性も検討すべきです。これは、特に第三者承継(M&A)での重要な課題となりますが、親族内承継や従業員承継の場合でも同様です。後継者による経営の観点から人員を削減すべきと判断された場合には、多額の早期退職金の支払いが必要となることがあり、その場合には、事業承継後の経営に重大な影響が生じます。

(3)　従業員の能力を確認する

　親族内承継の場合、後継者をサポートできる能力と意欲のある幹部従業員が社内にいるかどうかが重要な問題です。もし、そのような人材がいない場合は、内部で育てるか、外部から招聘する必要があります。また、事業承継後に後継者が考える事業戦略を実現できる人材が社内にいるのかも、事前に調査しておく必要があります。

　第三者承継（M&A）の場合、製造業において熟練技術者を確保する目的で実行されたり、IT企業において優秀なエンジニアを確保する目的で実行され

---

[24]　労働契約法18条

たりするケースもあります。M&A実行後に求める人材を確保することができるのか、辞めてもらっては困るキーパーソンが継続して勤務してくれるのか、について調査しておきます。

⑷　組織構造の現状を確認する

　組織構造とは、職務の専門化、指揮命令系統および管理の範囲、各従業員の権限など、組織の仕組みのことを言います。具体的には、社長の下に営業部長や製造部長がいて、その下に部下がいる、そして各人の職務の範囲や権限の大きさが決まっている、というようなことです。しかし、中小企業の中には、組織構造が明確に構築されていない会社もあるかと思います。事業承継後は後継者がトップに立って率いる組織ですから、その構造を事前に把握しておくことは不可欠でしょう。

　親族内承継の場合、先代経営者の時は経営者のリーダーシップに基づくトップダウンによって組織が機能している場合であっても、後継者がトップになるとそれが機能しなくなる場合もあります。それゆえ、事業承継の後に後継者がトップとしてリーダーシップを発揮できるような組織構造に変更する必要があるのか検討しなければいけません。

　中小企業の中には、親族の役員が多く在籍していて、経営に関与している会社もあります。このような親族の役員は力があるため、後継者にとっては多くの助けを得られることもある反面、経営の妨げとなることもあります。親族の役員を事業承継の後にどのようにするか、後継者への株式の集約という問題も含めて、事前に検討することが必要です。

　第三者承継（M&A）の買い手の場合は、対象事業の組織構造が、自社の組織に統合可能であるか検討することになります。また、組織のキーパーソンには承継後も在籍してもらうのか、あるいは承継後の組織改革の妨げになるので退職してもらうのか、事前に検討しておきます。

⑸　給料・待遇の現状を確認する

　優秀な人材確保や、「同一労働・同一賃金」制度への対応などの観点から、事業承継は賃金・給料体系や人事評価制度の見直しを行うことの好機です。特

に、人材確保は他社との競争でもあるので、同業他社と自社との比較を行います。

　老舗の中小企業の多くは、年功序列型の賃金・給与体系をとっています。高額の報酬を得ている古参従業員が、事業の収益性を圧迫するとともに、若手従業員のやる気をなくさせている可能性もあります。賃金・給与体系や人事評価制度は、今後の事業価値に大きな影響を与えるため、事業承継時において後継者が必ず検討すべきポイントといえます。

　また、第三者承継（M&A）の場合、承継後に、対象事業の従業員と買い手の従業員との間で給与水準などに差があれば、低い方の従業員はやる気を失うかもしれません。しかし、給与水準の高い方に合わせた給与改定を行うと、M&A実行後のコストアップになります。買い手側の問題ではありますが、賃金・給与体系は重要な論点となるでしょう。

(6) 組織文化（風土）の現状を確認する

　組織文化（風土）とは、組織構成員の間で共有されている信念や価値観のことです。人が集まっても、バラバラに行動していたのでは組織と呼ぶことはできません。

　明示的あるいは黙示的なルールに従い、共通目的に向かって行動することによって、人の集まりは組織として機能するようになります。

　例えば、売上至上主義で、多少強引なことをしてもがむしゃらに働いて契約にこぎつけることが従業員の行動規範になっている会社もあるでしょう。その一方で、ワークライフ・バランスを心掛け、時間外労働は一切しないことが職場の慣習となっている会社もあるかと思います。

　親族内承継の場合、後継者はこのような自社の組織文化（風土）について把握し、よりよい組織文化（風土）の醸成を意識した経営を行っていく必要があります。

　第三者承継（M&A）の場合、このような組織文化（風土）の違いは、M&A実行後の組織統合を困難にするため、注意が必要です。

　ある事例をご紹介しましょう。売り手側であるソフトウェア会社では、おおらかな性格の社長のもと、従業員は自主性に任せられて自由に働くことができ

ることからモチベーションは高く、ユニークでアイデア溢れる製品開発に成功して好業績がもたらされてきました。その一方で買い手の会社は、几帳面な性格の社長のもと、予算管理に厳しく、細かい報告・連絡・相談を従業員に求めるような組織であり、両社の組織文化（風土）は大きく異なっています。このような異なる組織文化の組織を統合させようとしたため、売り手側で働いていた従業員は、やる気をなくして大量退職につながってしまいました。

　以上のように、組織文化（風土）に関する調査は重要です。組織文化（風土）に関する情報を十分に収集するためには、事業承継を行う前の段階において、従業員へのインタビューを実施しておく必要があるでしょう（ただしM&Aの場合は、その方法を売り主と十分に相談したうえで行います）。

　第三者承継（M&A）における調査（デュー・ディリジェンス）の結果、対象事業と買い手の事業の人事制度や組織文化の乖離が小さく、組織統合が容易だと判断された場合、会社を合併することによって組織を一体化すればよいでしょう。しかしながら、乖離が大きく、組織統合が容易でないと判断された場合は、合併によって一体化させず、子会社として組織を維持することになるでしょう。子会社化してから、3年から5年間かけて徐々に人事制度や組織文化を近づけたのち、最終的に合併する方法がスムーズなM&Aとなります。

【5】働き方改革関連法

平成30年6月に国会で成立した「**働き方改革関連法**」に関連して、事業を承継するに際して、後継者が気をつけなければいけないこと、事業承継への影響は、どのようなものがありますか？

〈フレームワーク〉

確認すべき分野

		事業性評価	企業経営者	承継手続き
承継の方向性	親族内	A-1 問題 ← 解決策 現状	A-2	A-3
	従業員	B-1 問題 ← 解決策 現状	B-2	B-3
	第三者	C-1 問題 ← 解決策 現状	C-2	C-3

(1)　働き方改革関連法が経営に与える影響[25]

　後継者が理解すべき経営環境の変化として、「働き方改革関連法」は極めて重要なものです。これは、8本の労働法の改正を行う法律の通称であり[26]、大きな議論を巻き起こしましたが、平成30年6月29日に成立しました。

　この法律は、親族内承継と親族外承継のいずれにも大きな影響を与えるため、後継者は必ず認識しておかなければなりません。

　第1に、時間外労働時間の上限規制です。これまで、36協定で定める時間外労働時間は、特別条項を設けることによって上限なしで定めることが可能でした。しかし、現在は年間の時間外労働時間の合計は720時間を上限とし、単月の時間外・休日労働の合計は100時間未満となりました[27]。

　この規制は、大企業は平成31年4月1日から、中小企業は令和2年4月1日から適用されています[28]。

　また、平成22年の労働基準法改正で、月60時間を超える時間外労働には時間外割増率50％となることが決定されていました。これまで中小企業への適用は

---

[25]〔参考〕水町勇一郎『同一労働同一賃金のすべて』（有斐閣）、岩本充史「働き方改革法（案）」（日本法令ビジネスガイド2018年7、8、9月号）

[26] 法案の改正が多岐にわたるため、本節の条文名も代表的なもののみ載せています。

[27] 労働基準法36条

[28] 自動車運転業務、建設業、医師などへの上限規制適用は令和6年度からとされています。

猶予されていたのですが[29]、この規定は廃止され、令和5年4月1日からは中小企業にも時間外割増率50%が適用されることになります。

　この改正によって、今後の経営では人件費の増大を招く可能性が高くなります。収益性の悪化を防ぐためにも、事業承継後の後継者による経営では、労働者が効率よく働いて労働時間を短くする取組みを行わなければいけません。

　第2に、有給休暇の取得義務化です。現行の労働基準法39条によれば、使用者が一定日数の年次有給休暇を付すことが義務づけられています。しかし、わが国の中小企業における有給休暇の実際の取得率は、たいへん低くなっています。その理由として、労働者に有給休暇を実際に取得させることまでは義務づけられていないことが挙げられていました。

　そこで、この問題を解消するため、有給休暇の取得義務化が盛り込まれました。具体的には、年間10日以上の有給休暇が付与される労働者について、そのうち5日間は使用者が時期を指定して取得させることが義務づけられるというもので、平成31年4月1日から全ての企業に課せられています[30]。

　労働者に有給休暇を与えることは、人件費の増加をもたらします。今後の事業経営に大きな影響を与えるものであるため、後継者は必ず認識しておかなければなりません。

　第3に、高度プロフェッショナル制度です。これは、高度な専門的知識をもつ高収入労働者（年収1,075万円以上を想定）を対象に、労働時間管理の対象から外すというものです。適用するためには労働者本人の希望が前提になるとともに、「年間104日」「4週4日」以上の休日を確保するなどの健康確保措置が義務づけられています。

　高度プロフェッショナル制度は、企業規模を問わず平成31年4月1日から導入されましたが、この制度の適用が想定される職種は、金融ディーラーやコンサルタント、研究開発職[31]などの高額所得者であるため、この制度の影響を受ける中小企業は、当面の間は多くないと考えられます。

　第4に、同一労働・同一賃金です。平成24年8月の労働契約法改正により、

---

[29] 労働基準法138条、附則3条1項
[30] 労働基準法39条
[31] 労働基準法41条等

有期契約労働者と無期契約労働者との間の不合理な労働条件の禁止が既に規定されており[32]、また、平成26年のパートタイム労働法改正により、不合理待遇差禁止ルールが既に整備されていたものの[33]、従来の労働契約法20条の「不合理な待遇差」が具体的にいかなるものかは裁判をしてみないと判断がつかないという状況にありました。

　今回の改正では、厚生労働省より「同一労働・同一賃金ガイドライン」が公表されていますが、「均等・均衡待遇」[34]の考え方が維持され、正規労働者と非正規労働者との間にある待遇差については、待遇ごと（賞与、住宅手当、福利厚生など）に比較することが法律上明文化されました。また、今回の改正により、法律の対象は有期契約労働者にまで拡げられました[35]。

　例えば、正規労働者に賞与や各種手当を支払っているにもかかわらず非正規労働者には支払っていない会社は、待遇差がある理由の説明責任を負うため、後継者は既存事業の人事制度を大きく見直さなくてはならない可能性もあります。

　一方、人手不足によって廃業する会社が増えており、人員確保のために賃金も大幅に上昇しています。非正規労働者を多く雇用する会社は、人員確保目的の労働条件や賃金の引上げも経営の重荷となることでしょう。

　こういった同一労働・同一賃金に関する改正法は、令和2年4月1日から一部施行されており、令和3年4月1日からは中小企業でのパートタイム・有期雇用労働法についても施行されています。

　これらの法改正や雇用環境の変化は、人件費の増加をもたらすものです。第三者承継（M&A）の場合、デュー・ディリジェンスを行う際に、対象事業で働く労働者の労働時間や、非正規労働者の人数及び契約内容などを詳細に調査することが求められることになります。

　親族内承継の場合、今後の後継者による事業経営に大きな影響を与えるものであるため、必ず認識しておかなければなりません。

---

[32] 労働契約法20条
[33] パートタイム労働法8条・9条
[34] パートタイム労働法8条・9条
[35] 現行の労働契約法20条は削除され、パートタイム労働法8条とあわせて、新たなパートタイム・有期雇用労働法8条となります。施行は令和2年4月1日、中小企業は令和3年4月1日。

⑵　人件費の増加と既存事業の存続

　後継者は、今後の人件費増加も考慮に入れた事業戦略を立案することが必要となるでしょう。

　例えば、人件費の上昇分を販売価格の値上げに転嫁すること、機械化やDX化など業務効率化によって労働生産性を向上させることなどのビジネス・モデルの転換が求められます。

　人件費増加の結果として収益性が低下し、事業を存続することができず、第三者承継（M&A）による事業売却や廃業を検討することがあるかもしれません。

　ただし、非正規労働者などへの対応は、国内の同業他社にも必要とされることです。苦しいのは同じであるため、同業他社と自社とを比較しながら対応していくことになるでしょう。国内企業だけでなく海外企業との価格競争を行っている輸出製造業などの場合は、非正規労働者の比率が高いとすれば、今後は価格競争に負けてしまうことが予想されます。

　例えば、このようなケースがありました。食品スーパーを4店舗展開するR社は、厳しい経営環境の中で低価格戦略によって顧客をつかみ利益を上げていましたが、R社のパート労働者比率は75％であり、同地域のライバルO社のパート労働者比率30％を大幅に上回っていました。R社としては、今後はパート労働者の労働条件引上げによる人件費の増加が不可避となり、O社との競争は厳しいものとなります。そこで、R社はセルフレジ導入による労働者数の削減などを検討しましたが、それでも人件費の大幅な上昇を抑えることができません。結果としてR社は、第三者承継（M&A）による事業売却を考え始めました。コスト増加に耐えられない会社は、業界再編のM&Aによって淘汰されてしまうということです。

　この事例のように、わが国では、これまで非正規労働者を低賃金で雇うことによって存続することができた中小企業が多いと思われます。しかし、欧米諸国では、非正規労働者の報酬は正規の新入社員と同じ水準とされており、低賃金の労働力を活用するような経営は行われていません。わが国でも今後は、同一労働・同一賃金の適用や、人手不足による賃金上昇によって非正規労働者に関する人件費が欧米並みへと上昇する可能性が高いと考えられます。こうした

雇用環境の中で生き残りを図るには、ビジネス・モデルの再構築を図るか、M&Aによって同業他社と経営統合することが必要となるでしょう。

【6】事業承継を契機とした経営革新

　事業承継は、後継者による経営革新のチャンスでもあります。親族内承継において後継者は、過去にとらわれない、斬新な発想ができる、ITなど新しい情報技術に詳しいなどの優位性をもっています。実際に、経営者交代を行った中小企業の方が、行わなかった中小企業に比べて経常利益率が高いという報告もあります[36]。この点、次のような後継者による経営革新の事例も報告されています。

　事業承継・引継ぎ支援センターなどでも紹介されている「森梅園」のお話をご紹介しましょう[37]。森梅園は1961年創業の梅栽培農家です。先代社長夫婦が多くの苦労や工夫を積み重ね、「全国梅干コンクール」で2回、最優秀賞（第1位）に輝くほどの域に達しました。事業を継ぐことになったのは、3人姉妹の次女。約1,000本もの梅の木の剪定を行う大変さなどから、先代は「女性には無理」と考えていましたが、後継者の強い意志を受け事業承継が進みました。

　「技術の伝承」は事業承継において重要なテーマです。そこで、しっかりとした計画に基づき梅栽培技術と梅干し加工技術を引き継ぎ、加えて、新商品の開発も手がけています。逆に、栽培品種の絞込みなど、経営資源の集中も行っています。商品の売り方としてクラウドファウンディングの活用など、今の時代ならではの方法も取り入れています。ブランディングの重要性も認識しており、パッケージやネーミングなども工夫、商品名やロゴマークの商標登録も行いました。事務処理の自動化なども進めていく予定です。

　このような取組みは、事業承継というきっかけがなければなかなか進みませ

---

[36] 中小企業庁「事業承継ガイドライン　第3版」
[37] 〔参考資料〕
　　事業承継・引継ぎ支援センター（https：//shoukei.smrj.go.jp/case/case-relative_inherited/case-relative_inherited-03.html）
　　大分県事業承継・引継ぎ支援センター（https：//www.oita-shoukei.org/casenew/森梅園）
　　特許庁　知財ポータル（https：//chizai-portal.inpit.go.jp/supportcase/2022/02/post-1086.html）

ん。「経営革新」というと大げさなイメージを持ってしまうかもしれませんが、「これまでのやり方に固執せず、新たな取り組みにチャレンジする」ということ全てが、充分に経営革新なのです。

　将棋の米長邦雄氏は、羽生善治氏が6つのタイトルを取った頃、講演でこのようなことを語ったそうです。「我々ベテランはなぜ、若手に勝てないのか。それは、我々は得意の戦法が忘れられないから。その戦法を使って勝った記憶が忘れられないからだ。もう通用しなくなっているのに」。後継者には、このような成功体験にとらわれず、新しい発想で経営に取り組むことができるという優位性があるのです。

　実は、何代も続いている老舗企業の多くは、事業承継のたびに後継者が経営革新を行い、それによって生き延びてきているのです。まさに、事業承継はピンチではなく、経営革新の大きなチャンスといえるのではないでしょうか。

経営環境の変化と事業戦略の立案

【1】 過去の成功要因の分析

Q
　私は、二代目である父親の後を継ぐために、今から5年前に大学卒業後15年間勤務してきた商社を退職し、家業である自動車部品製造会社にUターン入社しました。現在は、営業部長として社長である父親を補佐しておりますが、競争環境は年々厳しくなり、**売上はここ数年低下の一途をたどっています**。国際的な電気自動車化の機運の高まりもあり、**これからの事業経営に自信が持てません**。

　このような私が父親の事業を承継するために、今後、何から行ったらよいか教えてください。

〈フレームワーク〉

確認すべき分野

	事業性評価	企業経営者	承継手続き
親族内	A-1 問題 現状→解決策	A-2 問題 現状→解決策	A-3
従業員	B-1	B-2	B-3
第三者	C-1	C-2	C-3

承継の方向性

Answer.

　事業会社として、創業者から継続して二代目まで数十年、会社を存続させて
いるということは、他の多くの自動車部品製造会社と差別化することができ、
その製品の品質を評価されてきたということです。

　事業を承継するにあたり、後継者の立場となる誰もが事業の将来性について
不安を覚えますが、まだ見えない将来を心配する前に、まずはこの会社がなぜ
これまで事業を維持・存続することができたのかを、冷静に分析するとよいで
しょう。

　手始めとして、現経営者を慰労する意味を込めて、創業からの会社の沿革、
成長のターニング・ポイントが何であったかを、現経営者との対話を通じて把
握する方法がお勧めです。その上で、会社が生き残ってきた成功要因（KSF：
Key Success Factor）を紙に書き出して明確化してみるとよいでしょう。 また、
経営理念は、創業時の混沌としている時期に、自社の生き残りのためのキーワー
ドとして定められる場合が多いため、なぜそのような経営理念が定められたか
を現経営者に確認することは、自社の成功要因を見極めるうえで、とても重要
です。

⑴　これまでの成功要因の把握

　まず、現経営者に創業の想いを訊いてみましょう。現経営者が二代目以降の
場合には、伝えられている創業時の経緯と、自身が先代から事業を継いだとき
の気持ちはどうであったかも訊くことで、後継する立場の理解が深まります。

　次に、事業が現在まで存続しているということは、創業時（または先代から
の引継ぎ時）の経営者の想い（会社の姿勢）が、社会に認められたからですから、
そのときに認められた商品やサービスは何だったか、また、経営環境がどのよ
うであったから自社を認められたのかを確認します。

　さらに、会社の沿革を整理します。事業に立ちはだかる困難を乗り越えてき
たからこそ、現在も事業（会社）が存続しているのです。会社が歩んできたこ
れまでの沿革を振り返り、立ちはだかってきた困難をどのようにして乗り越え
てきたかを確認します。そのときに乗り越えた手段こそが成功要因になってい
るはずです。

　なお、成功要因は、商品やサービスにだけではなく、会社の経営理念や、知的資産に見出されることもあるため、漏れなく分析しなければいけません。

　後継者は現経営者との対話を通じて成功要因を考え、紙に書き出して明確化しますが、関係者の協力を得られる場合には、経営幹部の会議等でランダムに意見を出し合い、それをまとめることも有効です。

　ここで抽出した成功要因は、この後に行う戦略策定の際にも、SWOT分析のフレームワーク中の「強み」として利用するものです。ゆえに、事業承継の早い段階で現経営者と対話しておくべきでしょう。

⑵　後継者にとって重要な「守・破・離」の考え方

　事業の承継を進める際、後継者がどの程度経営者として成熟しているかによって、後継者がとるべき基本スタンスが変わります。多くの場合、後継者は現経営者と違った新しいやり方を始めようとするのですが、経営者としての能力や経験が乏しい時期では、いきなり新しいことを始めると失敗する可能性が高いものです。

　経営戦略は時流に合わせて変化させていく必要がありますが、会社経営や経営戦略推進の土台となる現経営者の姿勢、例えば「常に経営理念と照らし合わせて判断をする」「従業員の家族を大切にする」「仕入先に感謝を忘れない」など、経営者としての力量があったからこそ、ここまで事業（会社）を存続・拡大できた源泉となるケースが多くあります。それゆえ、後継者も現経営者のそのような部分を「1人の経営者」として客観的に見習うべき部分がたくさんあります。その中には経営者として共通する「責任感」や「社会貢献」という、経営者たるには必要となる基本的なスタンスなども含まれます。それらを後継者が身に付けるための1つの考え方として、「守・破・離」というのがあります。

　守・破・離とは、個人的な技能を、弟子が師匠から学び、段階的に自分を向上させていく方法で、茶道、剣道などの文化的技術や、野球、水泳などのスポーツなど、確固たる基礎技術が確立されている分野で多く用いられる考え方です。

　まずは、師匠に言われたことや技術の基本となる型を「守る」ところから始まります。

　その型を完璧に習得した後に、自分なりの創意工夫を加え、その型を超える

枠組みや、より自分の技能が高められるような形に変形させていきます。これが「破る」という段階です。

　最終的には、既成の型に囚われることなく、自分流の新たな型をつくり、それを磨き上げていくという段階に進みます。これが「離れる」です。

　事業承継をきっかけとした経営戦略を考える際は、後継者が「1人の経営者」としての技量を鑑みて、自分が「守・破・離」のどの段階であるべきなのか客観的に判断し、現経営者から学べる部分をしっかりと身に付けた上で経営戦略を立案していくと、現経営者との認識も共有しやすくなり、事業が無理なく成長していく可能性が高まります。

【2】 事業承継を成功させる事業戦略

Q 　顧問の中小企業診断士の先生から SWOT 分析などフレームワークを教えてもらい、何となく現状と今後のあり方を整理することができました。
　この後、具体的な**事業戦略を立てるまでのステップ**を教えてください。

〈フレームワーク〉

承継の方向性 → 確認すべき分野

		事業性評価	企業経営者	承継手続き
	親族内	A-1 問題／現状／解決策	A-2	A-3
	従業員	B-1 問題／現状／解決策	B-2	B-3
	第三者	C-1	C-2	C-3

Answer.

　事業承継の実務では、「財産承継、経営承継ともうまく行うことができたが、会社は5年後に倒産した」という事例があります。笑えない話ですが、経営環境が激変する中ではどの会社にも起こり得ることです。

　これまで説明した経営分析のフレームワークを使い、後継者は、未来に続く事業戦略を策定しなければなりません。これまでの成功要因を踏まえ、これから想定される経営環境の変化に対応するための事業戦略を、経営分析のフレームワークを参考にして、中期事業計画として取りまとめます。

　「守・破・離」の原則に従えば、安易に既存事業をやめて新規事業に転換すべきではないと言えます。既存事業で収益を確保しつつ、未来に対して計画的に投資することが、基本的な事業戦略でしょう。

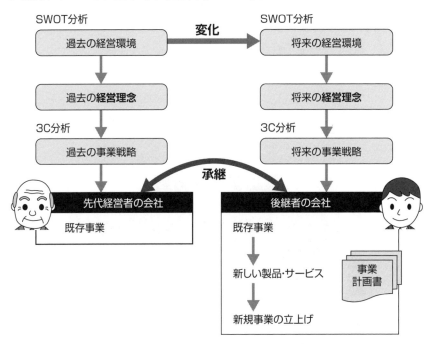

【3】 経営改善と事業の磨き上げ

Q　後継者として事業の現状を調べてみて、何となく現状と今後のあり方を整理することができました。**最大の課題は、収益性の低下に歯止めをかけ、業績を改善させる**ことです。どこから手を付ければよいでしょうか？

〈フレームワーク〉

事業承継のタイミングにおいて後継者が事業戦略を策定するにあたっては、全く新しい戦略を策定するのではなく、これまでの成功要因を踏まえ、外部経営環境に適合するように内部経営環境を変えるほうが、実現可能性の高い事業戦略となります。

中小企業庁の「事業承継ガイドライン」では、事業承継に向けた経営改善（磨き上げ）の重要性が指摘されています。事業承継という機会を経営改善の最大のチャンスと捉え、これまで事業を存続させてきた成功要因や、それを裏付けする知的資産を磨き上げて、競争力を高めることを推奨するもので、ここから着手するとよいでしょう。

会社の「強み」を高め、「弱み」を改善するための取組みとして、「中小企業等経営強化法」に基づく「経営力向上計画」を策定し、実行することも効果的

です。これは、知的資産経営を実践する機会でもあります。事業の磨上げだけでなく、経営資源のスリム化を行うことも重要です。

　また、事業の磨き上げを行うことは、窮境にある会社の事業再生にもつながります。最悪の場合、法的整理や私的整理などの再生プロセスを必要とすることもあるかもしれません。

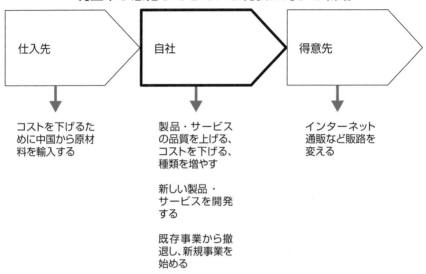

利益率が悪化してきている現状に対する戦略

仕入先

コストを下げるために中国から原材料を輸入する

自社

製品・サービスの品質を上げる、コストを下げる、種類を増やす

新しい製品・サービスを開発する

既存事業から撤退し、新規事業を始める

得意先

インターネット通販など販路を変える

【4】経営環境の変化を捉える方法

> **Q**　現経営者である父親の会社を継ぐことが決まり、事業承継の勉強をし始めました。その中で、後継者として経営環境の変化に対応した経営を行っていくことの重要性を理解し、**SWOT分析**などの手法もわかってきましたが、実際にどのようにすれば**経営環境の変化を捉える**ことができるのでしょうか？

〈フレームワーク〉

確認すべき分野

	事業性評価	企業経営者	承継手続き
親族内	A-1 問題 現状 解決策	A-2	A-3
従業員	B-1 問題 現状 解決策	B-2	B-3
第三者	C-1	C-2	C-3

承継の方向性

Answer.

　理屈として「経営環境の変化を捉える」ということはわかっても、実際には何を見れば変化がわかるのかということは、経営コンサルタントのように実務として日常的に行っていなければ難しいことだと思います。そこで、次のような切り口で、観察や分析をして、自分なりの単語や短い文書にしてみることをお勧めします。

　それらを、SWOT分析や3C分析などのフレームワークに当てはめることで、そのフレームワークを自身が営む事業のものとして使えるようになります。また、このようなやり方を身に付けておくと、経営者に就任した後のいろいろな場面で役立ちます。

(1)　取引先の変化

　取引先の変化は自社の経営に大きく影響するものです。全ての取引先について調べるのが理想ですが、売上の上位70％程度を占める数社に絞って取り組むのが現実的でしょう。

　情報の入手方法としては、「ホームページ」「会社案内」「営業訪問時等の雑談」「業界会合の懇親会での雑談」「金融機関との雑談」などが一般的です。それらから得た情報を時系列に整理することで、変化がわかりやすくなります。

もし、経営者同士が古くから密接な関係で、直接的に話を聞くことができるのであれば、「事業承継の準備として聞かせてほしい」というようなアプローチもよいと思います。

　取引先が上場会社であれば「会社四季報」などの情報誌や、会社が発表しているIR情報（投資家に向けて経営状況や財務状況、業績動向に関する情報を発信するもの）も参考になります。また、少々コストはかかりますが帝国データバンクや東京商工リサーチなどの調査会社に依頼すると、より詳細な情報を得ることができます。

　大きな方向性をキャッチするには、経営理念や、CSR（会社の社会的責任）として公表している情報なども参考になります。

① 業容の変化と今後の見通し

　　会社規模、取扱商品、ターゲット市場などの変化です。事業を展開する地域の変化や新規事業立上げの状況などもウォッチしたい事項です。詳細にはわからなくても、例えば「ここ3年の伸びが著しい」「取り扱う商品を絞り込んできている」「○○業界の展示会に出展を始めた」というようなことだけでも、変化の流れを知ることができます。

② 意思決定プロセスの変化

　　経営陣の交代、組織形態の変更、キーパーソンの異動などの情報を得ることで、取引の意思決定プロセスの変化や重視される取引条件の変化を推測することができます。例えば、「以前は購買部の○○さんとだけ話を通しておけばよかったが、稟議制が導入されたので、これまでより発注に時間がかかるかも」「今期から事業部制になって部門ごとの採算性が厳しくチェックされるようになった」「来期就任予定の社長は技術部門出身だからクオリティ重視の発注になるかも」という具合です。

③ 取引先の大口顧客や大口仕入先の状況

　　「取引先の取引先」の状況変化も、結果的に自社へ影響を及ぼす要素となります。取引先の大口顧客や大口の仕入先などの情報も得た上で、取引先の状況を見ることで、変化の方向性などの理解が深まったり、推測しやすくなったりします。

⑵　競合他社の変化

　競合他社の動向も、自社の経営に大きく影響する要因です。ホームページや会社案内などで公開されている情報以外はなかなか入手しづらいですが、都道府県の中小企業の経営相談窓口である「よろず支援拠点」への相談、商工会・商工会議所・金融機関などの人脈、業界団体の会合の場などをうまく活用して、情報を集めるようにします。

　個別の会社の情報ではありませんが、業界団体やシンクタンクなどが公開している白書やレポートなども、参考にするとよいでしょう。

① 　競合他社の戦略とその変化

　　競合する他社の戦略を知ることは、自社の戦略を立てる上での重要な情報となります。競合他社の戦略を知った上で、同じような戦略で優位性を確立するのか、あるいはまったく別の戦略で戦うのか、を検討することになります。

② 　競合他社の増減とその理由

　　競合他社が増加傾向なのか減少傾向なのかも、戦略策定の大きな要素となります。競合他社が増加しているのであれば、市場の拡大、競争の激化という状況、競合他社が減っているのであれば、市場の縮小、市場の寡占化という状況を読み取ることができます。

　　戦略立案上ポイントとなるのは、競合が増減している理由です。それについての直接的な情報が得られない場合でも、「きっとこのような理由ではないか」と自分なりに仮説を立ててみることが、後継者として経営能力をアップすることにつながります。

③ 　市場におけるトップ企業の入替りとその理由

　　競合会社の数があまり大きく増減していなくとも、その市場でのトップ企業の入替りが起こっていることがあります。新たにトップになった会社の経営戦略を知ることによって、業界の方向性や競合会社の今後の動向を予見することができます。

　　例えば、これまで「品質重視」の会社がトップだったのが、新たなトップは「適正品質＆低価格」を標榜している会社であれば、業界的にその流れになりそうだ、という具合です。それに対し、「その流れに沿った戦略」

を組むのか、「品質重視でニッチを狙う戦略」にするのかなどを、考える
ことができます。

(3)　経済の変化

　事業承継は、これまでとは違った視点での経営にシフトチェンジできるタイ
ミングでもあるので、自社の業界だけではなく経済全体の動きを知っておくこ
とも大切です。情報源としては、新聞、雑誌、ニュース、報道番組、一般人向け
セミナーなどの公式メディアだけでなく、SNSの記事なども参考になります。

　①　個人のライフスタイルの変化

　　個人のライフスタイルの変化は、市場に向けての戦略を考えるという側
　面だけでなく、会社をどのように運営していくかという社内的な戦略にも
　重要な要素です。

　　着眼点としては、海外については、各国との貿易動向、経済発展してい
　る国／地域、国際的な経済連携の枠組みなど、国内については、労働形態、
　家族構成、居住地域／形態、人生の価値観、可処分所得、消費傾向、IoT
　／AI、就職人気／不人気業界などがあります。

　　また、生活に大きくかかわる政府の政策（社会保障政策、労働政策、少子
　化対策など）も日頃から気にかけておくとよいでしょう。

　　このような変化に対しては、現経営者よりも後継者のほうが身近なこと
　が多いと思いますので、アンテナをしっかり張っておきましょう。同世代
　の友人などの話なども参考になります。

　②　技術やノウハウ

　　自社に直接関係する技術・製品・ノウハウは、業界紙やセールスパーソ
　ンなどから得られますが、世の中にはそれ以外にもドンドン新しいものが
　出現しています。現時点では自社とは全く関係はないと思われるものでも、
　今後の戦略上、経営革新やコストダウンということにも関連して有意義な
　ものがあるかもしれません。

　　そのような技術やノウハウを取り入れるということだけでなく、それを
　提供している会社とアライアンスを組むことで新たな活路が見いだされる
　こともあります。

③　会社に対する社会の要請

　「社会に認められている」「社会から求められている」ということは、会社を存続させるために忘れてはならない観点です。

　様々な情報ソースに触れる際に、SDGs 対応、労働環境改善、ダブルワーク推進、ガバナンス強化、コンプライアンス重視など、社会がどのような会社経営を求めるように変化してきているのかという視点でみておきましょう。

【5】事業戦略のブラッシュアップ

　父親の経営する会社を引き継ぐ前提で、10年前にそれまで勤めていた会社を辞めて自社に入社しました。一通り現場経験も積み、3年前からは取締役として製造部門を統括しています。

　先日、後継者塾で「**新経営者としての事業戦略を策定する**」という課題が出されました。取締役ではありますが、これまで事業戦略を一から自分で考えたことはありませんし、そもそも当社には明確な事業戦略はありませんでした。そこで専門書などを読みながら、なんとか事業戦略らしいものをまとめてみましたが、著名な会社の経営者や経営コンサルタントの事業戦略に関する書籍に書かれている内容に比べると、まったく幼稚としか思えず、後継者としての力量が足らないのではないかと、不安になっています。どうすれば、もっとレベルの高い事業戦略が組めるようになるでしょうか。

〈フレームワーク〉

Answer.

　まず理解しておくのは、「初めから立派な事業戦略など立案できるわけがない」ということです。後継者とはいえ、実際に経営全ての責任者としての業務を行ったことはないわけですから、レベルの高い事業戦略が策定できなくて当然です。

　後継者が事業戦略を考える意義は、自社のことや外部経営環境に対する理解を深めることと、事業の全責任を負う経営者として、将来を考える思考法を身に付けることです。これらを考えることは、後継者自身の成長を促すことになるからです。

　後継者が作った「事業戦略」は、確かに完成度は低いかもしれませんが、それらを通じて後継者の成長が促されるのであれば、その完成度についてはあまり気にする必要はありません。特に、書籍などで紹介されているような素晴らしい戦略との比較は、あまり意味がありません。なぜなら、それらは飛び抜けて素晴らしい戦略として紹介された、ごく一部の成功事例に過ぎないからです。また、成功した戦略の事例紹介は、その戦略の良さを後付けで分析したものであって、もしかすると偶然に当たっただけの戦略なのかもしれません。

　つまり、素晴らしい事業戦略を組むことに主眼を置くよりも、後継者として、自分なりに組み立てるプロセスのほうが重要なのです。

　せっかく作った事業戦略ですから、それを土台として、ブラッシュアップをしてみるとよいと思います。そのための1つの方法として、自分が気に入っている商品を製造している会社や、よく行くお店を運営している会社の戦略を分析してみるという方法があります。

　その会社の事業戦略について、何かしらの資料があればそれを参考にするのもよいですが、それよりも、顧客目線と競合目線で、自分なりに分析をしてみるのです。例えば、以下のような切り口で考えてみます。

　（ここでは、事例をシンプルにするために小売業での例を挙げますが、他の業種でも同じです。）

〈顧客目線〉
　・自分は、どういうきっかけでその店で買ったのか
　・自分は、なぜ、その店で継続して買うのか
　・その店の商品や接客などについて、満足している点と不満な点は何か
　・5年後もその店で買うか。その理由はなぜか
　・自分以外にその店で買っている人たちは、どんな人たちか。買わない人たちはどんな人たちか

〈競合目線〉（自分が普段買わない商品を売っている会社の目線）
　・自社の顧客が、その店にどのぐらい吸い取られているか
　・自社よりも、その店が優れている点は何か
　・その店よりも、自社が圧倒的に優れている点は何か
　・自社は、その店と同等以上の商品やサービスを、同等以下の価格で提供できるか。
　・自社が、その店をまねるとしたら、一番まねるべき点は何か

　このようにしてみると、他人事だからこそ客観的な考察を得ることができます。そして、それを自分が作った事業戦略に応用していくのです。これだけで、事業戦略としての深みも現実性も高まり、完成度が高まるとともに、その戦略についての後継者自身の理解が深まります。また、経営者目線でいろいろな物事を見ることができるようになり、経営者になってからの戦略作りに役立つ習

慣を身に付けることができます。

【6】現経営者の関わり方

Q 　地元に3店舗をもつ、従業員50人ほどの飲食業の経営者（70歳）です。40歳になる長女が、以前より会社を継ぎたいという意思があり、現在、店舗統括の仕事を任せています。

　その長女に「そろそろ経営者交代をしようと思う」という話をしたところ、数日後、**「自分はこのように経営をしたい」**という**事業戦略を作ってきました。**そこには、男性の私には無い発想や、最近の外食の傾向を反映した事柄なども書かれていて、それなりに良い内容だとは思いますが、長年経営の苦労をしてきた身からすると、現実味が乏しい、詰めが甘いと感じる部分が多く、納得がいきません。経営者の先輩として、そのことを面と向かって伝えたのですが、お恥ずかしい話ですが、単なる親子喧嘩になってしまいました。

　この後、事業戦略の立案のための対話をどのように進めればよいでしょうか？

〈フレームワーク〉

➡ 確認すべき分野

		事業性評価	企業経営者	承継手続き
承継の方向性	親族内	A-1	A-2　問題　現状　解決策	A-3
	従業員	B-1	B-2　問題　現状　解決策	B-3
	第三者	C-1	C-2	C-3

Answer.

　後継者の作った事業戦略について、現経営者が納得できないのは、ある意味、自然なことです。なぜなら、現経営者が創業し経営してきた経営環境と、これからの経営環境はいろいろな点で異なりますし、そもそも生きてきた時代が違います。また、性別の違いも影響しているでしょう。それゆえ、着眼点や発想の基準が、2人の間で異なるのは不思議ではありません。さらに、後継者には経営の実績がないわけですから、現経営者が「あまい」と思ってしまうのも致し方のないことです。

　しかしながら、やる気のある後継者であれば、事業をどのようにすべきか、日頃から考えているはずです。事業戦略についても、経営環境の変化や今後の世の中の動きなども考慮していることでしょう。それを頭ごなしに否定をしても、得られるものは多くありません。現経営者としては、先輩経営者としてやりこめるのではなく、後継者と一緒に吟味するというスタンスで対話を行うのがよいと思います。

　その一例として、次のように3つの段階に分けて行う方法があります。

　第1段階として、現経営者の考えを整理します。手始めに後継者が提示した事業戦略の内容を、「同意できる」「同意できない」「内容が不明確」の3つに分類します。その上で、自分なりの理由を書面に整理します。特に、「同意ができない」というものについては、デメリットやリスクを定量的に評価します。

　第2段階では、お互いの考えを理解し合うための対話を行います。先立って現経営者が考えを整理した書面を後継者に渡し、その内容を説明した上で、後継者の方の考えを詳しく聞きます。その際、後継者からの説明を後で確認できるように、しっかりと記録するようにします。

　後継者からの説明が終わったら、現経営者の理解が正しいかどうかを後継者に確認します。その上で、後継者に不足している情報（創業の想い、従業員の生活状況、取引先への恩義など）を提供し、後継者が事業に対する理解を深められるようにします。

　第3段階では、後継者に「経営者同士として話し合おう」ということをしっかりと伝えた上で、後継者が提示した戦略をとるべきかどうかを議論します。その際、議論の時間をあらかじめ決めておき（例えば2時間）、時間が来たら次

の日時を決め、その日の話合いは終えます。なぜなら、際限のない長時間の話合いになると、どうしても親子の関係になってしまい、冷静に議論ができなくなってしまうからです。インターバルを取って議論することによってお互いの意見を冷静に吟味することができるようになるでしょう。

　そして、お互い話し尽くしたという実感が得られるまで、このプロセスを繰り返します。重要なことは、お互いの妥協案を探ることではなく、お互いに経営者として議論し尽くしたという感覚になることです。ここをおろそかにすると、現経営者と後継者の溝が埋まらないままとなってしまいます。そうすると、事業承継に必要な手続きが円滑に進まないだけでなく、実際の経営全般に悪影響を与えてしまいます。

　ちなみに、このような話合いの場には、中小企業診断士のように他社事例など会社経営や事業承継に関する広い知見を持つ専門家の同席をお勧めします。

　なぜなら、親族内承継、特に親子承継の場合は、身内であるがゆえに、会話が感情的になってしまうことがあるからです。経営の知見を持つ第三者がいれば、お互いに冷静さを保って話合いができるとともに、専門的な情報提供や指導を受けることができるからです。

　ただし、このようなプロセスを踏んで議論しつくしたからといって、現経営者が完全に納得できる事業戦略になるとは限りません。どこまで話し合っても平行線のままということもあります。そのような場合、現経営者は、「自分が創業者であった頃は誰にも文句を言わせず、自分の好きにやれた」という事実を思い返してみるとよいでしょう。そのことを踏まえ、後継者にも「やりたいようにやる」というチャンスと覚悟を与えていただきたいと思います。

【7】 事業戦略立案における支援者としての関わり方

Q　独立して5年目の中小企業診断士です。ある会社からの依頼で「専門家派遣」として、後継者が作った事業戦略に関する評価をすることとなりました。評価にあたっては、どのような点に留意すればよいでしょうか？

〈フレームワーク〉

➡ 確認すべき分野

承継の方向性

	事業性評価	企業経営者	承継手続き
親族内	A-1 問題 ← 解決策／現状	A-2	A-3
従業員	B-1 問題 ← 解決策／現状	B-2	B-3
第三者	C-1	C-2	C-3

Answer.

　このような依頼は、経営支援の専門家として、腕が鳴る仕事だと思います。しかしながら、あくまで主役は「後継者」であることを心に留めておいてください。また、現経営者からの依頼なのか、後継者からの依頼なのかによっても、評価の切り口に違いが生じます。現経営者からの依頼の場合は、ダメ出しをして欲しいという可能性がありますが、後継者からの依頼の場合は、現経営者に認めてもらえる内容にしたいという思いがこもっている可能性があります。そのあたりの背景を考慮した上で、評価を行うことを心がけます。

　専門家派遣の面談の前には、可能な限り、その会社概要と事業内容に関する情報を入手し、チェックしておきましょう。

　その際、まずは経営環境に関する情報に注目します。ポイントは、内部経営環境と外部経営環境の変化を適切に把握しているか、それらを事業戦略に適切に反映しているかという点です。

　次に、戦略実行の結果として想定されている内容（競争優位性の確立など）の根拠・理論・仮説が適切かどうかをチェックします。

　さらに、記載されている経営数値などが適切か、事業上のリスクが厳しめに想定されているかなども確認します。

　そして、それぞれの項目について、例えば、5段階で評価し、コメントをま

とめます。コメントは、高く評価できる事柄、具体性や根拠に欠けている事柄
など、プラス面とマイナス面の両方から書きます。

　最後に、総合評価として100点満点で点数をつけます。もちろん、何をもっ
て100点とするかは難しいところではありますが、減点方式ではなく加点方式
のイメージで点数をつけるとよいでしょう。

　評価することだけを考えれば、これで「専門家派遣」としての仕事は終わり
かもしれませんが、やはり事業承継の専門家としては、この事業戦略をブラッ
シュアップしたいところです。それにあたっては、後継者の考えや価値観を尊
重したうえで、修正や追加を行うことがポイントとなります。それゆえ、専門
家が独自の戦略を提案することは控えなければいけません。

　後継者の考えや価値観を尊重するのは、この事業戦略は、後継者が実行する
ものであることから、後継者が自ら作った戦略という認識を持つことが重要だ
からです。

　また、ブラッシュアップをしたとしても100点になるとは限りません。そこ
で、何点以上なら合格とするかを現経営者、後継者、支援者の三者で決めて、
それを目指すようにします。合格点としては70点ぐらいが妥当です。あまりハー
ドルが高いと重箱の隅をつつくような指摘が多くなってしまいがちですので、
少し抑えた程度がちょうどよいでしょう。

　現経営者と後継者を含めて3人での会議においては、専門家は、現経営者が
意見を言いすぎないようにコントロールする役目も担います。繰り返しますが、
あくまでこの話合いの主役は後継者なのです。そのためのコツとして、3人で
話し合う前に、現経営者と2人で話す時間を作って、一通り現経営者の意見(後
継者への期待、不安、愚痴なども含め)を聞いておきます。そうすれば、3人そ
ろった席で、現経営者は「専門家の人は自分の考えを理解した上で、会話を進
めてくれている」と思って、強引な口出しはあまりしてこなくなります。一方、
現経営者の考えや価値観を専門家の口から伝えることによって、後継者は、そ
れらを受け入れやすくなります。

【8】 策定した中期経営計画の活用

　　母親の経営する従業員30人ほどのアパレルメーカーで、営業部門の管理職として働いていましたが、このたび、長女である自分が経営者を引き継ぐことになりました。

　当社の従業員は、現経営者の経営理念に共感して入社した方ばかりで、経営者が私になり、新たな戦略を掲げたときに、**従業員がついてきてくれるのか**心配です。特に古参の幹部社員は、私が経営者になった後の事業の方向性に不安を感じているようです。

　少しでも幹部社員に私の考えをわかってもらおうと思い、各方面からご指導をいただき、**私なりの中期経営計画を作成してみましたが、どのようにこれを説明すると幹部社員はついてきてくれるでしょうか？**

〈フレームワーク〉

確認すべき分野

		事業性評価	企業経営者	承継手続き
承継の方向性	親族内	A-1 問題 ← 現状 → 解決策	A-2 問題 ← 現状 → 解決策	A-3
	従業員	B-1 問題 ← 現状 → 解決策	B-2 問題 ← 現状 → 解決策	B-3
	第三者	C-1	C-2	C-3

Answer.

　策定した事業戦略や中期経営計画は、経営者や経営幹部が経営の設計図として利用するのが第一義的な使い方ではありますが、金融機関、取引先、従業員への説明などに使うこともあります。この点、事業承継のタイミングにおいては、社内外への説明用資料として活用される機会が増えます。ただし、記載項

目や詳細などについては、提示する相手と目的によってアレンジします。

　幹部社員や従業員に対して経営者交代後の中期経営計画を提示することは、事業の方向性や後継者の考えを理解してもらう上でとても効果的です。

　特に幹部社員は、新たな経営者を支えてくれる存在ですから、経営計画について彼らに納得してもらうことは、経営者交代後の事業運営に大きく影響します。

　幹部社員に説明する目的は、後継者の会社に対する思いを理解してもらうこと、事業の今後に対する不安を取り除き、希望を与えること、幹部社員に期待することを理解してもらうことなどです。

　これを基に、中期経営計画を説明用にアレンジし、例えば、プレゼンテーション用の資料を作ります。

　まず、資料の最初のページには後継者の事業に対する想いや、基本的な考え方や価値観を書きます。ビジネスライクな文章ではなく、手紙のように気持ちを込めた文章とすることがよいでしょう。

　幹部社員にとっては、何がどのように変わるかという部分が理解できないとなかなか腹落ちできないので、これまでと変わらないことと、これから変わることを対比する表を作るとよいでしょう。また、そのようにする理由も具体的に書き添えます。

　読み込ませる資料ではなく、パッと見てわかりやすい資料にすることも、幹部社員を巻き込むためには大切です。したがって、文章の内容がイメージできるような図や、内容を整理した表を付けます。経営数値などは、グラフ化や図式化して直感的にわかりやすくし、詳細な数値は添付資料とします。経営の専門用語がわからないと資料の理解が進まないので、主な用語についての説明を添付資料としてまとめておきます。

　最後に、幹部社員への期待を、「支援していただきたいこと」として明確に提示することで、幹部社員は、自分が何をすべきなのか理解しやすくなります。

　この資料を使って、正式な説明会を開きます。ただし、会社によって状況は違うものの、幹部社員といっても管理職の延長的な仕事の自覚しかないケースが多いのが中小企業の実状です。株式を保有する役員ですから、経営側という意識がないこともあります。

　それゆえ、1回の説明ですべてを理解、納得させ、後継者を支えてくれる姿勢にさせることは、期待すべきではありません。それよりも、この先、幹部社員との会議の場面では、その会議のテーマによらず、この資料を常に横に置き、議論の内容と関連のある部分があれば、そこを一緒に見ながら説明や議論をすることによって、徐々に浸透していくようにします。それによって、幹部社員の理解が深まり、事業の方向性を共有できるようになるだけではなく、後継者自身にとっても、計画書が単なる書類ではなく、本当に経営に活かせるものになっていきます。

V　事業承継計画の策定

【1】事業承継計画書の内容

Q　　プロの経営コンサルタントとして15年の経験を持つ中小企業診断
士です。知合いの税理士より顧問先の**事業承継計画書の作成**を支援
してほしいといわれました。事業計画はこれまで何度も作成した経
験がありますが、**事業承継計画の作成**は初めてです。
　具体的に、どのような項目をどのような形で計画書に盛り込めばよいで
しょうか？

〈フレームワーク〉

→ 確認すべき分野

承継の方向性		事業性評価	企業経営者	承継手続き
	親族内	A-1	A-2 問題 現状→解決策	A-3 問題 現状→解決策
	従業員	B-1	B-2 問題 現状→解決策	B-3 問題 現状→解決策
	第三者	C-1	C-2	C-3

Answer.

　事業承継計画書は、その企業にとって最適な事業承継プロセスを、PDCA
サイクルを回しながら推進していくための基礎となるものです。計画書の

フォーマットは、支援者が使いやすい形式であればどのようなものでもよいのですが、事業承継関連の公的支援策の適用申請にも使うことを想定しますと、中小企業基盤整備機構のサイトでダウンロードできる計画書（以下「機構版計画書」）を使うのもよいと思います。

　機構版計画書は、年単位で、次の項目を記載していきます。

①	基本方針	後継者は誰か、社長交代の時期はいつか、など事業承継の基本となる事柄を記載します。
②	事業計画（数値計画）	売上や利益の見通しを記載します。
③	会社の運営に関すること	定款変更、少数株式の集約など、会社運営の前提となる事柄に対するアクションを記載します。
④	現経営者に関すること	役職や持株数がどのように変化するか、関係者の利害調整や後継者教育など現経営者が何を実行するかなどを記載します。
⑤	後継者に関すること	役職や持株数がどのように変化するか、どのような後継者教育を実施するのかなどを記載します。

　機構版計画書は少し項目が粗いので、それをベースにオリジナルの項目をつけ足し、現経営者・後継者・支援者から見ても理解しやすいようにすることをお勧めします。実際、機構版計画書にある項目を記載しようとすると、もう少し詳細な事柄を付け足す必要性を感じるはずですので、必要なものを書けばよいということです。具体的には、次のようなものがあります。

⑥	法人税額、キャッシュ・フロー、配当金、純資産、借入金残高などの経営数値
⑦	予想される株式評価額、少数株式を集約するための買取金額、譲渡される株式数など自社株式に関する事柄
⑧	関係する専門家や依頼先、発生コストなど外部支援者に関する事柄
⑨	技術革新、法規制、大口取引先の動向、設備の状況、ベテラン世代の退職見込みなど、売上や利益に大きく影響を与える外部要因や内部要因

社名							後継者		親族内　・　親族外			
基本方針												

	項目	現在	1年目	2年目	3年目	4年目	5年目	6年目	7年目	8年目	9年目	10年目
事業計画	売上高											
	経常利益											
会社	定款・株式・その他											
現経営者	年齢											
	役職											
	関係者の理解											
	後継者教育											
	株式・財産の分配											
	持株（%）											
後継者	年齢											
	役職											
	後継者教育 社内											
	社外											
	持株（%）											
補足												

【注意】計画の実行にあたっては専門家と十分に協議した上で行ってください。

出典：独立行政法人　中小企業基盤整備機構

【2】 事業承継計画の作成着手

Q 　顧問先においていよいよ事業承継に着手することになりました。中小企業基盤整備機構が発行している事業承継支援マニュアルを参考に作成をしようと思っています。しかしながら、**事業承継計画書**にはたくさんの項目を記載するようですが、何から着手するのがよいのかわかりません。

〈フレームワーク〉

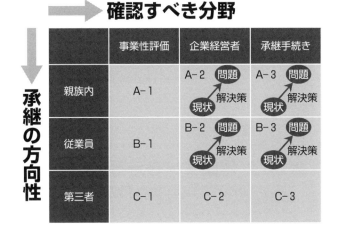

Answer.

　計画を策定するにあたっては、まずは事業承継に対する現経営者の意向や想いをしっかりと聞き取ることから始めるとよいでしょう。

　事業承継では、様々な対策を実行していきますが、大切なのは事業承継における現経営者の想いを実現することです。テクニカルな手続きを駆使することが目的ではなく、結果としてどのような状態を作り出すか考えることが重要です。

　機構版計画書にも「事業承継方針」という欄がありますが、その部分の記載を充実させるべく、事業承継計画の土台を整理した「事業承継方針書」を別途

作成することも一案です。フォーマットはどんな形でも構いません。内容的には次のようなことを盛り込むと、事業承継計画につながりやすくなります。

① 事業承継の実施に至った社長の想いや経緯
② 経営理念やビジョン
③ 後継者の選定理由や、後継者への期待
④ どのような経営状態で社長交代したいか
⑤ 相続・遺産分割に関する考え、引退後のライフプラン

【3】 実行可能性の高い事業承継計画

Q 事業承継支援について勉強中の中小企業診断士です。この先、事業承継支援の依頼をいただいた場合に、現経営者に安心して任せていただくためにも、実行可能性の高い**事業承継計画書**を作りたいと思いますが、どのように作ると実行可能性が高いものが仕上がりますか？

〈フレームワーク〉

Answer.

支援者に求められるのは「対価を支払ってでも頼んでよかった」と思われる

仕事をすることではないかと思います。その１つのポイントが、事業承継計画の実行可能性の高さです。

　実行可能性の高い計画書に仕上げるには、「記載内容」と「提案の仕方」の両方からのアプローチがポイントです。

　まず、記載内容について現経営者から質問されたときに、どれだけ正確かつ論理的に答えられるかです。事業承継計画に盛り込んだ各項目について、その具体的な内容はもちろん、なぜその順序がよいのか、どうしてそのタイミングで行う必要があるのかなどの根拠が明確であり、それを会社の状況や事業承継方針と照らし合わせながら現経営者にわかるように説明できるようにしておくことです。また、想定されるリスクなどを踏まえた現実的かつシビアな計画とし、現経営者が金融機関や商工会議所など対外的に提示しても理解が得られるものにすることもポイントです。さらに、計画を立案するにあたって「排除した実行案」もあると思いますが、それらを列記し、排除した理由を書いた一覧表を添付するのも、どれだけ熟考した上での計画かを理解してもらうためにも効果的です。

　事業承継計画書を完成させるまでの提案は、２段階のステップを踏むことをお勧めします。

　第１段階では、事業承継の専門家として考える最適な計画を立案して、それをもって１段階目の提案を行います。この提案の目的は、事業承継に向けて具体的にどのようなことを行う必要があるのか、ということを現経営者に理解していただくことです。

　それゆえ、こちら側の考えに基づいて作成した計画を一方的に押し付けるような提案とならないよう、対話形式で行うことがポイントとなります。

　実施項目が盛り込まれた計画を提示することで、現経営者も今後の進め方が具体的にイメージできるため、事業承継を進める上での疑問が解決されるとともに、「このようにしたい」という意向や、「ここが気になる」という不安も浮かんでくるものです。支援者側としては、提案時の会話からそのあたりの感情の変化をくみ取り、「では、今日いただいた社長の意向や不安な点の解消を踏まえて、計画をブラッシュアップしてきます」という形で、初回の提案を締めくくります。

　第2段階は、ブラッシュアップ案の提示となります。このときも、支援者として押さえるべきところはしっかりと押さえながら、同時に現経営者の意向も反映させ、一緒に計画を作り上げるというスタンスで行います。実は、この提案プロセスが専門家としての腕の見せ所です。

　また、この提案プロセスを経ることによって、現経営者が事業承継計画書を、「専門家が勝手に作った計画」ではなく、「自分が作り上げた計画」として大切に扱うようになり、現実的に実行可能なものとなります。

【4】 事業承継の必要期間

Q　プロの経営コンサルタントとして10年ほどのキャリアがありますが、このたび初めて事業承継のご支援をする機会をいただきました。
　まずは、**事業承継計画書**を作成しようと思うのですが、計画上のそれぞれの対策の実行には、どのぐらいの期間が必要ですか？

〈フレームワーク〉

➡ 確認すべき分野

承継の方向性		事業性評価	企業経営者	承継手続き
	親族内	A-1	A-2 問題／現状→解決策	A-3 問題／現状→解決策
	従業員	B-1	B-2 問題／現状→解決策	B-3 問題／現状→解決策
	第三者	C-1	C-2	C-3

Answer.

中小企業庁の事業承継ガイドラインに掲載されている「後継者への移行にか

かる期間」では、多い順に「３〜５年程度」が約27％、「６〜９年程度」が約
14％、「１〜２年程度」及び「10年以上」が約11％となっています。事業承継
に向けて様々な対策を実行しますが、スケジュールを考えるにあたっては、そ
れぞれが、どの程度の時間を要するかを想定しておく必要があります。時間軸
で対策を分けた場合、「時間のかかるもの」「比較的短期間でできるもの」「実
行タイミングが大切なもの」の３つに分けられます。もちろん、それぞれはそ
の対象事業の状況によりますが、次のように考えることができます。

(1)　時間のかかるもの

　事業承継で一番時間がかかるものは、後継者候補探しと選定です。親族内承
継、従業員承継、第三者承継（M&A）のいずれの場合でも、後継者候補を選
定できていない場合には、その候補者を探すところから始まることになります。
これは数か月から、場合によっては１年以上かかることもあります。

　また、後継者候補が見つかったとして、その中から誰にするのかを決めるに
あたっても、それなりに時間はかかります。親族内承継や従業員承継の場合、
「後継者候補」という目で改めて普段の仕事ぶりなどを観察したり、本人にそ
れとなく話を振って反応を見たりする期間が必要であるため、数か月は想定し
ておいたほうがよいでしょう。

　また、後継者教育も時間がかかります。後継者がどの程度経営に近い仕事を
しているかによって異なってきます。

　取締役など会社の幹部として現経営者と近い立場で経営に携わっている場合
は、経営に関する知識の整理や社長業の代行経験という程度で済むため、数か
月から２年程度となります（決算業務、事業計画策定など経営上の大きなイベン
トを少なくとも１回は経験する必要があります）。

　上級管理職ではあっても役員になっていない場合は、役員になって経営者と
して仕事をしていく経験と、会社のオーナーになるという覚悟を持ってもらう
ことが必要になります。そのため、経営のイロハから経営実務までを教育・経
験させる必要があるため、役員昇格までの時期を含めると、３年から５年程度
はみておきます。

　他社に勤務している親族を後継者として会社に向かい入れる場合は、中小企

業においてはやはり会社になじむこと、すなわち、従業員との人間関係を作ることが不可欠であるため、役員になる前にその期間をとるなどして、2年から3年は考えておきたいものです。

(2)　比較的短期間（半年以内程度）でできるもの

　半年以内にできるものは、後継者の決定でしょう。親族内承継にするのか従業員承継にするのか、あるいは第三者承継（M&A）を選ぶのか、後継者を決める期間です。現経営者が明確な意向を持っていない場合は、数か月程度の検討期間を要します。現経営者がある程度意向を固めているとしても、会社の状況や候補者の様子などを勘案し、こちらから提案する必要があるため、1か月から2か月程度はみておいたほうがよいでしょう。

　また、家族・親族の承諾も半年以内に行います。オーナー会社の場合、事業承継を行うことで現経営者が保有していた個人資産の移転など、現経営者個人の資産状況に大きな変化が起こります。それによって、将来的な相続をどのように行うかについても影響が出てきます。

　また、子供が数人いるなかで、1人の子供を後継者として事業承継することになると、相続財産の分割のバランスが崩れ、後々トラブルになる可能性も高まります。

　そのような親族内における遺産を巡る争い、いわゆる「争族」を避けるためにも、事業承継の時期、方法、承継後の現経営者のライフプランなどについて、事前に家族・親族に説明しておいたほうがよいでしょう。それに関連して、遺言を書くなど相続対策も考えることになるかもしれません。そのようなことを考えると、数か月から半年ぐらいの期間は見ておきます。

　さらに、定款の変更です。少数株式の集約や少数株主対策の一環として定款を変更する場合は、現経営者が3分の2超の議決権を有しているのであれば、定款変更の特別決議には時間はかかりませんが、どのような内容の定款に変更するかを検討するために、数週間～数か月程度の期間はみておきます。

(3)　タイミングが重要なもの

　タイミングが重要なものは、少数株主からの株式の買取りです。後継者の支

配権を確保するために、後継者以外の少数株主から株式を買い取るときのタイミングが重要です。非上場株式の売買は、当事者同士で価額を決めるものではありますが、参考とすべき税務上の時価が低いときのほうが、買い取る側にいる現経営者や後継者の資金調達が容易になりますので、株式評価額が低いときを狙います。一般的には、会社の業績が悪くなければ、退職金を支払う事業年度の翌年など、株式評価額を引き下げられる期間はそれほど長くありません。

　そのタイミングで少数株主との価格交渉が成立するようにします。

　また、生命保険の解約返戻金の受取りも重要です。現経営者の役員退職金や少数株主からの株式買取資金として、法人契約の生命保険を使った積立てを行っている場合があります。一般的には解約返戻金のピークを過ぎると、返戻金がどんどん減額されていくことにもなるため、役員退職金などの大きな損金と相殺できるタイミングで生命保険を解約するのが最適です。

再生すべき事業の承継

【1】事業再生と事業承継

Q 　当社は**銀行からの借入金**が多く、業績も良くありません。正直、**銀行にもリスケをお願いしている状況**です。

　このような会社でも事業承継は可能でしょうか？　それとも、いっそのこと廃業してしまった方がよいのでしょうか？

〈フレームワーク〉

 確認すべき分野

承継の方向性

	事業性評価	企業経営者	承継手続き
親族内	A-1	A-2	A-3 問題 現状 → 解決策
従業員	B-1	B-2	B-3 問題 現状 → 解決策
第三者	C-1	C-2	C-3 問題 現状 → 解決策

Answer.

　近年、経営者の高齢化を背景に事業承継のニーズが非常に高まってきています。この点、財務状態が良く、業績も好調であり、金融機関への返済も問題無くできている企業であれば、親族内でも親族外でも、事業承継する後継者を見つけることは難しくないと思います。しかし、財務状態が悪く（特に債務超過）、

業績不調で借入返済のリスケをせざるを得ない事業の承継を考えた場合、その
ままの状態では、後継者を見つけることができず、廃業せざるを得ない可能性
が高まります。

　以下では、このような場合に現経営者が取り得る選択肢として、後継者が事
業を承継できるよう、事業を再生すること（事業再生）を目指す場合の具体的
な手法の概要について述べていきます[38]。

Q　当社は、業績そのものは良好なのですが、デリバティブ取引に失
敗し**大きな債務を負担してしまっています。**このような場合にも、
後継者である息子に、事業を承継させることは可能でしょうか？

〈フレームワーク〉

確認すべき分野

承継の方向性		事業性評価	企業経営者	承継手続き
	親族内	A-1	A-2	A-3 問題 現状 → 解決策
	従業員	B-1	B-2	B-3 問題 現状 → 解決策
	第三者	C-1	C-2	C-3 問題 現状 → 解決策

Answer.

　本業の業績自体は好調でも、バブル期の不動産投資や、デリバティブ投資の
失敗により、過大な債務を抱えてしまっているケースもあります。この場合に
は、事業の業績そのものは好調であるため、親族である後継者が事業の承継を

---

[38] 「事業承継ガイドライン」（以下、特段の記載のない限り令和4年3月改訂版）40〜42頁「④業績が
悪化した中小企業における事業承継」も参考になります。

決断することはそれほど困難ではないケースもあると思われますが、過大な債務の処理が問題となります。

　事業の承継のために会社の財産が不要な場合（例えば、得意先への商流を事実上引き継ぐだけで事業を継続できる場合）には、後継者が新会社を設立し、旧会社の商流のみを事実上引き継ぐ（債務は旧会社から承継しない）ことで、事業承継を実現することができるかもしれません。もっとも、旧会社が債務を弁済するための原資を減少させることにもなりかねませんので、債権者（特に取引金融機関）から異議を唱えられるような場合に、これを推し進めることは困難です。

　特に、事業の運営のために会社の不動産等の資産が必要な場合、旧会社から新会社に債務を承継させずに資産のみを移転する際に、債権者（特に取引金融機関）から「親族間での財産隠しである」「会社の財産を毀損し、債権者を害する詐害行為である」などと言われないよう、注意が必要です。詐害行為取消権[39]の行使により、資産の移転行為そのものを取り消されるリスクがあります。

　このようなことのないよう、基本的には、適正価格での資産移転と、債権者との十分な協議が必要となります。取引金融機関の意向にもよりますが、旧会社から新会社に事業譲渡等を行い、旧会社を特別清算等により処理する方法（第二会社方式）が、親族内承継においても取られることがあります。

　なお、先代経営者が会社の債務の連帯保証人となっているときには、先代経営者が連帯保証債務の弁済を求められることになるため、最終的には、先代経営者が自己破産するか、（先代経営者の相続人である）後継者が相続放棄する形になることが多いと言われておりました。ただし、最近では「経営者保証に関するガイドライン」[40]の利用により、華美でない自宅等の一定の資産を手元に残すことが可能なケースもありますので、まずは検討してみることが重要です。

---

[39] 民法424条以下
[40] 一般社団法人全国銀行協会 HP「経営者保証に関するガイドライン」（https：//www.zenginkyo.or.jp/adr/sme/guideline/）参照。なお、中小企業庁 HP「経営者保証」（https：//www.chusho.meti.go.jp/kinyu/keieihosyou/）も参考になります。

Q

事業承継のために銀行借入金を引き継ぐことができず、**債務を事前に整理しなければなりません**。事業再生の手法にはどのようなものがあるのでしょうか？

〈フレームワーク〉

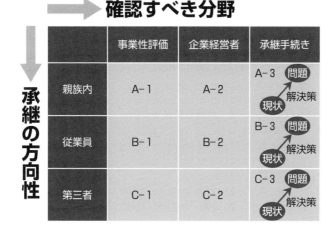

Answer.

　自らの経営改善（売上拡大、経費削減等）による債務弁済が難しければ、事業再生スキームを検討することになります。すなわち、過大な債務を削減したうえで事業承継を行う手法を検討することになります。

(1)　私的整理

　主に取引金融機関に対する債務の調整だけで再生が可能な場合（かつ資金繰りに支障が生じない場合）であれば、私的整理のスキームを選択します。私的整理とは、対象となる債権者（対象債権者）との自主的な協議により債務の減免等を受けるもので、一定の手続準則を示した第三者機関の関与の下で行うことが可能です（準則型私的整理）。主に、中小企業活性化協議会（旧中小企業再生支援協議会）、地域経済活性化支援機構（REVIC）、特定調停、事業再生ADR等が挙げられます。最近では「中小企業の事業再生等に関するガイドライン」[4]

に基づく中小企業の事業再生等のための私的整理手続（中小企業版私的整理手続）も新たな選択肢となりました。

　私的整理のメリットとしては、対象債権者との合意を円滑に進めることで柔軟で迅速な対応が可能であることや、商取引債務は基本的に減免等の対象としないことから風評被害を防ぎ、商流を保全できるため、事業価値の毀損を最小限に抑えられることが挙げられます。デメリットとしては、原則すべての対象債権者（主に取引金融機関）の同意を要するため、反対する対象債権者がある場合は手続きが進まないことが挙げられます。もっとも、上記の準則型私的整理による場合には、全く第三者機関を利用しない場合（純粋私的整理）に比べて、スキームの公平性・透明性が担保されやすくなり、対象債権者がスキームに同意しやすくなる（例えば、取引金融機関の担当者が稟議を通しやすくなる）ため、対象債権者の同意を得られないリスクは軽減されます。

(2)　法的整理

　主に取引金融機関に対する債務の私的な調整だけでは再生が難しい場合（あるいは資金繰りが破綻するような場合）、商取引債務の調整も行わなければなりません。

　この場合は私的整理では対応が難しいため、法的整理のスキームを選択します。

　法的整理とは、法的手続きに従って、裁判所の主導により、債務の整理を行う手続きです。この中でも、事業の存続を前提とする再建型の手続き（特に民事再生）が、中小企業の事業再生においては利用されることが多いです[42]。法的整理のメリットは、多数決原理が採用されているため全債権者の同意が不要であり最後までスムーズに手続きが進みやすいことや、裁判所の主導で行う手続きのため債権者にとっても公平性・透明性が担保されやすく債権者への説明がしやすい点が挙げられます。デメリットとしては、再建型の手続きであって

---

[41] 一般社団法人全国銀行協会 HP「中小企業事業再生等ガイドライン」（https://www.zenginkyo.or.jp/adr/sme/sme-guideline/）参照。令和4年4月15日から運用開始。

[42] 法的整理は大きく分けて清算型・再建型に分類され、清算型には破産・特別清算、再建型には民事再生・会社更生が含まれます。ただし、私的整理のスキームにおいて特別清算を併用することもあります。

も世間的には倒産企業とみなされるため、風評被害が生じやすく、事業価値が大きく毀損されてしまうことが挙げられます。

　事業再生はできるだけ早い段階から着手し、私的整理のスキームで再生を図れるようにすることが事業の継続のためにも重要です。

Q　事業再生の過程において、**スポンサーに支援してもらう方法**[43]があると聞きました。その手法と、スポンサー型再生の事例を教えてください。

〈フレームワーク〉

➡ 確認すべき分野

	事業性評価	企業経営者	承継手続き
親族内	A-1	A-2	A-3 問題 現状→解決策
従業員	B-1	B-2	B-3 問題 現状→解決策
第三者	C-1	C-2	C-3 問題 現状→解決策

承継の方向性

Answer.

　スポンサーを見つけることにより、資金面や経営面の支援を受けて再生を目指すことが可能です。スポンサーとなり得るのは、同業他社や取引先、再生ファンド等が挙げられます。その際、スポンサーから資金を得るため、経営権の一部を渡して出資を受けたり（第三者割当増資）、劣後債を引き受けたりしてもらいます。

　スポンサーの選定に当たっては、資金面だけでなく、必要な経営改善を支援

---

[43]「中小 M&A ガイドライン」（79頁以下）の「⑤債務超過企業に対する中小 M&A 支援」は、主に弁護士向けの記載ではありますが、弁護士以外の方にとっても参考になると思われます。

してくれるかどうかという面が非常に重要です（ただし、債務免除を伴う場合、債権者への弁済率が特に重視されるという点には注意を要します）。スポンサーが同業他社や取引先であれば、直接的に事業に結びつく支援が期待できます。再生ファンドであれば、経営改善のプロフェッショナルが常駐し、様々な改革を行うことが期待できます。また、再生ファンドであれば、再生後にMBOで株式を買い戻し、結果的に親族への事業承継を果たすことも可能です。

　近年は、このような再生ファンドの数も増え、存在感を増してきていますので、スポンサーを検討する際は再生ファンドも選択肢に入れておくとよいでしょう。

　再生ファンドがスポンサーとして投資を実行し、再生後にMBOで元経営者に株を戻した事例をご紹介します。

　A社は首都圏に本社と工場を構える機械製造業です。比較的ニッチな機械を製造しており、業界の中ではトップクラスの技術と品質で、売上高も20億円超を計上していました。創業オーナー社長の下、30名ほどの従業員で順調な操業を続けていましたが、製品ラインナップの拡充に伴う設備投資や、大型プロジェクト受注による先行投資により、徐々に資金繰りが苦しくなっていきました。また、採算管理も甘く、よくよく調べてみると粗利が赤字の受注も多く見受けられ、近年は債務超過に突入していました。遂に資金繰りが厳しくなりメインバンクへ相談しましたが、借入は年商を上回る規模となっており、銀行も支援が難しく、スポンサー型の再生を模索することになりました。

　本件では中小企業再生支援協議会（当時。現在は中小企業活性化協議会へと改組。）を利用し、第二会社方式というスキームを用いてスポンサーを募りました。中小企業活性化協議会とは、各都道府県に設置された公的機関であり、公認会計士や中小企業診断士などの専門家が再生に向けてアドバイスをします。案件によって個別支援チームが組成され、再生計画策定を行い、各金融機関との調整のサポートをしてくれます。

　第二会社方式とは、簡単に言うと、その企業の良い部分（GOOD）を新会社に切り出し、過剰債務や不採算事業などの悪い部分（BAD）を旧会社に残し、GOODの新会社にスポンサーが出資し再生、BADの旧会社を清算するスキームです。スポンサーはGOODの事業譲渡対価を旧会社に支払い、旧会社はそ

の譲渡対価で債権者に返済を行います。

　本件でも、採算性が高い一部の事業（GOOD）と、その事業に必要な機械や人員、商取引債務を新会社に譲渡し、不採算事業と過剰債務（BAD）は旧会社に残しました。また、本件では本社の工場と土地も旧会社に残しました。これには理由が2つあります。1つは、首都圏の土地であったため、評価額が非常に高かったことです。この土地も譲渡対価に含めてしまうとスポンサーを募ることが難しく、銀行としてもこの土地の評価を譲ることはできませんでした（銀行からすると担保のこの土地を売った方が多く回収できます）。

　もう1つは、新会社に譲渡する GOOD 事業にとって、この土地を所有する必要が無かったことです。当然、土地も工場も必要にはなりますが、いずれも賃貸で問題ありません。近隣が工場団地であったこともあり、移転先はすぐに見つかり問題なく操業ができました。このように、新会社へ譲渡する資産を軽くすることにより、スポンサーも資金面で投資を検討しやすくなります。

　本件の再生ファンドも、その事業譲渡対価と事業価値を比較し、数年で資金回収することができると判断できたため、スポンサー支援を決断しました。もし、直接は資金を生まない土地が含まれて入れば、その対価は数億円は上がってしまい、再生ファンドからしても資金回収の期間が合わず、名乗りを挙げなかったでしょう。

　本件では創業オーナーは経営責任を取り辞任をしましたが、ご子息がそのまま取締役として会社に残りました。

　その後、現場の従業員の方々の頑張りや、再生ファンドのハンズオン支援により、業績は回復し、充分なキャッシュ・フローも生み出せるようになりました。再生ファンドとしては、再生フェーズが終了すると Exit（株式の譲渡）を検討します。この時、事業として充分な利益とキャッシュ・フローを生み出せていれば、経営陣（本件ではご子息）が銀行から資金を調達し、株式を買い戻すことが可能です。本件では再生ファンドが取締役であるご子息に Exit の相談をした際に、ご子息より MBO を検討させて欲しいと申し出がありました。

　結果、銀行からの資金調達もできたため MBO が成立し、晴れて創業家一族に株式が戻った形となりました。

【2】事業再生と相続

> **Q**　株式会社の先代経営者である父が、突然、亡くなりました。父には、2人の兄弟と、妻と、長男である私も含めて3名の子がいます。
>
> 　父は会社の株式の67%を保有しており、後継者である私は33%を保有しています。父には目ぼしい資産がなく、事業用資産は全て会社所有となっています。なお、父は遺言を残してはいないようです。
>
> 　当社は、数年前に、業績が悪化し、一時的に資金繰りが危機的な状況となったことがあり、このときに、金融機関より多額の融資を受けました。
>
> 　そして、このときに父は、借入金の全額について、連帯保証人となっていました。このような事業再生局面にある状態で、父が急に亡くなってしまったのです。
>
> 　後継者である私は、どのようにして、父の保有していた株式を承継することができるのでしょうか。また、後継者である私は、当然に、父の負っていた金融機関への連帯保証債務を承継して、いざという場合には、私の固有資産から弁済を果たす必要があるのでしょうか？

〈フレームワーク〉

確認すべき分野

承継の方向性	事業性評価	企業経営者	承継手続き
親族内	A-1	A-2	A-3　問題／現状　解決策
従業員	B-1	B-2	B-3
第三者	C-1	C-2	C-3

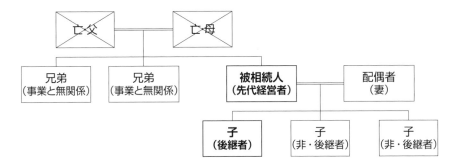

Answer.

(1)　相続人のとり得る3つの選択肢

　相続人は、原則、自己のために相続の開始があったことを知ったときから3か月以内（以下「熟慮期間」という）に、3つの方法を選択することができます[44]。

　すなわち、単純承認、限定承認及び相続放棄です。

　単純承認とは、相続人が、被相続人の権利義務を全て承継する形で、相続することをいいます[45]。積極財産（現預金など、いわばプラスの財産）が消極財産（借入債務や保証債務など、いわばマイナスの財産）より多いことが明らかであれば、これで問題ありません。

　限定承認とは、相続人が、相続財産の限度でのみ被相続人の消極財産を負担する形で、相続の承認をすることをいいます[46]。原則、熟慮期間内に、相続財産目録を作成して家庭裁判所に提出した上で、家庭裁判所への申述を行う必要があります[47]。相続人が複数いる場合には、家庭裁判所により、相続人の中から、相続財産管理人が選任されます[48]。相続財産管理人は、相続人のために、相続財産の管理・債務の弁済に必要な一切の行為をする権限を有します[49]。限

---

[44] 民法915条1項

[45] 民法920条

[46] 民法922条

[47] 民法924条

[48] 民法936条1項。なお、令和3年の民法改正により、同条の相続財産の「管理人」は「清算人」へと改められます（令和5年4月1日施行）。相続人不存在の場合も同様です（改正後の民法951条〜959条）。

[49] 民法936条2項

定承認の申述受理後5日以内（相続財産管理人が選任された場合にはその後10日以内）に官報公告を行い、知れている相続債権者・受遺者への個別催告を行い[50]、2か月間以上の公告期間の満了後に、相続債権者・受遺者への弁済を行う必要があります[51]。

　この弁済をするにつき相続財産を売却する必要があるときは、原則として、競売に付さなければならず（形式的競売）、家庭裁判所が選任した鑑定人の評価に従い相続財産の全部または一部の価額を弁済した場合にのみ、その競売を止めることができるものとされている（先買権）ため、注意が必要です[52]。仮に先買権を行使する場合には、家庭裁判所に鑑定人選任申立てを行う必要があります（別途、鑑定費用もかかることになります）。

　積極財産が消極財産より多いか微妙な場合や、消極財産が積極財産より多いと思われるものの特定の財産はなんとかして承継したいというような場合には、限定承認を検討する意義があると思われます。

　なお、限定承認においては、被相続人から相続人に対して相続財産が相続時に時価で譲渡されたものとみなされて、みなし譲渡所得について被相続人に課税される可能性があります[53]。これは、相続財産のキャピタルゲイン（値上り益）の清算及びこれに対する課税を相続時に行う趣旨といわれます。早めに税理士と協議した上で、相続の開始があったことを知った日の翌日から4か月以内に準確定申告を行う必要性も含めて、判断するのが望ましいと思われます。

　相続放棄とは、相続人が、被相続人の権利義務の承継をすべて拒否することをいいます。原則、熟慮期間内に、家庭裁判所への申述を行う必要があります[54]。消極財産が積極財産よりも明らかに多い場合や、法定相続人が相続に一切関わりたくない場合には、検討する意義があります。

(2)　相続放棄と限定承認

　本件では、先代経営者の妻と3名の子らが、相続放棄を行うと、民法の定め

---

[50] 民法927条、936条3項
[51] 民法929条、931条
[52] 民法932条
[53] 所得税法59条1項1号
[54] 民法938条

る相続人の順位に従い、先代経営者の2名の兄弟が相続人となる可能性がある[55]ので、注意が必要です。また、最終的に相続人となり得る者全員が相続放棄した場合でも、そのままでは「株式を後継者が承継すること」という目的を達することができません。その場合、別途、予納金を支払った上で、家庭裁判所に相続財産管理人選任申立てを行い、家庭裁判所より選任された相続財産管理人（弁護士等）から、株式を買い取る等の必要があります。

　一方、本件では、「株式を後継者が承継すること」と「後継者が先代経営者の連帯保証債務に対して自分の固有資産から弁済するような事態を回避すること」の両立のため、先代経営者の妻と3名の子ら全員で、限定承認を行うことを検討する必要があります。限定承認の場合は、原則、相続放棄の場合と異なり、別途、予納金を支払って相続財産管理人選任申立てを行う必要はなく、前述のとおり、複数の相続人のうち1名が相続財産管理人となります。そのため、同人が売却する株式を後継者が自分の固有資産で（競落する等の形で）買い取ることにより、株式を承継できる可能性があります。もっとも、財産目録の作成や官報公告、相続財産の換価や相続債権者・受遺者への弁済等のため、一定の作業と時間を要するという点に留意する必要があります。

　限定承認は、相続放棄よりも手続きが複雑な面があるため、現状としては、そこまで広く利用されている制度ではないようですが、相続放棄と比較してメリットが感じられるケースもあります。今後は、限定承認についても、利用を検討してみるとよいかもしれません。

(3)　法定単純承認

　前述の限定承認か相続放棄を行うことを検討する場合には、その前に、相続財産の「処分」を行ってはいけません。仮に、相続人が、相続財産の「処分」を行うと、単純承認をしたものとみなされ[56]、被相続人の消極財産を含む全ての権利義務を承継することとなってしまうリスクがあります（法定単純承認）。また、相続財産を隠匿したり、相続財産目録から意図的に外したりした場合にも、同様に、法定単純承認となる可能性があります[57]。このような点は、相続

---

[55] 民法889条1項2号、887条
[56] 民法921条1号

開始直後に最も注意すべき点の1つと思われます。

　財産の「処分」とは、財産の現状・性質を変える行為をいい、法律上の処分だけでなく、事実上の処分も含まれます。

　例えば、貯金の解約、債権の取立て[58]、不動産・動産・その他財産権の譲渡などが含まれます。ただし、被相続人の貯金を解約し、葬式費用にした場合、「処分」に当たらないとした裁判例[59]があります。一方、被相続人の経営していた会社の取締役選任手続において被相続人保有の株主権を行使し、被相続人所有のマンションの賃料振込先を自己名義の口座に変更した行為を「処分」に該当するとした裁判例[60]もありますので、注意が必要です[61]。

　この裁判例を踏まえ、相続財産中の株式の議決権行使も一定の場合には財産の「処分」に含まれ得ると考えると、限定承認か相続放棄を行う予定がある場合には、株主総会決議を漫然と行ってはいけないということになります。仮に、先代経営者の相続財産中に自社の株式の大部分が含まれており、これを用いないと一定の決議事項についての株主総会決議の定足数を満たせないような場合には、当面の間、事実上、当該決議を行えないということにもなり得ます。

　この点は、弁護士以外の専門家としても、相続開始後、速やかに相続人に周知徹底しておく必要があります。もっとも、相続開始後に少し時間が経過してから専門家が関与し始めたときには、既に相続人により相続財産が処分されて

---

[57] 民法921条3号

[58] 最判昭和37年6月21日裁判集民61号305頁

[59] 大阪高決平成14年7月3日家裁月報55巻1号82頁

[60] 東京地判平成10年4月24日判タ987号233頁。ただし、相続財産中の株式の議決権行使のうちどの範囲のものが財産の管理を超える「処分」に該当するか（例えば、決議事項や議決権数によって「処分」該当性に具体的にどのような影響が生じるか）、一般的な判断基準は判例上で正面から明らかにはされておりません。この点、後述の判例（最判平成27年2月19日民集69巻1号25頁）は、法定単純承認としての「処分」該当性について直接判断したものではありませんが、「本件議決権行使の対象となった議案は、①取締役の選任、②代表取締役の選任並びに③本店の所在地を変更する旨の定款の変更及び本店の移転であり、これらが可決されることにより直ちに本件準共有株式が処分され、又はその内容が変更されるなどの特段の事情は認められないから、本件議決権行使は、本件準共有株式の管理に関する行為として、各共有者の持分の価格に従い、その過半数で決せられるものというべきである。」と判断している点は参考になると思われます。考え方が分かれ得るところではありますが、以下では、少なくとも議案が「事業の全部の譲渡」等の承認である場合の議決権行使は「処分」に該当し得るという前提に立っています。

[61] 本段落につき、能見善久ほか「論点体系判例民法〈第3版〉11　相続」（第一法規、第3版、2019年）215頁参照。

いて、法定単純承認と認めざるを得ず、「時既に遅し」ということもあるようです。

⑷ スポンサー型事業再生と相続

　事業再生局面にある株式会社が、先代経営者の死亡を契機として、スポンサーへの事業売却により事業再生を目指す場合（スポンサー型事業再生）、当該株式会社において、株主総会決議が必要となることが多いです。

　例えば、株式会社は、「事業の全部の譲渡」等の場合には、効力発生日の前日までに、株主総会の特別決議による承認を受けなければならないとされております[62]。そのため、スポンサーへの事業譲渡等は、株式の処遇がある程度は決まってからでないと、実行することができません。仮に、熟慮期間に、株式の処遇について何ら配慮することなく、漫然と株主総会決議を行って事業譲渡等を実行したりすると、法定単純承認となり、相続人が先代経営者の負っていた債務を、期せずして、すべて承継することにもなりかねません。

　その一方、事業再生局面にある株式会社は、ほとんどの場合、資金繰りが苦しい状況にありますので、スポンサーへの事業売却を急ぐ必要のあるケースも多いと思われます。そのような緊急時に、なかなか事業譲渡等を実行できないということになると、最悪の場合には資金ショートに陥り、事業再生を断念せざるを得なくなるリスクもあります。専門家には、的確かつ迅速な判断が求められます。

　このように、スポンサー型事業再生と相続が絡むケースは、親族内承継・第三者承継（M&A）の両側面があるとともに、会社法・民法・税法等が絡む、複雑な案件となることがあります。専門家には、複眼的な思考が求められます。

　なお、スポンサー型事業再生においては、事業売却後の株式会社（旧会社）の債務整理にあたり、特定調停・特別清算・民事再生等の手続きや、中小企業活性化協議会等の第三者機関の利用、さらには「経営者保証に関するガイドライン」の利用といった各種手法の検討が必要となります。

---

[62] 会社法467条、309条2項11号

第4章

親族内承継

I 株式の承継と相続

【1】株式の承継

 　私は、株式会社で事業を営む経営者です。事業承継のため、後継者である長男に、**株式を承継させたい**と考えています。どのような手法があるでしょうか？

〈フレームワーク〉

確認すべき分野

承継の方向性

	事業性評価	企業経営者	承継手続き
親族内	A-1	A-2	A-3　問題　解決策　現状
従業員	B-1	B-2	B-3
第三者	C-1	C-2	C-3

 Answer.

　株式会社の現経営者が、自分の親族かつ相続人である後継者に事業を承継させる場合（親族内承継）、現経営者の保有する株式を後継者に承継させるには、主に、①売買、②生前贈与、③遺贈という手法があります。そのうち、①売買及び②生前贈与（並びに③について一部）には、「株式譲渡」に関する会社法のルールが適用されます。実務では、②生前贈与が行われることが多いです（な

お、種類株式や信託、持株会社や役員・従業員持株会の活用といった応用的な手法もあり得ますが、本章ではこれらについての説明は行わず、比較的ベーシックな手法を中心に取り上げることとしております）。

(1)　生前の株式譲渡（売買と生前贈与）

　現経営者が生きている間に、後継者から対価を得て（有償で）、後継者に対して株式を譲り渡すことが、①売買による株式譲渡[1]です。これに対し、現経営者が、後継者から対価を得ないで（無償で）、後継者に対して株式を譲り渡すことが、②生前贈与による株式譲渡です。通常、親族内承継においては、②生前贈与による株式譲渡が行われることが多いので、本章では、主に②生前贈与の場合を前提として説明します。

　ここで注意すべき点は、①売買による場合も②生前贈与による場合も、株式譲渡については会社法の要求する手続きを踏まなければならないという点です。これについては、後述の【2】で説明します。

(2)　遺贈（遺言の活用）

　現経営者が、生存中に遺言を書いておくことで、現経営者の死後に、株式を後継者に承継させることが、③遺贈です。実務においては、遺言は、❶遺産の分割の方法の指定として遺産に属する特定の財産を共同相続人の1人又は数人に承継させる旨の遺言（以下「特定財産承継遺言[2]」という）と、❷それ以外の遺言に分類されます。これについては、後述の【3】で説明します。

　なお、以下では、特定財産承継遺言を、平成30年の民法改正の前の実務において行われていた、特定の遺産を特定の相続人に相続させる趣旨の遺言、いわゆる「相続させる旨の遺言」と特に区別せず説明します[3]。ただし、同改正により、取引安全等の観点から、相続による権利の承継は、遺産の分割によるも

---

[1] 「株式譲渡」という用語
　「事業承継ガイドライン」をはじめ、「株式譲渡」という用語は、主に、第三者承継（M&A）における有償での株式譲渡（①売買）の文脈で用いられることが多いと思われます。
　もっとも、親族内承継における有償での株式譲渡（①売買）も、無償での株式譲渡（②生前贈与）も、株式譲渡による株式の承継に、会社法という法律のルールが適用されるという点は同じですので、ご注意ください。

[2] 民法1014条2項

のかどうかにかかわらず（特定財産承継遺言であっても）、法定相続分を超える部分については、登記、登録その他の対抗要件を備えなければ、第三者に対抗することができない[4]こととされておりますので、注意が必要です。

(注1)　死因贈与
　　　③遺贈に類似する性質のものとして、死因贈与があります。死因贈与は、「贈与者の死亡によって効力を生ずる贈与」のことであり、「その性質に反しない限り、遺贈に関する規定を準用する」とされています[5]。
　　　遺言のように民法上で厳格な形式が求められているわけではありませんが、公的機関や金融機関等の信頼の点からすると、できれば公正証書で、少なくとも実印で作成することが望ましいとされています[6]。

(3)　生前の株式譲渡または遺贈を行った場合の留意点

　仮に生前の株式譲渡または遺贈を行った場合、もしも後継者以外の相続人の遺留分（いりゅうぶん）を侵害することとなったときには、遺留分侵害額請求を行使されるおそれがありますので、その点に留意する必要があります。これについては、後述の【4】で説明します。

(4)　生前の株式譲渡または遺贈のいずれも行わなかった場合の留意点

　仮に生前の株式譲渡または遺贈のいずれも行わなかった場合、現経営者が亡くなると、現経営者が保有していた株式は、相続人が複数いた場合には、いったん、現経営者の相続人の共有状態となり、最終的な帰属は遺産分割によって

---

[3]　堂薗幹一郎ほか「一問一答　新しい相続法　平成30年民法等（相続法）改正、遺言書保管法の解説」（商事法務、初版、2019年）117頁においても、「相続させる旨の遺言」に関する最判平成3年4月19日民集45巻4号477頁（後述）に触れつつ、「相続させる旨の遺言については、厳密にいうと、特定財産承継遺言（遺産分割方法の指定がされたと解すべきもの）と遺贈（遺贈と解すべき特段の事情があるもの等）の2つに分かれるといえるが、基本的には特定財産承継遺言に該当するといえることから、本書では厳密な記載分けをしていない。」旨が記載されています。

[4]　民法899条の2第1項。平成30年の民法改正の前の「相続させる旨の遺言」に関する最判平成14年6月10日家月55巻1号77頁においては、このような対抗要件の具備は不要と解されていました。その他、令和3年の不動産登記法改正により、❶特定財産承継遺言に限らず❷それ以外の遺言による遺贈の場合にも、遺言の内容を踏まえた所有権の移転の登記の単独申請が可能となった（改正後の不動産登記法63条3項。令和5年4月1日施行）こと等、近時の法改正は遺言実務にも影響を及ぼしておりますので、注意が必要です。

[5]　民法554条

[6]　本段落につき、日本弁護士連合会・日弁連中小企業法律支援センター『事業承継法務のすべて』（きんざい、第2版、2021年）150頁

決められることとなります。

　ここで注意すべきことは、遺産分割を経ておらず、共有状態にある株式は、当然に民法において定められた相続分（以下「法定相続分」という）に応じて分割されるわけではなく、相続人の持分の過半数によって全株式の議決権の行使が決定されるということです。これについては、後述の【5】で説明します。

　また、前述の(2)で触れた❶特定財産承継遺言の場合にも共通しますが、相続人等に対する売渡しの請求[7]の規定が適用され、いわゆる「相続クーデター」の問題が生じることもあります。これについては、後述の【6】で説明します。

　なお、現経営者が積極財産（現預金など、いわばプラスの財産）だけでなく、消極財産（借入債務や保証債務など、いわばマイナスの財産）を残して亡くなった場合には、後継者は、そのまま全てを承継するべきか検討する必要があります。これについては、**前章「Ⅵ　再生すべき事業の承継【2】事業再生と相続」**において説明していますので、そちらをご参照ください。

　（注2）　準共有

　　　　　株式を数名の相続人が承継する場合、厳密には、株式を「共有」しているのではなく、「数人で所有権以外の財産権を有する場合」に該当し「準共有」[8]していることになります。

　　　　　もっとも、本章では原典の引用部分以外は「共有」という用語に統一して説明します。

　（注3）　「経営者保証に関するガイドライン」

　　　　　保証債務に関しては、「経営者保証に関するガイドライン」[9]に即し、金融機関に対して個人保証の解除の申出を行う等の対応を検討すること[10]も重要な選択肢の1つではありますが、本章では割愛します。この点は**「第5章 親族外承継」「Ⅰ　従業員承継【3】経営者保証への対応」**を参照してください。なお、近年では同ガイドラインが金融機関等の実務においても段々と定着してきており、その存在感が増してきていると言えます。

　（注4）　遺産分割

　　　　　亡くなった方（以下「被相続人」という）の遺産を、複数の相続人で承継することになった場合には、遺産分割を行い、具体的な取り分を確定す

---

[7] 会社法174条

[8] 民法264条

[9] 平成25年12月、経営者保証に関するガイドライン研究会により公表。

[10] 「事業承継ガイドライン」82～87頁参照。

る必要があります。

　遺産分割については、相続人間の話合い（協議）でまとまるのが望ましいですが、協議でまとまらずに裁判所での調停・審判の手続きまで必要となるケースもあります。相続においては、利害関係の対立が先鋭化しやすく、相続人間の感情的な対立が生じやすいため、紛争性が高まりやすい傾向にある、という点は、念頭に置くべきポイントです。

　最近では、遺産の相続を巡る争いを表現した「争族」という言葉も、一般的に広く認識されるようになったかと思います。

(5)　生命保険の活用

　判例[11]によれば、相続人を死亡保険金の受取人とする養老保険契約において、これに基づく死亡保険金請求権は、保険金受取人の「固有財産に属し、その相続財産に属するものではない」とされています。

　加えて、その後の判例[12]によれば、前述の判例を引用した上で、死亡保険金請求権が、（当時の）遺留分減殺請求の対象である「民法1031条に規定する遺贈・贈与に当たるものではなく、これに準ずるものということもできない」として、遺留分減殺請求の対象にならないとされています。

　生命保険の活用方法は多岐にわたると思いますが、このような死亡保険金の法的性質を利用し、親族内承継において、後継者以外の相続人の遺留分に関して、生命保険を活用して対策することが可能です。この点については、後述の**「Ⅲ　生命保険の活用」**で説明します。

　（注5）　生命保険の活用の限界

　　　生命保険は、遺留分の問題の解決にとって100％万能とは言い切れない、という点には注意が必要です。

　　　近年の判例[13]では、養老保険の保険契約者・被保険者が被相続人、保険金受取人が共同相続人のうちの1名という事案において、死亡保険金が、相続財産に加算される（これを「持戻し」という）か、という点が争点となり、これについて次のような判断が下されました。

　　　「養老保険契約に基づき保険金受取人とされた相続人が取得する死亡保険

---

[11]　最判昭和40年2月2日民集19巻1号1頁
[12]　最判平成14年11月5日民集56巻8号2069頁
[13]　最決平成16年10月29日民集58巻7号1979頁

金請求権又はこれを行使して取得した死亡保険金は、民法903条１項に規定する遺贈又は贈与に係る財産には当たらないと解するのが相当である。もっとも、上記死亡保険金請求権の取得のための費用である保険料は、被相続人が生前保険者に支払ったものであり、保険契約者である被相続人の死亡により保険金受取人である相続人に死亡保険金請求権が発生することなどにかんがみると、保険金受取人である相続人とその他の共同相続人との間に生ずる不公平が民法903条の趣旨に照らし到底是認することができないほどに著しいものであると評価すべき特段の事情が存する場合には、同条の類推適用により、当該死亡保険金請求権は特別受益に準じて持戻しの対象となると解するのが相当である。上記特段の事情の有無については、保険金の額、この額の遺産の総額に対する比率のほか、同居の有無、被相続人の介護等に対する貢献の度合いなどの保険金受取人である相続人及び他の共同相続人と被相続人との関係、各相続人の生活実態等の諸般の事情を総合考慮して判断すべきである。」（一部抜粋）

　つまり、他の相続人からするとあまりにも不公平という場合には、例外的に、死亡保険金も相続財産に加算され（持戻しの対象となり）、結果として他の相続人の相続分を増加させることになる、ということです。

　通常のケースでは想定されにくいことだと思いますが、アドバイザーとしては、生命保険の活用にこのような一定の限界があるということは、知っておいていただくのが望ましいと思います。要は、「やり過ぎは禁物」ということです。

(6)　名義株の整理

　平成２年の商法改正の前は、株式会社の設立に最低７人の発起人が必要であり、かつ、各発起人が１株以上の株式を引き受けなければならなかったため、設立当時から株主が７人以上存在し、株式の分散が生じていることが一般的でした。もっとも、７人の発起人を集めることが容易でないこともあり、実際には、他人の承諾を得て、他人名義で株式の引受けを行うことが、実務において多く行われていました。このような、名義上の株主（名義貸与者）と実質的な株主（名義借用者）が異なる株式は、一般に「名義株」と言われており、名義株の株主が誰であるのかについては、争われるケースがありました。

　この点、判例[14]においては、「他人の承諾を得てその名義を用い株式を引き受けた場合においては、名義人すなわち名義貸与者ではなく、実質上の引受人す

なわち名義借用者がその株主となるものと解するのが相当である」とされております。

ここでは、「実際に誰が経済的出捐をしたかが重視されている」[15]とされますが、具体的なケースにおいては、「実質上の引受人」の認定は微妙です。

例えば、名義貸与者が、会社のオーナーである名義借用者の事実上の養子として事業の後継者となるべく経営に携わってきたこと[16]や、家業を継ぐために会社の業務に専念していたこと[17]等から、名義借用者が名義貸与者のために払込義務を履行したものであって、名義貸与者が株主であると認定した裁判例もあります。

裁判例を理解し、実質的な株主が誰であるかを把握した上で、合意書の締結等により権利関係を明確にしておくことで、名義貸与者・名義借用者との間で紛争が生じないようにケアをすることが必要です[18・19]。

(7)　所在不明株主の整理

前述の(6)の名義株や相続等により株式が分散した結果、株主名簿上に記載された株主の所在が不明となってしまう事態が生じるおそれがあります（このような株主を、以下「所在不明株主」という）。そうしますと、例えば、平時の株主総会決議にも支障が生じるおそれがありますし、将来的に第三者承継　（M&A）を行う際に全株式を譲渡することができないような事態に陥る可能性もあります。

このような場合に備えて、会社法では、株主が以下の2つの要件を満たす場合に、その株式について、競売・（裁判所の所在不明株主の株式売却許可を得た上での）売却・自社株買いを行うことができます[20]。

①　株主に対してする通知または催告が、5年以上継続して到達しなかったとき

---

[14]　最判昭和42年11月17日民集21巻9号2448頁

[15]　鴻常夫・法協86巻1号122頁以下

[16]　東京地判昭和57年3月30日判タ471号220頁

[17]　札幌地判平成9年11月6日判タ1011号240頁

[18]　以上につき、神作裕之「他人名義による株式の引受け」別冊ジュリ229号（2016年）22〜23頁参照

[19]　以上につき、「事業承継ガイドライン」80〜81頁参照。

[20]　会社法197条

②　その株主が、継続して5年間剰余金の配当を受領しなかったとき

　もっとも、裁判所に所在不明株主の株式売却許可の申立てを行う際、これらの要件については疎明資料が必要です。例えば、6年分の株主総会招集通知書、株主総会決議通知書、剰余金配当送金通知書を所在不明株主宛に発送し、それらが受け取られずに返戻された際の返戻封筒等が必要になります。

　もしも所在不明株主の存在を認識した場合には、速やかに弁護士等の専門家に相談することが望ましいです。

　また、後述のとおり、「中小企業における経営の承継の円滑化に関する法律」（以下「経営承継円滑化法」という）において、都道府県知事の認定を前提に「5年」を「1年」に短縮する「所在不明株主に関する会社法の特例」が創設されています（令和3年8月2日施行）[21]。

【2】株式譲渡の手続き（会社法）

Q　私は、株式会社で事業を営む経営者です。私は、自分が経営する株式会社の株式を、自分が生きている間に、後継者である長男に**売買か生前贈与**によって承継させたいと考えています。どのような手続きを踏めばよいでしょうか？

---

[21] 以上につき、「事業承継ガイドライン」81〜82頁参照。

〈フレームワーク〉

確認すべき分野

	事業性評価	企業経営者	承継手続き
親族内	A-1	A-2	A-3 問題 現状 解決策
従業員	B-1	B-2	B-3
第三者	C-1	C-2	C-3

承継の方向性

Answer.

　株式譲渡には、会社法のルールが及びます。これを前提に、主に、以下の手続きが必要になります。

(1)　株式譲渡契約の締結

　まず、親族間での生前贈与の場合であっても、株式譲渡契約書を用意し、署名・記名と捺印をして、現経営者と後継者の間で、株式譲渡契約を締結してください。

　法的には、たとえ口頭のみでのやり取りであっても、両当事者の合意があれば、株式譲渡契約は締結されたことになります。もっとも、後日の紛争（言った・言わないの争い）を予防するためにも、権利関係を明確化するべく、株式譲渡契約書を作成しておくべきです。

(2)　株主名簿の名義書換

　法定の事項を記載・記録した「株主名簿」を整備して、名義書換を確実に行ってください。株主名簿には、会社法上、以下の事項の記載・記録が必要とされております[22]。

　①　株主の氏名・名称＋住所

② 株主の保有株式数

（種類株式発行会社では、株式の種類・種類ごとの数）

③ 株主の株式取得日

④ 株券発行会社では、株券が発行されている株式の株券番号

なお、法人税の税務申告書の別表2（同族会社等の判定に関する明細書）を株主名簿と誤解しているケースも散見されますが、これは株主名簿ではありません。また、別表2には、同族会社等の判定に必要な範囲でしか株主が記載されておらず、全株主が記載されていないこともありますので注意が必要です。

(3) 譲渡承認決議（いわゆる非公開会社の場合）

譲渡による株式の取得について株式会社の承認を要する旨の定款の定めがない（つまり、株式譲渡について株式会社の承認が一切不要な）株式会社は「公開会社」[23]です。これに対し、株式譲渡について株式会社の承認を必要とする旨の定款の定めがある株式会社がいわゆる非公開会社です。そして、非公開会社において、株式譲渡に株式会社の承認を要するものと定款で定められている株式を、「譲渡制限株式」[24]といいます。

中小企業には、公開会社よりも非公開会社の方が多いと思われます。株式譲渡の対象となっている株式が、譲渡制限株式でないか、まずは対象となる株式会社の定款を改めてご確認いただきたいと思います。もしも定款をお手元にすぐに用意できない場合は、インターネットの登記情報提供サービス（以下「登記情報提供サービス」という）を利用して、株式会社の登記情報を取得することで、非公開会社に該当するか否か、ご確認いただけることがあります（登記情報提供サービスは、会員登録していなくても、クレジットカードさえあれば、誰でも一時利用ができます）。

譲渡制限株式の譲渡の際には、株式会社の譲渡承認決議を忘れずに行い、議事録を作成・保管してください。原則として、取締役会設置会社では取締役会決議、取締役会非設置会社では株主総会決議が、「株式会社の承認」として必

---

[22] 会社法121条
[23] 会社法2条5号
[24] 会社法2条17号

要です[25]。

(4)　株券の交付（株券発行会社の場合）

　株券発行会社の場合には、原則として、株式譲渡は、株券を交付しなければ、その効力を生じない[26]ものとされております。株券発行会社は、株券の管理コストがかかりますし、紛失した株券が悪用される等のリスクもあり、現状において、あえて株券発行会社のままにしておくメリットは見当たらないように思われます。そのため、速やかに、株券不発行会社に移行する定款変更[27]を行うことが望ましいです。

　株券発行会社に該当するか否かについても、前述の(3)で言及した登記情報提供サービスで確認できることがあります。株式会社は、原則として株券不発行会社[28]なので、定款に株券発行会社である旨の記載がなければ、株券不発行会社となります（ただし、会社法の施行された平成18年5月1日よりも前に、旧商法に基づき設立された株式会社は、原則として株券発行会社です）。

【3】遺贈の手続き（民法）

　　私は、株式会社で事業を営む経営者です。私は、自社の株式を、後継者である長男に承継させたいと考えています。遺言を利用して、**私の死後に後継者に株式を承継させること**を検討していますが、いかがでしょうか[29]？

---

[25]　会社法139条1項
[26]　会社法128条1項本文
[27]　会社法218条
[28]　会社法214条
[29]　遺言の活用については、「事業承継ガイドライン」72～74頁参照。

〈フレームワーク〉

確認すべき分野

	事業性評価	企業経営者	承継手続き
親族内	A-1	A-2	A-3
従業員	B-1	B-2	B-3
第三者	C-1	C-2	C-3

承継の方向性

A-3の欄には「問題」「現状」「解決策」の吹き出しが付されている。

Answer.

　実務においては、自筆証書遺言と公正証書遺言が主に利用されており、遺言の内容は、❶特定財産承継遺言と❷それ以外の遺言に分けられます。もっとも、現経営者から後継者に株式を承継させる場合には、可能な限り、現経営者の生存中に早期に株式譲渡（主に生前贈与）を行うことが望ましいです。

(1)　自筆証書遺言と公正証書遺言

　実務においてよく利用される遺言には、本文について全文・日付・氏名を自書し押印する自筆証書遺言[30]と、公証人の関与下で作成する公正証書遺言[31]があります。

　もっとも、自筆証書遺言には、紛失するリスクや、改ざんされるリスクもあります。特に、相続人間で遺産争いが生じてしまっている場合（いわゆる「争族」の場合）には、「後継者が、誰も見ていないところで、先代経営者の手を取って、無理やりに書かせたものだ！」「後継者が改ざんしたものだ！」などといったように自筆証書遺言の効力が争われるケースも少なくありません。このような自筆証書遺言に起因する紛争のリスクも否めないことから、相続財産

---

[30] 民法968条
[31] 民法969条

中に金融機関への預金がある場合に、自筆証書遺言だけでは預金の払戻しに応じてもらえないケースもあったと言われます。そのため、「最初から公正証書遺言を作成する」「最初は自筆証書遺言を作成しておいて、時間的余裕があれば公正証書遺言を作成する」といった進め方をとることが多いように思われます。

　ただし、近年、自筆証書遺言について制度改正があった点には留意が必要です。例えば、自筆証書遺言の方式による遺言書を法務局において保管する「自筆証書遺言書保管制度」が令和2年（2020年）7月10日に開始しています[32]。同制度を利用すれば、法務局において、遺言書が民法上定められた形式を満たしているかについて外形的な確認を受けることができ、保管されている遺言については、家庭裁判所の検認手続き[33]も不要とされています[34]。また、平成30年の民法改正により、自筆証書遺言の相続財産目録については、全て自書する必要がなくなり、印字（パソコンによる作成等）、代筆や、各種資料（例えば、不動産については登記事項証明書の一部分やコピー、預貯金については通帳のコピー等）の添付も可能となり、その場合は各ページに署名・押印すれば足りることとなりました[35]。今後も実務の運用がどのように変化するのかという点は、継続的に注意する必要があります。

(2)　特定財産承継遺言

　前述の【1】(2)で触れた通り、遺言の実務においては、特定財産承継遺言と、それ以外の遺言があります。

❶　特定財産承継遺言について

　　特定財産承継遺言は、前述のとおり、相続人に対して遺産分割の方法を指定するというものであり、これにより相続人が特定の遺産を当然に承継（一般承継）することとなります[36]。

---

[32] 詳細は法務省ホームページ「自筆証書遺言書保管制度」（https://www.moj.go.jp/MINJI/minji03_00051.html）を参照してください。なお、同制度を利用する際には、民法上の要件に加え、一定の様式を満たす必要がある（例えば、サイズはA4サイズに限られます。）ため、必ず遺言書の様式等についての注意事項も参照してください。

[33] 民法1004条1項

[34] 法務局における遺言書の保管等に関する法律（遺言書保管法）11条

[35] 民法968条2項

　仮に、現経営者が後継者に対して株式を「相続させる」旨の特定財産承継遺言を作成した場合には、後継者による株式の一般承継の際、①株式譲渡のための会社法上の手続きのうち、例えば、前述の【2】(3)の譲渡制限株式の譲渡承認決議は不要となります[37]。

　親族内承継の場合には、このような特定財産承継遺言を利用することが多いと思われます。ただし、後述の【6】のいわゆる「相続クーデター」の問題があり得ます。

❷　特定財産承継遺言以外の遺言について

　特定財産承継遺言以外の遺言の場合、遺贈を受ける者（受遺者）は、特定の遺産を当然に承継（一般承継）するわけではありません。これは売買や贈与と同様の財産の承継（特定承継）となります。

　そのため、現経営者が後継者に対してこのような遺言により遺贈した場合には、後継者による株式の承継の際、①株式譲渡の場合と同様に、前述の【2】(3)の譲渡制限株式の譲渡承認決議も必要となります。

(3)　**株式譲渡による早期の承継が望ましい理由**

　遺言は、原則として、遺言者の死亡時に効力を生じます[38]。遺言者は、生前に、いつでも、その遺言を撤回できます[39]。また、前に作られた遺言が、後に作られた遺言や、遺言後になされた生前処分行為等と抵触する場合には、その抵触する部分について、前に作られた遺言を撤回したものとみなされます[40]。

　そのため、遺言者が、先に公正証書遺言を作っていたとしても、後日、その内容と抵触する内容の自筆証書遺言を作った場合には、その抵触する部分について、後に作った自筆証書遺言の内容が優先することになります。

---

[36] 平成30年の民法改正の前の実務において行われていたいわゆる「相続させる旨の遺言」については、最判平成3年4月19日民集45巻4号477頁において、「遺言書の記載から、その趣旨が遺贈であることが明らかであるか又は遺贈と解すべき特段の事情がない限り、…遺産の分割の方法を定めた遺言であり、…当該遺言において相続による承継を当該相続人の受諾の意思表示にかからせたなどの特段の事情のない限り、何らの行為を要せずして、被相続人の死亡の時（遺言の効力の生じた時）に直ちに当該遺産が当該相続人に相続により承継されるものと解すべきである」とされています。

[37] 会社法134条4号参照。

[38] 民法985条

[39] 民法1022条

[40] 民法1023条

　つまり、遺言は、遺言者の生存中であれば柔軟に内容を変更できる反面、遺言を一度作ったとしても、遺言者の生存中は、いつでも撤回される可能性があるという意味で、不確実さが残ることとなります。特に、公正証書遺言が作られた後、それを撤回するような自筆証書遺言が作成された場合には、「後に作られた自筆証書遺言は信用できない、きっと他の相続人が無理やりに書かせたものだ！　前に作られた（自分にとって有利な）公正証書遺言の内容こそが真実である！」と争ってくる相続人が現れ、遺言が新たな紛争の火種になるケースもあります。

　したがって、株式の承継を専ら遺贈によって行おうとすると、後継者が確実に株式を承継できるという見込みが立ち難くなり、後継者の地位が不安定になります。特に、後継者の地位が、先代経営者の心境変化に左右されることにもなりかねませんので、後継者のモチベーションに悪影響を及ぼすおそれがあります。さらに、先代経営者の生前に後継者との対立が生じた場合には、遺言の撤回がなされる可能性が高まり、会社支配権について混乱を招くおそれがあります[41]。

　以上の理由から、後継者の地位を安定させ、会社支配権についての混乱を予防するためにも、現経営者の生存中に、株式譲渡（主に生前贈与）により、後継者に株式を早期に承継させることが望ましいです。

　また、事業承継を支援する専門家としては、案件への関与を始めた初期に、まず、現経営者が遺言を作成していないか確認する必要があります。こちらから何も聞かなければ、現経営者の方から自発的に遺言のことを話してくれるとは限りませんので、予め注意しておく必要があります。専門家としては、まず事業承継の全体像をデザインした上で、それに合致しないような遺言があった場合には、現経営者に、その遺言を撤回する意向があるか打診しておく必要があります。

---

[41] 本段落につき、日本公認会計士協会『事業承継支援マニュアル改訂版』（日本公認会計士協会出版局、初版、2017年）162頁、165頁参照。

【4】遺留分の問題（民法）

Q　　私は、株式会社で事業を営む経営者です。私は、自社の株式を、贈与で、後継者である長男に承継させたいと考えています。後継者は、私の長男です。そのほか、私には、妻と、長男以外の2名の子（合計3人兄弟）がおります。

　　私には、この株式以外に、財産はほとんどありません。事業用資産はすべて会社所有となっています。妻は理解してくれると思いますが、**長男以外の2名の子には我慢してもらうことになりそうです**。何か法律的な問題はあるでしょうか？

〈フレームワーク〉

確認すべき分野

承継の方向性		事業性評価	企業経営者	承継手続き
	親族内	A-1	A-2	A-3
	従業員	B-1	B-2	B-3
	第三者	C-1	C-2	C-3

（A-3欄：問題／現状／解決策）

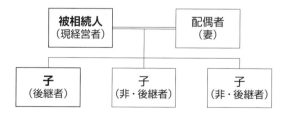

Answer.

遺留分の問題が懸念されます。

被相続人が、財産の全部または大部分を、相続人以外の者（例えば、内縁の妻や、会社の役員・従業員）や、特定の相続人のみ（例えば、後継者のみ）に贈与・遺贈するようなケースは、遺留分の侵害が生じる典型例です。遺留分の問題は、遺言が作成されているケースにおいて、遺贈を受ける者（受遺者）以外の相続人の遺留分への配慮が足りないために顕在化してしまうことも多いです[42]。

(1) 遺留分

相続人の法定相続分のうち、一定割合については、遺留分とされています。

被相続人が他者へ遺贈・贈与を行ったことにより、自分の遺留分を侵害された相続人（以下「遺留分権利者」という）は、受遺者等に対し、「遺留分侵害額に相当する金銭の支払を請求することができる[43]」ものとされております（遺留分侵害額請求権）。平成30年の民法改正の前の旧法下において遺留分減殺請求権が行使された場合には、遺贈等が遺留分を侵害する限度において失効するものと解されておりました[44]（物権的効果）が、現民法における遺留分侵害額請求権が行使された場合には、遺贈等の有効性に影響を与えることなく、遺留分侵害額相当額の金銭債権が生じることとなりました。このような法改正は、事業承継の法的安定性にも資するものと思われます。

(2) 相続の順位

まずは、被相続人の相続人となることが予定されている者（以下「推定相続人」という）が誰なのか、確認する必要があります。

① 配偶者について

被相続人の配偶者は、常に相続人となります[45]。

---

[42] もっとも、実務においては、遺言が作成されるどころか、そもそも相続対策が何ら行われていなかったために、相続開始後、相続人が遺産分割協議の段階で揉めてしまうケースが多いです。

[43] 民法1046条1項。なお、遺留分侵害額の算定方法については同条2項参照。

[44] 最判昭和51年8月30日民集30巻7号768頁

[45] 民法890条

② 配偶者以外の相続人について

これに加えて、以下の順番で相続人となります[46]。

A	子（子が亡くなっていれば孫、孫も亡くなっていれば曽孫）
B	直系尊属（父母・祖父母など。被相続人と近い者を先にする）
C	兄弟姉妹（兄弟姉妹が亡くなっていれば甥姪）

（注6） 代襲相続・再代襲相続

　　Aのパターンにおいて、被相続人の相続発生時に、被相続人の子が亡くなっていた場合、もしも当該子の子（被相続人にとっての孫）がいたときには、当該孫に相続権が発生します（これを「代襲相続」という[47]）。さらに当該孫も亡くなっていれば、その子（被相続人にとっての曽孫）に相続権が発生します（これを「再代襲相続」という[48]）。

　　Cのパターンにおいて、被相続人の相続発生時に、被相続人の兄弟が亡くなっていた場合、もしも当該兄弟の子（被相続人にとっての甥姪）がいたときにも、Aのパターンと同様、当該甥姪が代襲相続します[49]。ただし、Cのパターンでは再代襲相続は起こりませんので、ご注意ください[50]。

（注7） 養子縁組

　　出生により生じる親子関係（実親子関係）だけでなく、養子縁組により生じる親子関係（養親子関係）にも注意が必要です。基本的に、養子は、養親と実親の双方に対して相続権を有することになります。

　　なお、一般的な養子縁組（普通養子縁組）と異なり、実親子関係が終了する特別養子縁組[51]も存在しますが、本章では割愛します。

本件では、現経営者（被相続人）に妻（配偶者）と子らがいますので、Aのパターンに該当し、妻と子らの合計4名が相続人となります。

(3)　法定相続分

　前述の(2)A～Cの相続が生じた場合には、各相続人の法定相続分は、次の通りです。なお、子、直系尊属、兄弟姉妹が数人あるときは、各自の相続分は、原

---

[46] 民法887条、889条
[47] 民法887条2項
[48] 民法887条3項
[49] 民法889条2項の準用する887条2項
[50] 民法889条2項は887条3項を準用していません。
[51] 民法817条の2以下

則、それぞれの間で相等しいものとされます。ただし、父母の一方のみを同じくする兄弟姉妹の相続分は、父母の双方を同じくする兄弟姉妹の相続分の1/2とされます[52]。

A	配偶者：1/2、子：1/2
B	配偶者：2/3、直系尊属：1/3
C	配偶者：3/4、兄弟姉妹：1/4

本件は、Aのパターンに該当しますので、現経営者の妻の法定相続分は1/2となります。また、子の法定相続分は1/2ですので、これを3人の子らで均等に配分すると、子らのそれぞれの法定相続分は$1/2 \times 1/3 = 1/6$ということになります。

(4)　遺留分の割合

相続人が個別に有する遺留分の割合は、次の割合に、法定相続分を掛け合わせることで算出できます。なお、被相続人の兄弟姉妹は、遺留分を有しません[53]。

(A)　直系尊属（父母や祖父母など）のみが相続人の場合：1/3

(B)　それ以外の場合：1/2

本件では、前述の(3)の通り、現経営者の妻の法定相続分が1/2、現経営者の子らの法定相続分が各1/6です。また、本件は、直系尊属（現経営者の父母や祖父母など）のみが相続人の場合ではないため、(B)のパターンに該当します。そのため、各人の有する遺留分は、次の通りです。

・現経営者の妻：$1/2 \times 1/2 = 1/4$

・現経営者の子ら：$1/2 \times 1/6 = 1/12$

(5)　遺留分を算定するための財産の価額

全体の遺留分を算定するための財産の価額は、「①＋②－③」という数式により求められます[54]。

---

[52] 民法900条
[53] 民法1042条1項
[54] 民法1043条、1044条

①　被相続人が相続開始の時において有した財産の価額

②　生前贈与した財産の価額

・相続人に対する生前贈与（特別受益）：原則として相続開始前10年以内

・相続人以外に対する生前贈与：原則として相続開始前1年以内

　　したがって、例えば、親族内承継において、現経営者が後継者に対し、相続開始前10年超の早期に株式の生前贈与を行えば、基本的には、遺留分の算定に影響を与えないものと考えられます。もっとも、「当事者双方が遺留分権利者に損害を加えることを知って贈与をしたとき」は、このような期間制限はなくなり、相続開始前10年超の早期の生前贈与についても遺留分を算定するための財産の価額に含まれてしまいますので、注意が必要です[55]。

③　債務の全額

　本件では、後継者以外の、現経営者の子ら2名が有する遺留分の合計1/6（＝各1/12×2名）以内において、遺留分侵害額請求を行使されるリスクがあります[56]。つまり、本件では、後継者が先代経営者から株式を承継して事業承継を実行できたとしても、後で紛争となり得る「火種」が残っていると言わざるを得ません。

　このような事情から、現経営者から後継者への株式の承継をスムーズに進め難いという点が、懸念されていました。そこで、このような懸念点を解決するため、経営承継円滑化法においては、遺留分についての特例が設けられています。詳細は**「Ⅱ　経営承継円滑化法」**を参照してください。

（注8）　**遺留分の放棄[57]**

　　　　　相続の開始前の時点でも、家庭裁判所の許可を得れば、遺留分を放棄することができます[58]。家庭裁判所の許可の判断基準は、過去の審判例からすると、⑴放棄が遺留分権利者の自由意思に基づいてなされているか、⑵放

---

[55] 民法1044条1項後段、同条3項。なお、（当時の）遺留分減殺請求に関する判例ではありますが、最高裁平成10年3月24日民集52巻2号433頁においては、相続人に対する「贈与が相続開始よりも相当以前にされたものであって、その後の時の経過に伴う社会経済事情や相続人など関係人の個人的事情の変化をも考慮するとき、減殺請求を認めることが右相続人に酷であるなどの特段の事情」がある場合には、当該贈与が遺留分減殺請求の対象とならないものとされていました。

[56] なお、遺留分侵害額の算定方法については民法1046条2項参照。

[57] 民法1049条

[58] 民法1049条1項

棄理由に合理性があるか、(3)放棄の代償が支払われているか、などです。なお、審判において遺留分の事前放棄が不許可と判断される事例は、年度にもよりますが、概ね全体の1割未満のようです[59]。

これに対し、相続開始後の遺留分の放棄は、明文の規定はありませんが、財産権処分の自由という観点から認められると解されています。この場合には、家庭裁判所の許可は不要です[60]。

このように、遺留分の放棄は理論上可能ですが、そのためには遺留分権利者に自ら放棄してもらうよう説得し理解を得るための交渉が必要となります。このようなことが難しい場合には、経営承継円滑化法に規定する遺留分に関する民法の特例を利用することについての検討が必要となります（ただし、その場合でも、後継者・非後継者間での所定の合意が必要となります）。

（注9）　不相当な対価による有償行為

「不相当な対価をもってした有償行為は、当事者双方が遺留分権利者に損害を与えることを知ってしたものに限り、当該対価を負担の価額とする負担付贈与とみなす[61]。」とされており、遺留分を算定するための財産の価額に加える「贈与した財産の価額は、その目的の価額から負担の価額を控除した額とする[62]。」とされます。形式的には売買という体裁を整えたとしても、実質的にみて贈与と言わざるを得ない場合、例えば、1,000万円の財産に対して1万円の売買代金しか支払われないようなケースでは、1,000万円から1万円を控除した999万円が、「贈与した財産の価額」として、遺留分を算定するための財産の価額に加えられることになります。なお、対価が不相当か否かは、当該有償行為の時点における取引価格を基準として判断されます。

（注10）　特別受益

複数の共同相続人がいるのに、一部の相続人だけが被相続人から遺贈を受けたり（婚姻・養子縁組のため、もしくは、生計の資本として）生前に贈与を受けたりしていた場合、この一部の相続人が、他の（同順位の）相続人と同じ相続分を受けることになると、不公平が生じてしまいます。そこで、民法は、共同相続人間の公平を図ることを目的に、特別な受益（贈

---

[59] 令和2年度の司法統計年報家事事件編によれば、「遺留分の放棄についての許可」の既済件数の総数766件のうち認容されたのは727件で、約94.9％に達しています（筆者調べ）。
https://www.courts.go.jp/app/files/toukei/237/012237.pdf
[60] 以上につき、中川善之助編「註釈相続法」（下）［山中康雄］278頁、能見善久ほか「論点体系判例民法〈第3版〉11　相続」（第一法規、第3版、2019年）532〜535頁
[61] 民法1045条2項
[62] 民法1045条1項

与）を相続分の前渡しとみて、計算上贈与を相続財産に持ち戻して（加算して）相続分を算定することにしています[63·64]。

　親族内承継との関係では、先代経営者が、自分の経営していた株式会社の株式を後継者に生前贈与する場合、当該生前贈与は後継者の生計の基礎として役立つような財産の給付であるとして、「生計の資本としての贈与」として特別受益と考えられることが一般的です。

【5】 株式の相続（民法・会社法）

Q　私は、株式会社で事業を営んでいた先代経営者です。仮に、先代経営者である私が、株式譲渡も遺贈もせずに亡くなった場合には、どのような問題が生じそうでしょうか？　後継者は、私の長男で、代表取締役に就任しています。そのほか、私には、妻と、長男以外の2名の子（合計3人兄弟）がいます。私は株式の67％を保有しており、後継者である長男は33％を保有しています。

[63] 民法903条。ただし、令和3年の民法改正により、「相続開始の時から十年を経過した後にする遺産の分割」においては、原則として主張できなくなりました（改正後の民法904条の3。なお、令和5年4月1日施行。ただし、経過措置あり。）。
[64] 本段落につき、片岡武ほか「家庭裁判所における遺産分割・遺留分の実務」（日本加除出版、第4版、2021年）239、244頁参照。

〈フレームワーク〉

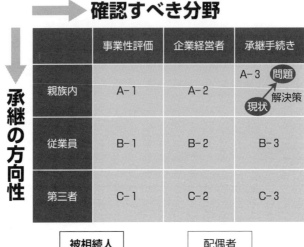

Answer.

(1)　株式の共有

　相続財産中の株式は、相続開始と同時に当然に法定相続分に応じて分割されるわけではなく、遺産分割手続きを経るまでは、相続人の共有状態となります[65]。

　この場合には、原則、当該株式についての権利を行使する者1名（権利行使者）を定め、株式会社に対し、その者の氏名・名称を通知することで、当該株式についての権利を行使することができます[66]。そして、権利行使者を定めるに当たっては、「持分の価格に従いその過半数をもってこれを決することができるものと解するのが相当である」とされています[67]。

---

[65]　最判昭和45年1月22日民集24巻1号1頁（なお、会社法制下における最判平成26年2月25日民集68巻2号173頁でも引用されています。）

[66]　会社法106条

[67]　最判平成9年1月28日集民181号83頁

　仮に、権利行使者が会社法上の手続きに則って定められていない場合、「共有に属する株式についての議決権の行使は、当該議決権の行使をもって直ちに株式を処分し、又は株式の内容を変更することになるなど特段の事情のない限り、株式の管理に関する行為として、民法252条本文により、各共有者の持分の価格に従い、その過半数で決せられるものと解するのが相当である」とされています[68]。

　このように、相続人の共有状態にある株式は、基本的には、相続人の持分価格の過半数によって、全株式の議決権の行使が決定されることになります。

(2)　本件の問題点

　本件では、先代経営者の妻が 1 / 2 の持分、先代経営者の子らが各 1 / 6 の持分についての推定相続人です（【4】(2)(3)参照）。したがって、先代経営者の相続開始後、先代経営者の妻の賛同を得ないと、相続人の持分の過半数を確保することができず、相続財産中の株式（67％）全部の議決権の行使ができないことになります。そうしますと、「議決権を行使することができる株主の議決権の過半数」を有する株主が株主総会に出席できない状態となり、株主総会決議に必要な定足数を確保できないこととなる場合があります（ただし、決議事項と定款の内容によります）。

　また、もしも、後継者による事業承継を快く思わない子がいた場合には、先代経営者の相続開始後、先代経営者の妻を味方につけて、相続人の持分の過半数を確保し、相続財産中の株式（67％）全部の議決権を行使し、取締役解任決議[69]等により、後継者を退陣させることも可能です。確実な事業承継のためには、このようなリスクも考慮して対策を講じておく必要があります。もっとも、このようなケースでは、解任につき正当な理由がなければ、後継者が、株式会社に対し、解任によって生じた損害の賠償を請求することもあり得ます[70]。

---

[68]　最判平成27年 2 月19日民集69巻 1 号25頁（なお、「民法252条本文」は改正後の民法252条 1 項に相当。）
[69]　会社法339条 1 項、341条
[70]　会社法339条 2 項

(3)　共有制度に関する見直し等の影響

　令和3年（2021年）の民法等改正（施行日は原則として令和5年（2023年）4月1日）により、共有制度に関する見直し（例えば、所在等不明共有者がいる場合等においても裁判を得て円滑に共有物の変更や管理を行うことができる仕組み[71]の創設）等が行われていることから、相続により株式の準共有状態が生じる場合等、事業承継局面にも影響が及ぶ可能性があるため、今後の動向については注視を要します[72]。

【6】相続クーデター（会社法）

> **Q**　私は、株式会社で事業を営んでいた先代経営者です。仮に、先代経営者である私が、株式会社の株式につき、株式譲渡も遺贈もせずに亡くなった場合には、どのような問題が生じそうでしょうか？
>
> 　後継者は、私の長男で、代表取締役に就任しています。そのほか、私には、妻と、長男以外の2名の子（合計3人兄弟）がいます。私は株式の67％を保有しており、後継者である長男は10％を保有しています。妻も、長男以外の2名の子も、長男を後継者とすることに全く異存なかったですし、私の相続も揉めずにまとまると思います。
>
> 　なお、株式については、**私の親族ではありませんが、専務取締役が15％、常務取締役が8％を保有しています。**それぞれ、私の腹心の部下ですが、私の長男を後継者とすることには強く反対していました。**私が亡くなった後、彼らが会社の主導権を握りたがっているという噂も聞いています。**

---

[71]　改正後の非訟事件手続法85条以下参照。

[72]　「事業承継ガイドライン」71頁。なお、権利行使者（会社法106条）と共有物の管理者（改正後の民法252条の2第1項）の関係性等、いくつかの論点について議論がなされています。

〈フレームワーク〉

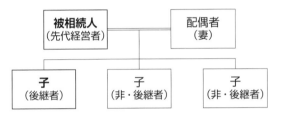

被相続人
（先代経営者）────配偶者（妻）

　　子（後継者）　　　子（非・後継者）　　　子（非・後継者）

Answer.

いわゆる「相続クーデター」の問題が[73]懸念されます。

(1)　相続人等に対する売渡しの請求

①　制度の趣旨について

　　譲渡制限株式の譲渡制限（前述の【2】(3)参照）は、売買・贈与等の特定承継にのみ適用され、相続等の一般承継については適用されません[74]。

　　しかし、「株主相互間の人的信頼関係を重視する閉鎖型タイプの株式会社において、株式会社にとって好ましくない者が新たに株主になることを

---

[73]「事業承継ガイドライン」（78〜79頁）でも「・後継者に対する買取請求の可能性」として指摘されています。

[74]　会社法134条4号

防ぐという株式譲渡制限の趣旨は、一般承継についても妥当」します。「このため、特定承継の場合のみならず、一般承継の場合も譲渡制限の対象とすることが、実務サイドから要請され」ていました。「これを受けて会社法では、相続等による一般承継においては、売買等の特定承継とは異なり、株式の移転の効果が法律上当然に発生することにかんがみ、174条以下に相続人等に対する売渡請求制度を設けた」とされています[75]。

② 制度の概要について

　株式会社は、相続その他の一般承継により当該株式会社の譲渡制限株式を取得した者（以下「相続人等」という）に対し、当該株式を当該株式会社に売り渡すことを請求することができる旨を、定款で定めることができるものとされています[76]。ここでいう「相続その他の一般承継」には、前述の【3】(2)❶で説明した特定財産承継遺言による承継も含まれますので、注意が必要です。

　このような定款の定めがある場合には、出席株主の議決権の2/3以上の多数決による株主総会決議（特別決議）により、次に掲げる事項を定めることで、株式会社は、相続人等に対し、相続その他の一般承継により取得した株式を、当該株式会社に売り渡すことを請求することができます[77]。

　(i) 売渡請求をする株式数

　　　（種類株式発行会社にあっては、株式の種類＋種類ごとの数）

　(ii) 相続人等の氏名・名称

　なお、この請求は、株式会社が相続その他の一般承継があったことを知った日から1年間に限って行使できます[78]。

③ 相続人等の議決権の排除

　ここでポイントとなるのは、前述の株主総会決議においては、相続人等が議決権を行使することができないということです[79]。これは、「閉鎖型の会社においては、投下資本の回収が一般に困難であるところ、大株主が自

---

[75] 本段落につき、江頭憲治郎ほか「論点体系会社法2 株式会社II」（第一法規、第2版、2021年）55頁
[76] 会社法174条
[77] 会社法175条1項、309条2項3号
[78] 会社法176条1項但書
[79] 会社法175条2項本文

己の議決権を利用してこれをなしうるとすれば、株主平等の原則に実質的に反する結果を招来しかねないということ」[80]や、「株主であることをやめようとする者は、他の株主と決定的に異なる立場にあり、両者の間に利益の同一性がなく、多数決の基礎が欠ける」[81]ということから正当化されてきたとされています[82]。

(2)　本件の問題点

　本件では、相続が揉めずにまとまりそうですので、後継者が、先代経営者の有する株式（67%）を、無事に相続することができそうです。これにより、後継者は、もともと保有していた株式（10%）と併せて、合計77%の株主となります。一見すると、後継者の支配権は盤石のものに見えます。

　一方、後継者に対して、相続人等に対する売渡請求がなされる場合には、状況が変わってきます。後継者は、相続人等に対する売渡請求についての株主総会決議においては、議決権を行使することができません。このとき、後継者は、相続により先代経営者より承継する予定の株式（67%）だけでなく、もともと保有していた株式（10%）についても、議決権を行使できません。したがって、この株主総会決議では、合計77%の株式を除いた、残り23%の株式（すなわち、専務取締役と常務取締役が保有する株式）についてのみ、議決権を行使できることとなります。そうすると、専務取締役と常務取締役が結託して合計23%の議決権を行使することで、前述の株主総会決議が可能となり、相続人等に対する売渡請求が可能となります。

　このようにして、相続人等に対する売渡請求が行われますと、後継者が先代経営者より承継するはずだった株式（67%）は株式会社保有の自己株式となり、議決権がなくなります[83]ので、最終的には、後継者がもともと保有していた株式（10%）と、専務取締役と常務取締役の連合軍が保有する株式（23%）の合計33%の株式のみが、議決権を行使できる株式となります。

---

[80]　上柳克郎ほか「新版注釈会社法第3補巻」（有斐閣、初版、1997年）45頁［鴻常夫］
[81]　龍田節「自己株式の取得と株主の平等」論叢134巻5＝6号（1994年）34頁
[82]　本段落につき、山下友信「会社法コンメンタール4─株式(2)」（商事法務、初版、2009年）124〜125頁
[83]　会社法308条2項

　このとき、前述の【5】の場合と同様に、後継者の解任決議等が可能となりますし、そもそも、後継者は、専務取締役と常務取締役の連合軍の賛成を得られなければ、株主総会で、通常の多数決すらできなくなります。このような状況では、後継者が自分の思うような事業運営を行っていくことは困難でしょう。

　このような事態に陥らないよう、後継者への株式の承継は計画的に行っていく必要があります。

　なお、相続人等に対する売渡請求により株式会社が株式を買い取る場合には、買取額が、「分配可能額を超えてはならない」[84]とされています（財源規制）。そのため、いわゆる「相続クーデター」が発生するリスクは、株主構成だけでは判断できませんので、ご注意ください。

　（注11）　**特別支配株主による株式等売渡請求**[85]

　　　　　他に、会社法が株式の売渡請求を認めるものとして、特別支配株主による株式等売渡請求があります。これは、特別支配株主、つまり株式会社の総株主の議決権の90％以上を　（一定の法人を通じて保有するものも含めて）保有する株主が、他の株主の全員に対し、その有する株式の全部を自分に売り渡すことを請求することができる、という制度です。会社法の手続きを踏まえる必要がありますが、経営の安定化の観点から、有用な手法と言えます[86]。

---

[84]　会社法461条1項5号、176条1項

[85]　会社法179条以下

[86]　「事業承継ガイドライン」79頁参照。なお、令和4年改訂により、「事業承継ガイドライン」（79〜80頁）においても、株式集約のための手法として、株式併合（会社法180条）及び端数処理について言及されるようになりました。

経営承継円滑化法

【1】 経営承継円滑化法とは

 最近、事業承継に関連して**「経営承継円滑化法」**という法律の話を聞くことが多くなりましたが、これは、どのような法律ですか？

〈フレームワーク〉

確認すべき分野

承継の方向性		事業性評価	企業経営者	承継手続き
	親族内	A-1	A-2	A-3 問題 現状 解決策
	従業員	B-1	B-2	B-3 問題 現状 解決策
	第三者	C-1	C-2	C-3 問題 現状 解決策

Answer.

　経営承継円滑化法は、①事業承継税制、②遺留分に関する民法の特例、③金融支援（事業承継時の金融支援措置）の基本的枠組みを盛り込んだ、事業承継円滑化に向けた総合的支援策の基礎となる法律で、平成20年10月1日（②に関する規定は平成21年3月1日）から施行されています。ここに、④所在不明株主に関する会社法の特例が4つ目の支援措置として追加され、令和3年8月2日から施行されています。

　本章では、これら4つの支援措置の概要について説明することとします。

経営承継円滑化法の概要[87]

経営承継円滑化法の概要

事業承継に伴う税負担の軽減や民法上の遺留分への対応をはじめとする事業承継円滑化のための総合的支援策を講ずる「中小企業における経営の承継の円滑化に関する法律」が平成20年5月に成立。

1.　事業承継税制
◇事業承継に伴う税負担を軽減する特例を措置
①非上場株式等に係る贈与税・相続税の納税猶予制度
都道府県知事の認定を受けた非上場中小企業の株式等の贈与又は相続等に係る贈与税・相続税の納税を猶予又は免除
②個人の事業用資産に係る贈与税・相続税の納税猶予制度
都道府県知事の認定を受けた個人事業者の事業用資産の贈与又は相続等に係る贈与税・相続税の納税を猶予又は免除

4.　所在不明株主に関する会社法の特例
◇都道府県知事の認定を受けること及び所要の手続を経ることを前提に、所在不明株主からの株式買取り等に要する期間を短縮する特例を新設【令和3年8月施行】
● 会社法上、株式会社は、株主に対して行う通知等が15年以上継続して到達しない等の場合、当該株主（所在不明株主）の有する株式の買取り等の手続が可能
● 本特例によりこの**「5年」を「1年」に短縮**

事業承継の円滑化
地域経済と雇用を支える中小企業の事業活動の継続

2.　遺留分に関する民法の特例
◇後継者が、遺留分権利者全員との合意及び所要の手続を経ることを前提に、遺留分に関する以下の特例を措置
①生前贈与株式等・事業用資産の価額を除外（除外合意）
生前贈与した株式等（※会社）・事業用資産（※個人事業）の価額が、遺留分を算定するための財産の価額から除外されるため、相続後の遺留分侵害額請求を未然に防止
②生前贈与株式等の評価額を予め固定（固定合意）
後継者の貢献により株式等価額の上昇分が、遺留分を算定するための財産の価額に含まれないため、後継者の経営意欲を阻害しない（※個人事業は利用不可）

3.　金融支援
◇事業承継の際に必要となる資金について、都道府県知事の認定を受けることを前提に、融資と信用保証の特例を措置
①株式会社日本政策金融公庫法及び沖縄振興開発金融公庫法の特例（融資）
対象：中小企業者の代表者（※）、事業を営んでいない個人
②中小企業信用保険法の特例（信用保証）
対象：中小企業者及びその代表者（※）、事業を営んでいない個人
※ 中小企業者（会社）の代表者

事業承継に伴う幅広い資金ニーズに対応
（M&Aにより他者の株式や事業用資産を買い取るための資金等も含む）

　重要なことは、②については経済産業大臣の確認、①③④については都道府県知事の認定が、それぞれ必要であるという点です。確認・認定の申請に当たっては、中小企業庁HP「経営承継円滑化法による支援」[88]を参照の上、必ず申請マニュアルまで目を通す必要があります。その際、まずはパンフレット（概要）を読んで全体像を把握してから、申請マニュアルや申請様式を読むようにすると、より理解しやすくなると思われます。また、各制度についての「事業承継ガイドライン」における説明も参考になります。

　なお、実際の解釈に当たっては、「中小企業における経営の承継の円滑化に

---

[87]「経営承継円滑化法の概要」
　（https://www.chusho.meti.go.jp/zaimu/shoukei/shoukei_enkatsu/gaiyou.pdf）
[88]「経営承継円滑化法による支援」
　（https://www.chusho.meti.go.jp/zaimu/shoukei/shoukei_enkatsu.htm）

関する法律」（狭義の経営承継円滑化法）だけでなく、「中小企業における経営の承継の円滑化に関する法律施行令」（政令）と「中小企業における経営の承継の円滑化に関する法律施行規則」（省令）も参照する必要があります。特に省令は量が多く、ほぼ毎年改正されているため、特に支援機関においては留意が必要です。

【2】経営承継円滑化法に基づく支援措置について

「経営承継円滑化法」に基づく **4つの支援措置**の内容は、それぞれどのようなものでしょうか？

〈フレームワーク〉

確認すべき分野

承継の方向性

	事業性評価	企業経営者	承継手続き
親族内	A-1	A-2	A-3 問題 / 現状 → 解決策
従業員	B-1	B-2	B-3 問題 / 現状 → 解決策
第三者	C-1	C-2	C-3 問題 / 現状 → 解決策

Answer.

(1) 事業承継税制

① 法人版事業承継税制

　平成21年度税制改正において創設された事業承継税制（法人版事業承継税制）は、非上場株式等の承継に伴って生じる贈与税・相続税の負担により事業継続に支障が生ずることを防止するため、都道府県知事の認定等を前提に、一定の

要件の下、その納税を猶予・免除する制度です。平成30年度税制改正において
は、さらに事業承継を強力に後押しするため、平成30年（2018年）1月1日か
ら令和9年（2027年）12月31日までの10年間の贈与・相続等を対象とする時限
措置として、従前の事業承継税制（一般措置）を抜本的に拡充した特例措置が
創設されました。

　特例措置の場合、対象となる株式は全株式（一般措置の場合は総株式数の2／
3まで）、納税猶予割合は贈与税・相続税ともに100％（一般措置の場合は相続税
は80％）となる等、一般措置に比べて全体的に有利な内容となっているため、
当面は特例措置の適用を検討するケースがほとんどと思われます。ただし、特
例措置の適用のためには、平成30年（2018年）4月1日から令和6年（2024年）
3月31日までに、認定経営革新等支援機関による指導及び助言を受けた旨を記
載した特例承継計画を都道府県に提出する必要があります（下図[89]参照）。

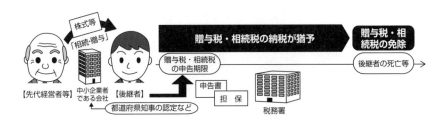

② 　個人版事業承継税制

　令和元年度税制改正において創設された個人版事業承継税制は、平成31年
（2019年）1月1日から令和10年（2028年）12月31日までの贈与・相続等を対象
とする10年間の時限措置として、都道府県知事の認定等を前提とする、個人事
業主の事業用資産についての贈与税・相続税の納税猶予・免除制度です。認定
を受けるためには、平成31年（2019年）4月1日から令和6年（2024年）3月
31日までに、認定経営革新等支援機関の指導及び助言を受けた旨を記載した個
人事業承継計画を都道府県に提出することが必要です。

---

[89] 経営承継円滑化法申請マニュアル【相続税、贈与税の納税猶予制度の特例】（令和4年9月改訂版）
（https://www.chusho.meti.go.jp/zaimu/shoukei/shoukei_enkatsu_zouyo_souzoku/manual_1.pdf）
より抜粋

　なお、個人版事業承継税制と特定事業用宅地等の小規模宅地等の特例の併用はできず、選択適用となります。実務では後者を利用した方がメリットの大きいケースもあるため、比較検討が必要です。

（参考）個人版事業承継税制と法人版（特例措置）の比較[90]

	法人版（特例措置）	個人版
事前の計画策定	**6年以内の特例承継計画の提出** 2018年4月1日から 2024年3月31日まで	**5年以内の個人事業承継計画の提出** 2019年4月1日から 2024年3月31日まで
適用期限	**10年以内の贈与・相続等** 2018年1月1日から 2027年12月31日まで	**10年以内の贈与・相続等** 2019年1月1日から 2028年12月31日まで
対象資産	**非上場株式等**	**特定事業用資産**
納税猶予割合	**100%**	**100%**
承継パターン	複数の株主から**最大3人**の後継者	原則、**先代一人から後継者一人** ※一定の場合、同一生計親族等からも可
贈与要件	一定数以上※の株式等を贈与すること ※後継者一人の場合、原則2／3以上など	**その事業に係る特定事業用資産のすべてを贈与すること**
雇用確保要件	あり（特例措置は弾力化）	**雇用要件なし**
経営環境変化に対応した減免等	あり	**あり** ※後継者が重度障害等の場合は免除
円滑化法認定の有効期限	最初の申告期限の翌日から5年間	**最初の認定の翌日から2年間**

　事業承継税制は、内容が複雑であり、かつ類書が多いことから、本章では、これ以上の説明は行いませんが、制度に習熟した税理士等と連携しながら対応するのが望ましいと考えられます。例えば、（法人版の特例措置の場合）特例承継計画や（個人版の場合）個人事業承継計画を都道府県知事に提出するだけでなく、都道府県知事の認定を受けた上で税務署に申告しなければ、納税猶予を受けることはできません。また、納税猶予期間中に（法人版の場合）年次報告書・（法人版・個人版の場合）継続届出書をそれぞれ都道府県知事・税務署に定期的に提出し、認定取消事由に該当しないよう管理する等、継続的に遺漏なく対応する必要があります。そのため、実際に事業承継税制を活用する際には制度についての穴のない理解が必要と言えます。

---

[90]【個人版事業承継税制の前提となる　経営承継円滑化法の認定申請マニュアル】（令和4年4月改訂版）（https://www.chusho.meti.go.jp/zaimu/shoukei/shoukei_kojin_ninntei/kojin_manual.pdf）より抜粋

(2)　遺留分に関する民法の特例

　事業承継時に非上場株式等や事業用資産を後継者に集中させることで、後継者による安定的な事業継続を図ることは重要です。しかし、それが先代経営者から後継者に対する贈与等により行われる場合には、後継者以外の先代経営者の推定相続人（非後継者）との間で、民法上の遺留分に係る紛争を生じさせるリスクがあります。そこで、経営承継円滑化法では、遺留分に関する民法の特例を定め、事業承継に伴う遺留分に係る紛争の抑止を図っています。

　具体的には、後継者・非後継者全員で以下の合意を行うことが可能です。これらの合意は、経済産業大臣の確認及び家庭裁判所の許可により有効となります。

①　除外合意

　先代経営者から後継者に贈与等された非上場株式等（会社の経営の承継の場合）・事業用資産（個人事業の経営の承継の場合）の価額について、遺留分を算定するための財産の価額から除外することを合意します。なお、令和元年（2019年）7月から、会社の経営の承継の場合だけでなく、個人事業の経営の承継の場合においても除外合意が可能となりました。

（参考）除外合意の概要[91]

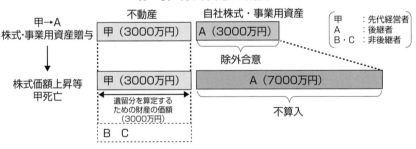

---

②　固定合意

先代経営者から後継者に贈与等された非上場株式等（会社の経営の承継の場合）の価額について、遺留分を算定するための財産の価額に算入する価額を合意時の時価に固定することを合意します（個人事業の経営の承継の場合は不可）。

弁護士、公認会計士、税理士等の「相当な価額」の証明が必要となります。適宜、「経営承継法における非上場株式等評価ガイドライン」[92]も参照してください。

後継者の目線から見ると、非後継者に「除外合意」に応じてもらえることが最も望ましく、「除外合意」を取り付けられないときの副次的な位置づけのものとして「固定合意」を目指すことが多いと考えられます。

（参考）固定合意の概要[93]

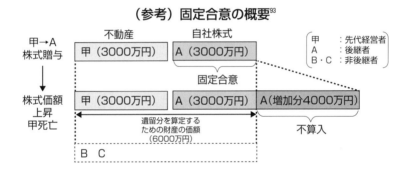

なお、以上の合意に加えて、後継者が株式等や事業用資産を処分した場合等に非後継者がとることができる措置に関する定めをする必要があります。また、これらの合意（基本合意）に付随して、後継者が取得した株式等・事業用資産以外の財産に関する遺留分の算定に係る合意等[94]（付随合意）を任意で行うこともできます。基本合意に付随合意も組み合わせることで、よりきめ細やかに後継者・非後継者間の利害調整を行うことが可能となるケースもあると思われます。

---

[92]「経営承継法における非上場株式等評価ガイドライン」
　（https://www.chusho.meti.go.jp/zaimu/shoukei/2009/090209HyoukaGuidelines.htm）
[93] 前述のパンフレット（遺留分に関する民法の特例の概要）より抜粋
[94] その他、非後継者・後継者間又は非後継者間の衡平を図るための措置（いわゆる代償金の支払等）
　に関する定めや、非後継者が取得した財産に関する遺留分の算定に係る合意も可能です。

（参考）各合意のイメージ[95]

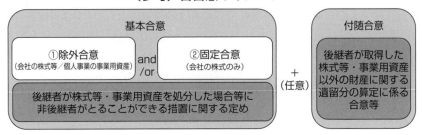

　手続きの概要は以下のとおりです。各合意から経済産業大臣の確認の申請[96]までの期間と、同確認から家庭裁判所の許可の申立てまでの期間が、いずれも1か月以内であるという点をまず押さえてください。

○会社の経営の承継の場合（除外合意・固定合意）[97]

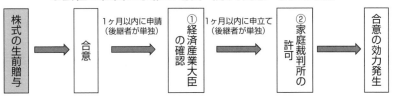

○個人事業の経営の承継の場合（除外合意）

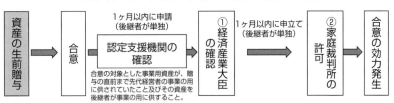

(3)　金融支援

　事業承継の際に必要となる様々な資金について、経営承継円滑化法に基づく

---

[95] 「事業承継ガイドライン」75頁より抜粋

[96] なお、令和4年3月から、Gビズフォームを利用したWEB申請も可能になりました（https://form.gbiz.go.jp/Legitime/）。

[97] それぞれ、前述のパンフレット（遺留分に関する民法の特例の概要）より抜粋

都道府県知事の認定を前提に、①公庫融資と②信用保証の特例が設けられています。

①　公庫融資

中小企業者以外の個人（会社の代表者、事業を営んでいない個人）であっても、日本政策金融公庫又は沖縄振興開発金融公庫の融資制度を利用することができます。例えば、日本政策金融公庫(中小企業事業)の場合、融資限度額は7億2,000万円です。

②　信用保証

中小企業者（会社、個人事業主）が金融機関から資金を借り入れる場合に、信用保証協会の通常の保証枠とは別枠を利用することが可能になります。例えば、通常の保証枠が2億8,000万円の場合、同額の別枠が利用できると合計5億6,000万円の保証枠を利用することが可能になります。

また、中小企業者以外の個人（会社の代表者、事業を営んでいない個人）が金融機関から資金を借り入れる場合であっても、信用保証協会の通常の保証枠を利用することが可能になります。例えば、通常の保証枠が2億8,000万円の場合、この2億8,000万円の保証枠を利用することができます（なお、別枠を利用することはできません）。

これらの各特例による支援の内容は以下の表のとおりです。経営承継円滑化法の施行された当時に設けられていた金融支援は、経営を承継した後に必要となる資金（以下の表[98]の1）に限られており、まず経営の承継（基本的には代表者の交代）を実行してから認定申請を行い、金融支援を受ける必要がありました。しかし、その後の法令改正を経て、経営の承継を認定申請や金融支援に先行する要件としない類型も設けられるようになり、具体的には、M&Aにより他社の株式や一定の事業用資産を買い取るための資金（以下の表の2）や、経

---

[98] パンフレット（金融支援の概要）「事業承継における融資・保証制度」（2022年3月改訂）（https://www.chusho.meti.go.jp/zaimu/shoukei/shoukei_enkatsu/kinyushien_pamphlet.pdf）より抜粋・一部加工

営者保証が付されている融資を経営者保証を不要とする融資として借り換える
ための資金（以下の表の3）も支援の対象に含まれるようになっています。このようにして、現在は、親族内承継から従業員承継やM&Aまで広く利用しやすい制度となっています。

　なお、都道府県知事の認定とは別に、金融機関や信用保証協会による審査は別途必要となりますので、収支・財務状況やスケジュール感等には注意する必要があります。

	必要となる資金の類型	支援の対象者	支援形態	
			公庫融資	信用保証
1	経営を承継した後に必要となる資金 【例】 ・後継者が自社の株式や事業用資産を買い取るための資金 ・後継者が相続や贈与によって自社の株式や事業用資産を取得した場合の相続税・贈与税の納税資金	中小企業者		○
	・仕入先の取引条件や取引先金融機関の借入条件が厳しくなったことにより必要となる資金（※） （※）信用保証のみ　　　　　　　　　　　　　　等	中小企業者の代表者 [会社]	○	○
2	これから他の中小企業者の経営を承継するにあたり必要となる資金 【例】 ・これからM&Aにより他社の株式や事業用資産を買い取るための資金　　　等 【平成30年（2018年）7月新設】	（これから他の中小企業者の経営を承継しようとする）中小企業者		○
		（これから他の中小企業者の経営を承継しようとする）事業を営んでいない個人	○	○
3	認定日から経営の承継の日までの間に、現経営者の保証が付されている借入れを借り換えるための資金（経営者保証は不要） 【令和2年（2020年）10月新設】	中小企業者 [会社]		○

⑷　所在不明株主に関する会社法の特例

　一般的に、株主名簿に記載はあるものの会社が連絡が取れなくなり、所在が不明になってしまっている株主を「所在不明株主」といいます。

　会社法上、株式会社は、所在不明株主に対して行う通知等が5年以上継続して到達せず、当該所在不明株主が継続して5年間剰余金の配当を受領しない場合、その保有株式の競売又は売却（自社による買取りを含みます）の手続が可能です。他方で、「5年」という期間の長さが、事業承継の際の手続き利用のハードルになっているという面もありました。そこで、この点を踏まえ、非上場の中小企業者のうち、事業承継ニーズの高い株式会社に限り、都道府県知事の認定を受けることと一定の手続き保障を前提に、この「5年」を「1年」に短縮する特例（所在不明株主に関する会社法の特例）を創設することとなりました。

　同特例の認定要件は、❶申請者の代表者が年齢、健康状態その他の事情により、継続的かつ安定的に経営を行うことが困難であるため、会社の事業活動の継続に支障が生じている場合であること（経営困難要件）、及び、❷一部株主の所在が不明であることにより、その経営を当該代表者以外の者（株式会社事業後継者）に円滑に承継させることが困難であること（円滑承継困難要件）の2つです。同特例利用の際は、これらの要件を満たす旨、中小企業者の主たる事務所の所在地の都道府県に申請する必要があります[99]。

　これら2つの認定要件については、具体的な判断基準が設けられており、後述のパンフレット[100]にはその概要が記載されています。❶経営困難要件は、個別具体的な事情を総合的に考慮されるため、比較的柔軟に判断されると言って差し支えないと思いますが、❷円滑承継困難要件は、数値基準が設けられているため、比較的形式的に判断されると言えます。特に、所在不明株主の保有株式の議決権割合が最低でも10％を超えていないと同要件を満たせない（A基準/D基準）という点は大きなハードルと思われ、実際に本特例を利用できるケースはある程度、限定されるかもしれません。ただ、2つの認定要件を満たすケー

---

[99] 第3回「中小企業の経営資源集約化等に関する検討会」資料1「事務局説明資料」（https://www.chusho.meti.go.jp/koukai/kenkyukai/shigenshuyaku/2021/210125shigenshuyaku01.pdf）において、中小M&Aにおける制度的な課題の例として「所在不明株主の取扱い」「株券発行会社における株式譲渡時の株券不交付の取扱い」「名義株主の取扱い」「許認可等の非承継」が挙げられており、所在不明株主に関する会社法の特例の創設の方向性についても言及されています（4～11ページ）。

[100] パンフレット（所在不明株主に関する会社法の特例の概要）「所在不明株主に関する会社法の特例」（2021年10月改訂）（https://www.chusho.meti.go.jp/zaimu/shoukei/shoukei_enkatsu/kaisha-hou_pamphlet.pdf）より抜粋・一部加工

スは、まさに所在不明株主問題が円滑な事業承継の阻害要因となっているケースと言えますので、そのようなケースに備えて、本特例も念頭に置いておくことが望ましいです。

手続の例：株式会社が所在不明株主から非上場株式を買い取る場合

現行制度（会社法）

| 5年以上の通知不到達・配当不受領 | 取締役会決議（取締役会設置会社の場合） | 公告・個別催告 | 裁判所の売却許可 | 株式買取り |

↓

特例（認定を受けた場合）

認定

| 1年以上の通知不到達・配当不受領 | 取締役会決議（取締役会設置会社の場合） | 公告・個別催告［特例］ | 公告・個別催告［会社法］ | 裁判所の売却許可 | 株式買取り |

1　経営困難要件	例えば、以下のいずれかに該当する場合、要件を満たし得ます。
申請者の代表者が年齢、健康状態その他の事情により、継続的かつ安定的に経営を行うことが困難であるため、会社の事業活動の継続に支障が生じている場合であること	◆代表者の「年齢」が満60歳を超えている場合 ◆代表者の「健康状態」が日常業務に支障を生じさせている場合 ◆「その他の事情」が認められる場合 ・代表者以外の役員や幹部従業員の病気や事故　等 ・外部環境の急激な変化による突然の業績悪化　等 ただし、以上の具体例に該当しなくとも、個別具体的な事情を総合的に考慮して設定が相当であると判断することがあります。
2　円滑承継困難要件	❶認定申請日時点において株式会社事業後継者が定まっている場合 所在不明株主の保有株式の議決権割合 （A）株式譲渡の手法：1/10超かつ「1-要求される場合」超 （B）株式総会特別決議に基づく手法　等：1/3超 ❷認定申請日時点において株式会社事業後継者が未定の場合 所在不明株主の保有株式の議決権割合 （C）原則：1/3超 （D）例外：1/10超かつ特例適用分が経営株主等と加算して9/10以上
一部株主の所在が不明であることにより、その経営を当該代表者以外の者（株式会社事業後継者）に円滑に承継させることが困難であること	

　経営承継円滑化法は、事業承継に伴う課題を解決するための有効なツールではあるものの、まだ広く普及しているとは言い難い状況にあります。士業等専門家をはじめとする支援機関がさらに研鑽を積み、支援実績を積み上げていくことが望まれます。

生命保険の活用

【1】 退職金の原資としての生命保険

　生命保険は以下の特性を持ち、事業承継・相続において、様々なケースで活用することができます。

　①　相続発生後すぐに現金化できる

　②　生命保険金は受取人固有の財産になる

　③　相続放棄しても生命保険金を受け取ることができる

　④　死亡保険金・退職金の非課税枠が活用できる

　⑤　自社株買取り、贈与・相続税の納税資金とすることができる

　突然の経営者の死亡・就業不能による事業継続のリスク回避、退職時の退職金準備、自社株式の買取資金の準備、贈与・相続時の納税資金の準備など、法人契約の生命保険と経営者・後継者個人契約の生命保険いずれも活用することができます。

　相談のケースに合わせて、生命保険の活用事例を紹介しましょう。

Q　　私は株式会社で事業を営む現経営者です。そろそろ後継者である長男に株式を承継したいと税理士に伝えたところ、業績が伸びているので、そろそろ事業承継のための**資金を準備したほうがいい**と言われました。

　どのように準備すればよいのでしょうか？

〈フレームワーク〉

確認すべき分野

	事業性評価	企業経営者	承継手続き
親族内	A-1	A-2	A-3
従業員	B-1	B-2	B-3
第三者	C-1	C-2	C-3

承継の方向性

Answer.

　業績が順調な企業の事業承継対策に必要な資金としては、後継者が事業用不動産を買い取るための資金や現経営者の退職金の支払い、相続税の納税資金などがあります。

　この場合の保険の目的は、経営者の退職金準備・納税資金準備です。

(1)　保険の種類・契約方法

　保険の種類は、終身保険や長期平準定期保険です。契約者・受取人を法人、被保険者を現経営者とします。

(2)　終身保険

　終身保険は文字通り一生涯保障が続きます。保険料は終身払いと指定した年齢までに払込満了とするものがあります。死亡時だけでなく、解約すると解約返戻金を受け取ることができます。事業承継時に解約し、経営者の退職金を支払ったり、自社株の買取資金に当てたりすることができます。保険料は、「保険積立金」として資産計上します。経費にはなりません。

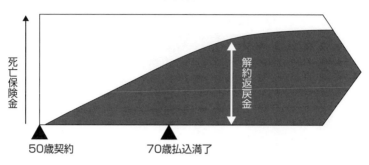

(3)　長期平準定期保険

　長期平準定期保険も、死亡時に保険金を受け取ることができるばかりでなく、保険料の一部を積み立てて解約時に解約返戻金として受け取ることができます。

　満期を「95歳満期」や「100歳満期」というように長く設定します。満期を過ぎれば保障は無くなりますが、満期前の解約返戻率が比較的高い時期が長く続くのが特徴です。退職時期を決めておらず、健康なうちは現役でと思っている経営者が65〜75歳頃までに退職するための積立として最適です。保険料の変動はありません。

　長期平準定期保険は、保険料を経費にできるため、株式の生前贈与や相続時に自社株式の評価額引下げ効果があります。節税効果が高く事業承継で盛んに活用されてきました。

　税務上の取扱い変更により2019年7月8日以降に契約の保険については、全額経費になるのは最高解約返戻率が50％以下のものだけになりました。そのため現在では自社株式の評価額引下げへの効果は高いとは言えません。

長期平準定期保険

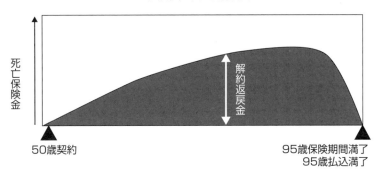

死亡保険金

解約返戻金

50歳契約

95歳保険期間満了
95歳払込満了

⑷　**留意点**

　保険解約で保険金を受け取る時期と退職金を支払う経費の計上時期がずれると特別利益が生じるので、同じ決算期内に行うことです。

　現経営者へ多額の退職金の支払いのため、事業承継後の資金繰りが難しくなると困ります。退職金や自社株式買取資金として、事業承継の10年以上前から準備しておくと良いでしょう。

【2】生命保険による遺産分割対策

　長男が事業用資産と自社株式（評価額1億2千万円）を承継します。長男以外の次男・三男の遺留分として、**次男・三男を受取人とした生命保険**を用意すればいいでしょうか？

〈フレームワーク〉

確認すべき分野

	事業性評価	企業経営者	承継手続き
親族内	A-1	A-2	A-3 問題 現状 → 解決策
従業員	B-1	B-2	B-3
第三者	C-1	C-2	C-3

承継の方向性

Answer.

　遺留分侵害額請求の対策として生命保険を活用できますが、受取人を次男・三男とするのは得策ではありません。

　例えば、遺言で事業用資産と自社株式（1億2千万円）を長男が相続すると決められていても、長男以外の家族は法定相続分の1/2を遺留分として求める権利があります。遺留分は、妻1/4、次男と三男が1/12ずつです。

　母が遺留分を請求しない場合、次男と三男の遺留分として、図Aのように、次男と三男を受取人として父を契約者・被保険者の死亡保険金1千万円の生命保険を契約すればよいと思うかもしれません。

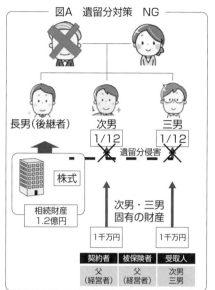

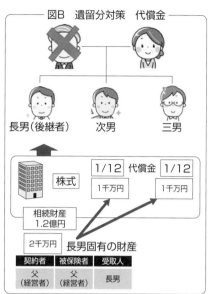

　しかし、この場合の死亡保険金は、遺留分とは関係のない受取人固有の財産となるので、相続財産の事業用資産と自社株式（1億2千万円）の遺留分侵害額請求の権利は依然として残ります。

(1)　遺留分侵害額請求

　遺留分の請求権については、2019年7月1日施行の相続法改正により「遺留分侵害額請求」に変更され、遺留分の請求は金銭で支払うことが定められました。

　事業承継では、相続財産として会社の土地建物がほとんどで遺留分侵害額支払いの充分な現預金がない場合も少なくありません。それでは、事業承継にも支障が生じてしまいます。

　目的の財産を長男に譲りたいという遺言者の意思を尊重し、財産は長男に譲る代わりに、長男は遺留分侵害額相当分を金銭で支払う準備をしなければなりません。

⑵　保険の種類・契約方法

　遺留分対策を目的とする場合は、契約者本人の個人の生命保険を使います。保険の種類は終身保険とします。契約者・被保険者は現経営者である父親、受取人は後継者である長男とします。

⑶　留意点

　受取人を遺留分請求の権利がある次男・三男にせず、図Bのように、長男を受取人とすることです。長男が受け取る死亡保険金から次男・三男の遺留分を支払います。これは代償分割という遺産の分割方法です。長男が受け取る死亡保険金は、長男の固有の財産となり、相続財産には含まれません。相続人1人当たり500万円の非課税枠があります。

　支払うお金を代償金と言います。代償金は、遺留分侵害額として相続財産の1/12、1千万円ずつを長男から次男、三男に払います。

　事業用資産以外にほとんど相続財産を持たない場合、相続発生時に遺留分侵害額請求されても、事業用資産を売却することはできません。多額な銀行借入で対応せざるを得なくなると、承継後の借入返済負担が大きくなります。事業承継を考えるときは、早めに遺留分対策も考えましょう。

【3】生命保険による事業継続リスク対策

Q　業績が芳しくない状態で事業承継を考える場合、後継者である長男に**個人保証等の負担をかけないようにするには**、どうしたらいいでしょうか？

〈フレームワーク〉

確認すべき分野

	事業性評価	企業経営者	承継手続き
親族内	A-1	A-2	A-3
従業員	B-1	B-2	B-3
第三者	C-1	C-2	C-3

承継の方向性

Answer.

　事業再生中や多額の借入金がある場合、急に経営者が亡くなると、金融機関から後継者に個人保証を求められることになります。また、融資の継続が困難になったり、取引先から取引を中止されたりすることも少なくありません。業績が悪い状態での急な事業承継では、安定して事業を継続することが難しいとみられるからです。

　最低限、従業員の給与などの運転資金と、借入金返済資金など事業継続に必要な資金を準備しておきましょう。

(1)　保険の種類・契約方法

　現経営者の死亡による事業継続リスク対策を目的とする場合は、定期保険を使います。保証期間後は保証がゼロになる掛捨てですが、保険料が安いのが特徴です。保険契約者・受取人は法人、被保険者は現経営者とします。法人契約で、支払保険料は全額経費（損金）になります。

　必要な保証額は、借入金の残高に加えて、安定した経営ができるまでの当面の運転資金確保として固定費の3〜6か月分を加えます。

(2)　定期保険

　定期保険は、被保険者が亡くなるか、所定の高度障害になった時に保険金が支払われる死亡保険です。保険期間は「10年定期」など保険期間を限定したもの、もしくは「65歳満了」など被保険者の年齢で保障期間を定めたものです。「10年定期」は保険期間満了後に同じ条件で更新できる場合もあります。「○○歳満了」は保障期間後の保障はありません。

　保険料は掛捨てで、終身保険などに比べて保険料は低く設定されています。

定期保険

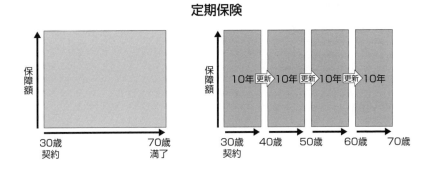

(3)　留意点

　「10年定期」は更新できますが、高齢になると掛捨ての保険料も高くなりますので、事業が安定した段階で、【2】のケースのような法人におカネが貯まる保険に切り替えると良いでしょう。

　以上の事例で示したように、生命保険は、他の金融商品にはない特徴を持ち、事業承継の対策として有効に使うことができます。しかし、生命保険の種類は多く、保険会社によっても異なり、生命保険に関する法改正も頻繁に行われています。生命保険は、適切な時期に適切な方法で適切な商品を選ぶことが重要です。事業承継を考えるときは、事業承継に関する生命保険の専門家に相談すべきでしょう。

第5章

親族外承継

I　従業員承継

【1】従業員承継の利点と課題

 　　親族に後継者がいないため廃業を考えていましたが、**長年勤務している優秀な従業員が経営を引き継ぐ意思のある**ことがわかり、従業員への承継も選択肢として考えています。
　　従業員による事業承継に当たって検討すべき点を教えてください。

〈フレームワーク〉

確認すべき分野

承継の方向性		事業性評価	企業経営者	承継手続き
	親族内	A-1	A-2	A-3
	従業員	B-1 問題 現状→解決策	B-2 問題 現状→解決策	B-3 問題 現状→解決策
	第三者	C-1	C-2	C-3

Answer.

　親族の中に適切な後継者候補がいない場合には、廃業回避の手法として、役員や従業員による事業承継（役員による場合はMBO（Management Buy-Out）、従業員による場合はEBO（Employee Buy-Out）と称することもありますが、以下「従業員承継」と総称します）が選択肢の1つとなります。会社の経営理念や事

業内容を熟知している役員や従業員が後継者となって事業を引き継いでくれるという点が、従業員承継の最大の利点です。

　一方で、役員や従業員は会社の事業を熟知していると言っても、会社の経営者として事業の全責任を負って仕事をした経験は基本的に無いため、経営者としての教育と環境整備（他の従業員や顧客、現経営者の親族といった関係者からの信頼や理解の獲得を含みます）を事前に進める必要があります。また、後継者に事業を引き継ぐに当たって社内制度や組織の整備も必要です。さらに、以下のとおり、承継資金の調達や経営者保証への対応といった課題もあります。このように、親族内承継とは別の観点からの検討も必要となります。

　なお、「事業承継ガイドライン」においては令和4年改訂時に従業員承継に関する記載が拡充されているため、同ガイドラインは従業員承継に取り組む中小企業及び支援機関にとって参考になると思われます[1]。

【2】承継資金の調達

　従業員への事業承継を検討していますが、業績の良い会社のため**株式評価額が高額になっており、従業員が株式の買取資金を持っていない**ことが一番の問題です。
後継者である従業員はどのように資金調達すればよいでしょうか？

[1] 第2回事業承継ガイドライン改訂検討会（令和4年1月20日開催）資料1「事務局説明資料」（6ページ）によれば、「近年重要性が増している従業員承継に関する記載を充実させてはどうか。」等の意見があったことから、従業員承継に関する記載を充実させる方向性で検討が行われたとのことです。

〈フレームワーク〉

確認すべき分野

	事業性評価	企業経営者	承継手続き
親族内	A-1	A-2	A-3
従業員	B-1	B-2	B-3
第三者	C-1	C-2	C-3

承継の方向性

問題　解決策　現状

Answer.

　従業員承継を行う場合の大きな課題の 1 つは、現経営者から株式を買い取るための資金の調達です。対策としては、以下の方法のいずれか、もしくは組合せが考えられます。

(1)　後継者への融資

　借入による資金調達方法の 1 つとして、日本政策金融公庫が実施する「事業承継・集約・活性化支援資金」が活用できます。譲渡価額が後継者の自己資金と融資金額の合計額の範囲内で、かつ、後継者に支払われる役員報酬で借入返済が可能な場合等であれば、有力な選択肢になり得ます。

　なお、従業員承継においても、認定要件を満たせば経営承継円滑化法に基づく金融支援を利用することが可能です。例えば、（代表権を有しない）役員や従業員が現経営者から株式を購入するような場合、（これから他の中小企業者の経営を承継しようとする）事業を営んでいない個人として、経営承継円滑化法に基づく認定を受けることが可能です。

(2)　投資ファンドの活用

　株式の買取り等を目的とした特別目的会社（SPC：Special Purpose Company）

を設立し、後継者と投資ファンドからの出資、金融機関からの融資によって資金を調達する方法です。SPC が対象会社の全株式を購入しますので、後継者は、株式の購入資金を全額調達しなくても会社の支配権を取得することが可能です。

　事業承継を円滑化する目的で、公的な投資ファンド（事業承継ファンド等）が創設されていますので、活用を検討してもよいでしょう。例えば、中小企業基盤整備機構が、民間の投資ファンドと手を組んで事業承継に力を入れています。

　また、民間においても、中小企業の事業承継や事業再生の支援を目指して投資活動を行っている投資ファンドもありますので、中小企業経営者にとって投資ファンド活用の選択肢は増えてきています。

　なお、資金を調達した投資ファンドが株主となるため、経営の自由度が一定程度制限される点には留意する必要があります。また、投資ファンドは、最終的には投資した資金を回収する出口（Exit）が必要ですので、将来的に株式の買取りを要請されることもあります。

　投資ファンドからの資金調達に当たっては、事前に株式の引受条件、配当方針、出口（Exit）に関する方針等を確認する必要があります。

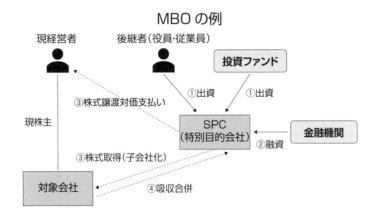

MBO の例

　図の例は、株式取得のための受け皿である特別目的会社（SPC）が、後継者と投資ファンドの出資による自己資金に加え、金融機関からの外部借入を行っています。外部借入によって買収資金を調達し、自己資金の何倍にも及ぶ資金

で、株式を取得することができます。このような方式をLBO（Leveraged Buy-Out）といい、MBO案件ではよく利用されています。LBOにおいて調達した借入金の返済は、ほとんどの場合、対象会社から将来得られるキャッシュ・フローで返済しますので、安定したキャッシュ・フローを生み出す事業であることが前提となります。

【3】 経営者保証への対応

> **Q** 金融機関からの借入に際し個人保証を差し入れていますが、従業員への事業承継にあたり、**借入金に対する個人保証（経営者保証）について後継者候補が難色を示しています。**
>
> なお、会社の業績は良く、現在の業績が続けば計画どおりの借入金返済は可能な経営状況にあります。
>
> 個人保証を外して事業承継できるような方法はありませんか？

〈フレームワーク〉

➡ 確認すべき分野

承継の方向性		事業性評価	企業経営者	承継手続き
	親族内	A-1	A-2	A-3
	従業員	B-1	B-2	B-3 問題　現状→解決策
	第三者	C-1	C-2	C-3

Answer.

⑴　「経営者保証に関するガイドライン」の活用

　事業承継時に一定の要件を満たす場合、**「経営者保証に関するガイドライン」**を活用し、既存の保証契約の解除や適切な保証金額への見直しを行うよう、金融機関と交渉することが可能です。

　経営者に求められる経営状況として以下の点が挙げられています。

①　法人と経営者が明確に区分・分離されていること

②　法人の資産・収益で借入返済が可能であること

③　適時適切に財務情報が開示されていること

　事業承継時においては、特に、経営者の交代により経営方針や事業計画等に変更が生じる場合に誠実かつ丁寧な説明を行うなど、金融機関からの情報開示の要求に対し適時適切に対応する必要があります。

　なお、親族内承継では、担保となるような個人資産（多くの場合は不動産）を先代経営者から贈与や相続により取得できるケースもありますが、親族外承継ではそのようなケースは少ないという点も、従業員承継において経営者保証の問題をより重くしている要素の１つであると指摘されています。

⑵　経営者保証に関する近年の動向

　近年、経営者保証に関しては新しい動きがあります。その一例として、中小企業庁は令和元年（2019年）に「事業承継時の経営者保証解除に向けた総合的な対策」を打ち出しています。

　例えば、「事業承継時に焦点を当てた「経営者保証に関するガイドライン」の特則」（令和元年（2019年）12月策定、令和２年（2020年）４月運用開始）において、新旧経営者の双方から二重に保証を求めること（二重徴求）を原則禁止しています。

　また、令和２年（2020年）４月から、全国の事業承継・引継ぎ支援センターでは、「経営者保証コーディネーター」を設置し、経営者保証解除に向け、「経営者保証に関するガイドライン」における解除要件の充足状況の確認や、金融機関との目線合わせ（専門家派遣が利用可能）についても支援しています。

　さらに、同月、事業承継時に経営者保証を不要とする「事業承継特別保証制

度」が信用保証協会において創設され、前述の「経営者保証コーディネーター」による「経営者保証に関するガイドライン」における解除要件の充足状況の確認を受けた場合には、保証料を大幅に軽減することとされました。

　こういった総合的な対策のほか、前述の経営承継円滑化法に基づく金融支援においても、令和2年（2020年）10月から、経営者保証が付されている融資を経営者保証を不要とする融資として借り換えるための資金についての支援措置が追加されています（前述の「事業承継特別保証制度」とも併用が可能です）。

　なお、「経営者保証に関するガイドライン」に基づく保証債務整理の進め方を整理したものとして、「廃業時における「経営者保証に関するガイドライン」の基本的考え方」（令和4年（2022年）3月策定）も公表されています。

　従業員承継に限りませんが、特に支援機関においては、こういった経営者保証に関する新しい動きについても理解しておく必要があると思われます。

Ⅱ　第三者承継（M&A）

【1】第三者承継（M&A）のプロセス

親族内にも、社内の役員や従業員にも後継者がいないため、**第三者への売却（M&A）** を検討していますが、そのプロセスはどのようなものになるのでしょうか？

〈フレームワーク〉

➡ 確認すべき分野

	事業性評価	企業経営者	承継手続き
親族内	A-1	A-2	A-3
従業員	B-1	B-2	B-3
第三者	C-1	C-2	C-3

承継の方向性

C-3 問題
解決策
現状

Answer.

　社外の第三者による事業承継（M&A）については、平成27年（2015年）3月、「事業引継ぎガイドライン」が策定されていましたが、これを全面的に改訂する形で、令和2年（2020年）3月、「中小M&Aガイドライン」が策定されました。これによれば、M&Aの大まかなプロセスは「中小M&Aフロー図」として整理されています（26頁）。以下ではこれに沿って説明します[2]。

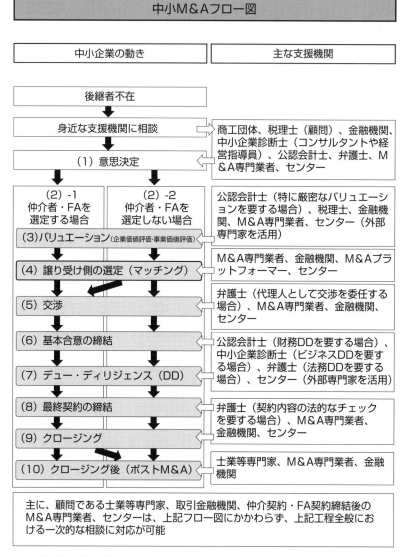

中小M&Aフロー図

中小企業の動き	主な支援機関

後継者不在

↓

身近な支援機関に相談 ⇨ 商工団体、税理士（顧問）、金融機関、中小企業診断士（コンサルタントや経営指導員）、公認会計士、弁護士、M&A専門業者、センター

↓

（1）意思決定 ⇦

（2）-1 仲介者・FAを選定する場合	（2）-2 仲介者・FAを選定しない場合

（3）バリュエーション（企業価値評価・事業価値評価）⇦ 公認会計士（特に厳密なバリュエーションを要する場合）、税理士、金融機関、M&A専門業者、センター（外部専門家を活用）

↓

（4）譲り受け側の選定（マッチング）⇦ M&A専門業者、金融機関、M&Aプラットフォーマー、センター

↓

（5）交渉 ⇦ 弁護士（代理人として交渉を委任する場合）、M&A専門業者、金融機関、センター

↓

（6）基本合意の締結 ⇦ 公認会計士（財務DDを要する場合）、中小企業診断士（ビジネスDDを要する場合）、弁護士（法務DDを要する場合）、センター（外部専門家を活用）

↓

（7）デュー・ディリジェンス（DD）

↓

（8）最終契約の締結 ⇦ 弁護士（契約内容の法的なチェックを要する場合）、M&A専門業者、金融機関、センター

↓

（9）クロージング

↓

（10）クロージング後（ポストM&A）⇦ 士業等専門家、M&A専門業者、金融機関

主に、顧問である士業等専門家、取引金融機関、仲介契約・FA契約締結後のM&A専門業者、センターは、上記フロー図にかかわらず、上記工程全般における一次的な相談に対応が可能

※事業承継・引継ぎ支援センターは「センター」と記載されています。

---

2 「中小M&Aガイドライン」の内容に準拠したものとして、「事業承継ガイドライン」の「ステップ4-2：M&Aの工程の実施（社外への引継ぎの場合）」「ステップ5：事業承継・M&Aの実行」（44〜46頁）や「3．社外への引継ぎ（M&A）の手法と留意点」（98〜103頁）も参考になります。

⑴　意思決定に至るプロセス

　経営者は多忙ですし、必ずしも専門的な知見を有するとも限りませんので、M&A のプロセスを進めるかどうかについて意思決定を行う前に、まず身近な支援機関に相談した上で、適時に適切な判断を行うことが重要です。また、引退後のビジョンや希望条件（別の言い方をするならば、譲歩できること／できないこと）を明確化し、可能な限りで優先順位を付しておけるよう、初期から意識しておくことも重要です。

　これに対し、士業等専門家を含む支援機関においても、十分な対応ができるよう態勢を整えておく必要があります。例えば、M&A に精通した（特に自分と専門分野が異なる）士業等専門家と繋がっておくほか、地元の商工団体や、事業承継・引継ぎ支援センターといった公的機関の相談窓口を一度確認しておくことで、日頃から連携の準備をしておくことが望ましいです。

⑵　仲介者・FA の選定

　M&A のプロセスを進めるにあたり、①支援機関である仲介者（売り手[3]・買い手の双方と契約を締結する）・FA（フィナンシャル・アドバイザー。売り手又は買い手の一方とのみ契約を締結する）を選定する場合と、②選定せずに工程の多くの部分を自ら行う場合があり得ます。

　まず、①仲介者・FA として対応する支援機関として、M&A 専門業者が挙げられることが多いですが、メインバンクをはじめとする金融機関や、士業等専門家等が対応することもあります。仲介者・FA の選定に当たっては、「中小 M&A ガイドライン」の遵守等を登録要件とする「M&A 支援機関登録制度」に登録済みであるかどうかも、1 つの判断材料となるかもしれません。

　M&A に関しては、企業・事業に関する機微な情報を取り扱うことから、秘密を厳守して情報の漏えいを防ぐことが極めて重要ですので、仲介者・FA として対応する支援機関は、いずれも情報の管理に注意を払っています。

　他方、②仲介者・FA を選定せずに工程の多くの部分を自ら行う場合として、近年、取引先や地域内の同業他社等を買い手候補先とするケースも増加の傾向

---

[3]　以下、売り手である会社の株主も「売り手」と表現することがあります。

にあるとされますが、秘密保持の重要性に変わりはありません。また、近年、オンライン上でマッチングの場を提供するM&Aプラットフォームを利用するケースも増えましたが、より匿名性を重視する等の方針であれば、仲介者・FAを選定する場合の方が良いケースもあります。

　支援機関としては、いずれの場合のメリット・デメリットについても助言できるよう、「中小M&Aガイドライン」等も踏まえて簡単に実務の状況を把握しておくとよいと思われます。

⑶　バリュエーション（企業価値評価・事業価値評価）

　売り手の企業・事業についての評価を行うプロセスであり、事例ごとに適切な方法は異なりますので、詳細は【Ⅲ　企業価値・事業価値の評価】を参照してください。

　なお、「中小M&Aガイドライン」参考資料2「中小M&Aの譲渡額の算定方法」（4頁以下）では、コストアプローチに属する純資産法と、マーケットアプローチに属する類似会社比較法（マルチプル法）が、中小M&Aで用いられるバリュエーションの主な手法として紹介されています。

⑷　譲り受け側の選定（売り手・買い手のマッチング）

　M&Aはまさに相手があってこその話ですので、「相手探し」であるマッチングは、特に重要な工程です。

　まず、売り手と仲介者・FAとの間で、打診する買い手候補先について売り手の希望（例えば、同業他社や取引先は避けて欲しい、同じ県内で探して欲しいなど）を踏まえて協議し、買い手候補先を選定します。その上で、売り手の名前は無記名（ノンネーム）で、会社概要や希望する取引条件を簡単に記載した提案書（ノンネームシート、ティーザー等という）を作成し、買い手候補先に提案をします。M&Aは非常に機密性の高いプロセスとなりますので、まずはノンネームで買い手候補先の関心度合いを確認し、関心が高く具体的に検討する意思を示してきた買い手候補先とのみ秘密保持契約を締結の上、詳細資料開示を進めていくことになります。詳細資料は、会社案内や組織図、財務資料（決算書3〜5期分）などの既存資料に加え、仲介者・FA等が取引に関する詳細な

提案資料（Information Memorandum、略してIMという）を作成することもあり、これらをもとに買い手候補先に提案をします。IMには、M&Aを決断した背景や会社の沿革、事業概要、過去の財務諸表分析、将来の事業計画、希望する取引条件等が盛り込まれます。買い手候補先は初期検討においては、このIMを中心として検討も行いますので、IM作成に当たってはその手腕が試されるところです。

　こうして複数の買い手候補先が検討を進め、ケースバイケースではありますが、意向表明書[4]が提出される場合があります。意向表明書とは、ここまでの検討結果として現段階での意向を示すもので、買い手候補先の概要、本件に関心を持つ背景、希望する買収価格とその根拠、買収後の経営方針などが記載されます。この意向表明書を受けて、さらに次のステップへ進む買い手候補先を選定します。この段階で1社に絞る場合もありますが、複数社残すことが一般的です。

⑸　交渉

　売り手と選定された買い手候補先の経営者同士で面談（トップ面談）を行います。売り手は、このプロセスまで来て初めて、買い手候補先の経営者と直接会う機会をセッティングされるケースが多いです。トップ面談は、双方がお互いをより知るために設けられるものなので、買い手候補先から様々な質問を受け、売り手からも様々な質問を行って、お互いの相性を確かめる必要があります。通常は仲介者・FA等が同席して、面談がスムーズに行くようにファシリテーションを行います。

⑹　基本合意

　トップ面談やその後の追加Q&A等を経て、買い手候補先を1社に絞り、基本合意の締結へ進みます（基本合意の前に二次意向表明書を提出させる場合や、これに対する応諾書を売り手から提出することで基本合意とほぼ同様の合意を締結したものとして扱うこともあります）。

---

[4] 厳密な意味での「意向表明書」が提出されないケースも相当程度あります。

　基本合意とは、双方がM&Aの基本的な取引条件に合意した上で、売り手が買い手候補先に独占交渉権を付与し、デュー・ディリジェンスの機会を与えること等を内容とする契約です。基本合意書の条文には様々なパターンがありますが、一部の条項を除き、基本的に法的拘束力は持たないようにすることが一般的です。

(7)　デュー・ディリジェンス

　基本合意を締結すると、本格的な調査であるデュー・ディリジェンスへと進みます。デュー・ディリジェンスは略してDDと呼ばれます。これは主に買い手候補先が選任した弁護士や公認会計士・税理士、中小企業診断士、社会保険労務士などの専門家が、各種のリスク等を精査するため対象事業の隅々までを調査し、基本合意した取引条件で買収を進めてよいのかどうかを判断するものとなります（なお、近年ではポストM&Aを見据えたDDの重要性も説かれるようになってきています）。一般的には、それぞれの専門家が、法務DD、財務（・税務）DD、ビジネスDD、人事・労務DD等の形で調査を行い、報告書を作成します。

　法務DDは弁護士が担当し、株式・会社組織、重要な契約、資産及び負債、訴訟・紛争、許認可・コンプライアンス・環境問題等を調査します。財務（・税務）DDは公認会計士・税理士が担当し、売り手の資産の時価評価や簿外債務の有無、税務上の問題点の有無等を調査します。ビジネスDDは中小企業診断士や戦略コンサルタントが担当し、対象事業のビジネス・モデルや取引先、外部環境等について調査をします。人事・労務DDは社会保険労務士や人事専門のコンサルタントが担当し、対象事業の従業員のキーパーソンや、組織体制、人事制度等について調査をするケースがありますが、弁護士が法務DDの一部として行うことも多いです。

　デュー・ディリジェンスは、売り手にとっても、過去の全ての資料の提供や、細かい質問への回答など、非常に労力がかかるものとなります。もし可能であればこの段階までに、顧問税理士や社内の経理・総務担当者にM&Aの交渉が進んでいることを伝え、協力を仰ぐべきでしょう。ただし、伝え方によっては社内に動揺が走ることもありますので、慎重な情報開示を心掛けましょう。

⑻　最終契約

　デュー・ディリジェンスが終わると、その結果をもとに最終契約に関する調整が行われます。買い手候補先は、基本合意までは限られた情報の中で取引条件の一部に合意をしていますが、デュー・ディリジェンスで対象事業の中身を詳細に理解することによって、買収価格の調整やその他の取引条件を交渉してくることがあります。この段階では、弁護士等による支援のもと、とにかくお互いが誠実に向き合い、感情論に終始することなく、条件の折合いをつけていくことが肝心です。これらの交渉過程を通じて、最終的に合意すべき内容を確定させます。

⑼　クロージング

　双方が最終契約における取引条件に納得すれば、ようやくクロージングとなります。クロージングにおいては、⑻のプロセスを経て完成させた最終契約書に双方が記名・署名及び押印した上で、買い手から売り手への譲渡対価の支払い、売り手から買い手への株式の名義書換え（株式譲渡の場合）や資産・負債の所有権移転手続き（事業譲渡の場合）等が行われます。

　関係者への情報開示のタイミングは、ケースバイケースです。例えば、取引先に対しては、クロージング前に通知が必要なことが契約書に定められている場合もあり、確認が必要です。他方で、従業員に対しては、基本的にはクロージング後に開示することになります。クロージング前に開示をしてしまうと、様々な情報漏洩のリスクが高まったり、万が一クロージングが行われなかった場合は従業員に悪い印象を与えたりしてしまうためです。

※これらはあくまで標準的なプロセスです。それぞれのプロセスが前後する場合や、省略される場合もありますので、ご注意ください。

【2】「中小 M&A ガイドライン」について

 「中小 M&A ガイドライン」とは何ですか？　中小企業の事業承継・M&A に関しては他にもガイドラインが公表されているようですが、それらとの関係性はどのようなものでしょうか？

Answer.

　「中小 M&A ガイドライン」は、平成27年（2015年）3月に策定された「事業引継ぎガイドライン」を全面的に改訂する形で、令和2年（2020年）3月に策定されました。後継者不在の中小企業についての M&A を主な対象とするガイドラインで、**第1章**（後継者不在の中小企業向けの手引き）と**第2章**（支援機関向けの基本事項）から構成されています。参考資料⁵も含め、中小企業の M&A について関心のある経営者や支援機関は、是非一読されることをお勧めします。なお、中小企業庁は、仲介者又は FA としてマッチング支援等を行う民間の M&A 専門業者等について「M&A 支援機関登録制度⁶」を令和3年（2021年）8月から運用していますが、同制度においては第2章に定める行動指針⁷の一部についての遵守等を登録要件としています。

　中小企業の事業承継・M&A に関して、中小企業庁からは他に2つのガイドラインが公表されています。1つ目は、「事業承継ガイドライン」です。これは、中小企業の事業承継全般について、中小企業（現経営者及び後継者候補）と支援機関の両方に向けて説明したガイドラインです。平成18年（2006年）6月に策定され、平成28年（2016年）12月及び令和4年（2022年）3月⁸に改訂されています。

---

⁵ 例えば、中小 M&A の事例、仲介契約・FA 契約締結時のチェックリストや各種契約書等サンプルといった参考資料が掲載されており、支援機関にとっても参考になると思われます。

⁶ 例えば、事業承継・引継ぎ補助金（専門家活用型）において、M&A 支援機関の活用に係る費用（仲介手数料や FA 費用等に限る）について、予め登録された M&A 支援機関の提供する支援に係るもののみを補助対象としています。詳細は HP（https://ma-shienkikan.go.jp/）を参照してください。

⁷ 例えば、「仲介者における利益相反のリスクと現実的な対応策」（本文57頁）も含め、実務的な観点からの記載は参考になると思われます。

⁸ 参考資料として事業承継に関する主な支援策（一覧）も公表されており、参考になると思われます。

　2つ目は、「中小PMIガイドライン」です。これは、中小企業のM&Aにおける PMI（Ⅵで説明します）について現時点の知見として、主に買い手（譲受側）が取り組むべきと考えられる取組みを整理したガイドラインです。令和4年（2022年）3月に策定されています。

　これら3つのガイドラインの関係を図示すると以下のとおりです。このイメージを念頭に置いて各ガイドラインを読むと、内容を整理しやすいかと思われます。

事業承継・引継ぎに関するガイドラインの関係図

要素	ガイドライン	事業承継	中小M&A	中小PMI
主な対象者 （支援機関を含む）	譲渡側（先代経営者）	○	○	※6
	譲受側（後継者）	○	※3	○
主な対象類型	親族内承継	○		
	従業員承継	○※1	※4	
	M&A	○※2	○	○
主な対象時期	承継の実行以前	○	○	○
	承継の実行後	○	※5	○
構成（支援機関向けパートの独立）			○	

※1　中小PMIガイドライン（特に基礎編）も参考になるものとして紹介しています。
※2　中小M&Aガイドラインに準拠しています。
※3　デュー・ディリジェンス（DD）等、主に譲受側の目線での記載も一部含みます。
※4　共通する部分は、中小M&Aガイドラインの考え方に準拠した対応を期待します。
※5　ポストM&Aに関する記載も一部含みます。
※6　譲渡側経営者の取組例等も一部含みます。

（弁護士　皿谷将　作成）

Ⅲ　企業価値・事業価値の評価

【1】 親族外承継における譲渡価額

 　後継者がいない私は、第三者承継（M&A）を考えています。以前、顧問税理士から相続のときの株式評価額を教えてもらいましたが、**同業他社へ会社の株式を売却する場合には、その譲渡価額はどのようにして決まるのでしょうか？**

〈フレームワーク〉

確認すべき分野

	事業性評価	企業経営者	承継手続き
親族内	A-1	A-2	A-3
従業員	B-1	B-2	B-3
第三者	C-1	C-2	C-3 問題　現状 解決策

承継の方向性

Answer.

　親族内承継の場合、会社の株式は贈与もしくは遺贈という形で現経営者から後継者へ譲渡されるため、株式の評価はもっぱら贈与税、相続税の課税価格の算定のために必要となります。このため非上場の同族会社の株式評価については、税務上、原則的評価を行うことになっており、その評価方法が国税庁から

提示されています。これは、会社の規模に応じて、類似業種比準方式、純資産価額方式のいずれか、もしくは併用方式にて評価されるものです。

　一方で、親族外承継（M&A）で第三者に自社株式を譲渡する場合の譲渡価額は、売り手と買い手との間の交渉によって決まります。株式価値の評価は、特定の評価方式によって自動的に決まるものではなく、対象会社の市場における魅力度や対象会社を譲り受けたい買い手候補の多寡によっても大きく左右されます。最終的に譲渡が成立するかどうかは、売り手と買い手がそれぞれ必要とする価格の下限、上限の間で決まりますので、譲渡を検討する際には、公認会計士・税理士、FA（フィナンシャル・アドバイザー）などの専門家の意見も聞いた上で、売却価格の目線（これ以上の金額で譲渡したいという最低ライン）をもっておくとよいでしょう。

【2】譲渡価額の計算方法を理解する

Q　　第三者承継（M&A）を決定し、**株式譲渡**を行う方向で検討しています。買い手候補から「価格の交渉は、まずは企業価値を評価するところから始めましょう」と言われました。

　企業価値とは何でしょうか？　また、企業価値を評価できたとして、**どのようにして株式の譲渡価額が計算されるのでしょうか？**

〈フレームワーク〉

➡ **確認すべき分野**

	事業性評価	企業経営者	承継手続き
親族内	A-1	A-2	A-3
従業員	B-1	B-2	B-3
第三者	C-1	C-2	C-3

承継の方向性

Answer.

　第三者への株式譲渡においては、実務上、売り手と買い手で企業価値を議論した上で株式の譲渡価額を決めるということがよく行われています。そこで、価値を評価する3つの言葉を理解しておきましょう。

① 事業価値

　　対象事業が将来にわたって生み出す経済的価値（将来のキャッシュ・フロー）の総和を割引現在価値で表したものです。

② 企業価値

　　事業価値に非事業用資産の価値を加えたものです。企業が持っている価値は、事業の投下している資産と、事業に投下していない資産に分けられますが、非事業用資産とは、遊休不動産や余剰現預金（事業に必要な運転資金を除く）など事業に投下していないものをいいます。

③ 株式価値

　　企業価値から有利子負債を差し引いたものです。株式譲渡の場合、これが株式の譲渡価額となります。

以下の表は、これら3つの価値の関係を示しています。

事業価値、企業価値、株式価値の関係

【3】 株式価値評価の手法

Q　M&A仲介業者から「貴社の株式価値は、中小企業のM&Aで一般的に使われている方式を使い、**時価純資産に営業権を加算する**と5,000万円です。この金額で買い手候補と価格を合意しましょう」と言われました。

　この金額で譲渡を合意してもよいでしょうか？

〈フレームワーク〉

確認すべき分野

		事業性評価	企業経営者	承継手続き
承継の方向性	親族内	A-1	A-2	A-3
	従業員	B-1	B-2	B-3
	第三者	C-1	C-2	C-3

問題　解決策　現状

Answer.

　第三者への株式譲渡における評価方法には、代表的な3つの手法があります。これらの評価方法を使って多面的な評価を行った上で、対象会社の価値を総合的に評価します。

(1)　コスト・アプローチ：時価純資産法

　貸借対照表の資産及び負債を時価に修正して株式価値を評価する方法です。この評価方法によれば、将来の事業計画がなくても計算することが可能ですが、将来収益力が評価結果に反映されないため、評価が低くなりがちです。

　成長性がなく、将来利益があまり見込まれない会社を評価する際の下限の目安と考えておくとよいでしょう。

　中小企業における時価純資産法による評価では、従業員の未積立退職給付債務、未計上のリース債務などを調整する場合が多く見られます。不動産を保有する場合には、不動産の時価評価も必要になります。また、長期間未回収の売掛金や、長期滞留の棚卸資産については、回収不能として減額される場合があります。

⑵　インカム・アプローチ：DCF法（ディスカウント・キャッシュ・フロー法、Discounted Cash Flow）

　事業計画に基づいて事業が生み出す予測将来キャッシュ・フローを計算し、加重平均資本コスト（WACC：Weighted Average Cost of Capital）で割り引いて、事業価値を評価します。事業価値を評価した後で、投資用資産などの非事業性資産の評価額を加算し、有利子負債を減算して株式価値を評価します。

　DCF法で評価された事業価値については、売り手と買い手間の価格交渉において以下の点が争点となる場合があります。1つは、事業計画の実現可能性です。対象会社が作成した事業計画の実現可能性については、買い手候補から前提条件の詳細や、内容の根拠について問われます。根拠の無い売上の増加予測を作成しても、すぐに見抜かれて減額を要求されますので、充分な根拠をもった計画を作成する必要があります。また、割引率（WACC：Weighted Average Cost of Capital）の妥当性も争点となります。

　WACCは、CAPM理論（Capital AssetPricing Model：資本資産評価モデル）により計算されます。CAPMにおける個別事業のリスク（β）は、上場株式の価格変動に基づいて計算しますので、非上場会社の場合は、類似する上場会社のβを参照する必要があり、恣意性の入る余地があります。また、規模の大きい上場会社に比べて、非上場の小規模会社の方が収益の変動リスクが大きいことを考慮するという考え方（サイズ・プレミアムという）もありますので、この点も売り手と買い手側で議論となるケースがあります。

　さらに、残存価値（ターミナル・バリュー）の妥当性が争点となります。一般的には、対象事業が永続することを前提に事業価値を評価しますので、事業計画予測期間（一般には5年程度、長くても10年）以降の将来キャッシュ・フローをどう見るかという点は慎重な議論が必要です。何らかの理由により一定期間後に現在のままでの事業の継続が見込まれない場合には、永続前提での残存価値評価を行わない場合もあります。

⑶　マーケット・アプローチ：類似上場企業比較法

　対象会社と事業内容が類似している上場企業を数社選定し、適切な指標による倍率で企業価値を評価する方法です。倍率を使う手法のため、「マーケット・

マルチプル」と呼ばれることもあります。指標には、PER（株価収益率、PriceEarning Ratio）、EBIT（利払い前・税引前利益、Earnings before Interest andTaxes）、EBITDA（利払い前・税引前・減価償却前利益、Earnings before Interest, Taxes, Depreciation and Amortization）などの利益に関する指標を使うのが一般的です。

　類似上場企業比較法は、株式市場の動向を反映した評価方法なので簡単でわかりやすい方法です。一方で、比較対象となる上場企業の選定により評価結果が大きく異なるため、類似上場企業を慎重に選定する必要があります。また、上場企業の場合、「類似」といっても多様な事業を行っているケースが多く、中小企業と単純に比較するのは難しい場合もあるため、他の評価方法と併用した方がよいでしょう。

代表的な評価方法の比較

	算定のベースとなる考え方	算定に必要な財務情報	利　点	留意点
コスト・アプローチ	原価（時価純資産）	貸借対照表	事業計画がなくても計算が可能。	将来収益力が評価結果に反映されない。
インカム・アプローチ	将来キャッシュ・フロー	予測損益計算書及び予測キャッシュ・フロー	事業の将来性を評価することが可能。（買い手にとっては投資回収可能性を評価することが可能）	将来キャッシュ・フローを客観的に予測することが難しく、前提の置き方により評価結果が大きく異なる場合がある。
マーケット・アプローチ	市場価値	損益計算書及び貸借対照表	株式市場の動向を反映した評価方法なので簡単でわかりやすい。	類似企業の選定を客観的に行うことが難しい。

　上記の3つの方式に加えて、国内の中小企業におけるM&Aでは、時価純資産に営業権（いわゆる「のれん代」）として営業利益の3〜5年分程度を加算する「時価純資産＋営業権」という方式が多く用いられています。営業権は、過去の年間利益を3〜5倍することによって、事業計画のない会社でも簡易的に将来利益を算出することになりますのでインカム・アプローチの簡易型ともいえます。また、時価純資産法は、コスト・アプローチですので、この「時価純資産＋営業権」は、コスト・アプローチとインカム・アプローチを混同した

もので、ファイナンス理論的には合理的な算定方法ではありません。条件によってはインカム・アプローチや他の方法による評価結果と近似値になることはありますが、時価純資産が少なくても、将来の事業成長が見込まれる会社の場合にはインカム・アプローチと比べて不利になる傾向があります。したがって、あくまで評価方法の１つであり、この評価方法で譲渡価額を合意しなければならないということはありません。

　下図は、評価方法の違いによる株式価値の評価結果の差を示したものです。グラフに示すとおり、将来キャッシュ・フローの増加が見込まれる場合には、DCF法では株式価値も上昇します。これに対し「時価純資産＋のれん代」方式は、時価純資産と過去の営業利益の倍数で株式価値を評価するため、将来予測が適切には評価に反映されていません。

算定方法の違いによる株式価値比較

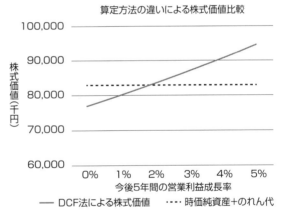

	（千円）
時価純資産	50,000
借入金	0
のれん代倍率	3
営業利益	11,000
実効税率	30%
WACC（割引率）	10%

今後5年間の営業利益成長率	0%	1%	2%	3%	4%	5%
DCF法による株式価値	77,000	80,269	83,659	87,171	90,809	94,578
時価純資産 ＋ のれん代	83,000	83,000	83,000	83,000	83,000	83,000

（注1）　DCF法では今後5年間の営業利益が上表の通り伸長すると想定して現在価値を算出した。
　　　　 6年以降は5年目と同額で継続と想定。
（注2）　「時価純資産＋のれん代」方式では、のれん代を営業利益の3倍と想定した。

　なお、買い手側が大企業（特に上場企業の場合）、投資ファンドあるいは海外の会社の場合には、M&Aにおける投資の回収可能性が重視されるため、DCF

法での評価を前提とする場合が多くなります。このため、売り手側も事前に事業計画を策定し、適切な価格交渉を行うための準備が必要です。

【4】価格調整のメカニズム

Q　M&Aの条件交渉において、株式の譲渡価格について買い手候補との間でなかなか合意できずにいたところ、買い手候補から、「株式譲渡契約書に**価格調整条項**を入れましょう」との提案を受けました。

株式の譲渡価額を調整することは具体的にどのように行うのでしょうか？

〈フレームワーク〉

確認すべき分野

承継の方向性		事業性評価	企業経営者	承継手続き
	親族内	A-1	A-2	A-3
	従業員	B-1	B-2	B-3
	第三者	C-1	C-2	C-3

問題
解決策
現状

Answer.

株式譲渡契約書に記載する内容によっては、クロージング後に譲渡価額が調整されることがあるので、その内容には十分注意する必要があります。株式譲渡契約書に記載される可能性のある条項は以下の3点です。

⑴　クロージング調整条項

　株式の譲渡価額は、特定の基準日（直近の決算日など）における企業価値を評価して導き出されます。しかし、実際の株式の所有権はクロージング日（株式の代金支払いと譲渡が実行される日）に売り手から買い手に移転します。それゆえ、厳密にはクロージング日における株式価値に基づいて譲渡価額を決めることが合理的であると考えるのです。

　クロージング日における株式価値を、事前に合意した方法により、クロージング後に再評価し、譲渡価格を事後的に修正することを「クロージング調整」といいます。クロージング調整は、運転資本、純有利子負債、もしくは純資産などの財務指標をもとに行われます。クロージング調整の目的は、主に買い手側の利益を保護することにあります。例えば、対象会社がクロージング直前に、恣意的に運転資本や現預金を減らした場合などに備えて、買い手側の利益を保護することが可能となります。クロージング調整条項を契約書の中に含めるかどうかは、あくまで売り手と買い手側の交渉によって決まりますので、必ず記載しなければならないということはありません。

⑵　アーンアウト（Earn Out）条項

　例えば、価格の前提となる事業計画について売り手と買い手側で大きな乖離があり、なかなか合意できないというケースが、M&Aではよくあります。対象会社に対して持っている情報量が売り手に比べて買い手の方が圧倒的に少ないという情報の非対称性に起因するものです。

　アーンアウト条項とは、クロージング後の一定期間、対象事業があらかじめ双方で合意した目標を達成した場合に契約に定めた計算方法によって株式の譲渡価額を調整するもので、情報の非対称性による双方のギャップを埋める手段として有効に機能することがあります。

　財務指標には、利益、EBITDA、キャッシュ・フロー、売上などの指標が用いられます。目標が達成できない場合には、追加の対価支払いは発生しないので、買い手側のリスクを軽減することができます。

　一方で、売り手にとっては、経営権を買い手側に渡した後の業績によって価格が調整されるため、不確実性の高い契約条項になります。売り手側がクロー

ジング後も対象事業の経営者として残る場合には、経営者のインセンティブに
もなりますので、有効な手法と言えるでしょう。

(3) 表明保証及び損害賠償条項

　株式譲渡契約において、通常、表明保証条項が記載されます。これは一定の
時点（通常は、契約締結時とクロージング時）における契約当事者に関する事実
や対象事業に関する事実について、真実かつ正確である旨契約当事者（特に売
り手側）が表明し、相手方に対して保証するものです。クロージング日以降一
定期間内に表明保証違反が判明した場合には、違反者はあらかじめ合意した限
度額の範囲内で損害賠償を行う義務があります。表明保証違反があった場合に
限定はされますが、実質的な価格調整条項であるといえます。

　例えば、売り手側が、クロージング日までに法令違反、製品クレームや環境
汚染などの問題がないと表明保証したにもかかわらず、後日、問題が発覚し、
買い手側に経済的損失が発生した場合には、売り手が買い手に損害賠償する必
要があります。

　売り手が創業者で創業時から自社の事業に携わってきたとしても、潜在的な
リスクを全て把握し切れていない場合もありますので、事前に調査を行い、自
社の潜在リスクやマイナス要因を把握しておくことが重要です。

【5】会社を高く売却する方法

Q　第三者承継（M&A）にあたり、創業者として一定のリターンを
得るとともに、引退後の生活資金の確保をしたいと考えています。
どのようにすれば、会社を高く売却できるでしょうか？

〈フレームワーク〉

➡ 確認すべき分野

	事業性評価	企業経営者	承継手続き
親族内	A-1	A-2	A-3
従業員	B-1	B-2	B-3
第三者	C-1　問題　現状→解決策	C-2	C-3　問題　現状→解決策

（承継の方向性）

Answer.

　会社を高く売却するには、事業価値を高くしておかなければなりません。会社の事業価値を高めるには、収益性、成長性などの面においてより高い業績を達成することはもちろんのこと、財務諸表には見えない顧客・取引先との関係性や従業員のスキル・ノウハウなどの知的資産の見える化が必要です。

　また、譲渡価額は交渉の巧拙や交渉の進め方に大きく左右されます。したがって、売り手としてはより良い条件で譲り受ける意思のある買い手を探し、良い専門家のアドバイスを得て売り手側に優位に交渉を進める必要があります。

　以下に事業価値を高めるための事前準備と価格交渉の進め方について説明します。

⑴　事前準備とセラーズ・デュー・ディリジェンス

　買い手候補を探し、交渉を行うというM&Aの実行プロセスに入る前に、事前に自社の事業内容を整理し、強みとリスクを把握しておくことをセラーズ・デュー・ディリジェンス（Seller's Due Diligence）と言います。財務諸表の精査に加えて、財務諸表には表れない事業価値（知的資産）を見える形で準備することが重要です。他社にはない技術や特許、従業員の優れたスキル、特定の地域や分野での強い営業基盤など価値のある知的資産を文書化して見える形

にすることにより、会社の価値を買い手に理解してもらい、買収価格を高くしてもらうことができます。また、経営者が日ごろ見逃していたかもしれないリスク要因について事前に自社内で調査し、資料としてまとめておくことも重要です。

　買い手候補によるデュー・ディリジェンスが始まってから、相手側の指摘で初めて自社の隠れた問題を知り、価格を引き下げられるということも交渉過程では頻繁に発生しますので、できれば事前に外部専門家も入れてセラーズ・デュー・ディリジェンスを実施しましょう。

　また、買い手候補の経営者にとって、事業を譲り受けるかどうかの最終的な判断は、「この投資を回収することができるかどうか」という点に尽きます。

　そこで、将来3〜5年分の損益予測を含む事業計画を事前に売り手側が準備しておけば、その計画をベースにその前提条件や実現可能性についての意味のある議論を売り手と買い手候補との間で行うことが可能です。

　一方で、過去の財務諸表しか準備ができていないと、買い手側の経営者は、対象事業の将来について、過去の財務数値もしくはそれ以下の数値しか達成できないと見なさざるを得ません。経営者の取組みによって先行きが少しでも良くなる目途が立つのであれば、その前提をもとに事業計画を作成し、買い手候補と議論するようにしましょう。

　過去の財務諸表についても、買い手候補からは、実態ベースでの査定を受けることになりますので、保有不動産の時価評価、長期滞留の棚卸資産など劣化した資産がないかどうか、未計上の退職給付債務などを確認した上で、実態貸借対照表を把握しておくことが重要です。

(2)　価格交渉

　価格交渉を有利に進めるには、次の3点に留意しましょう。

①　複数の買い手候補にあたってみる

　買い手候補によって対象事業とのシナジーの強さ、資金力、事業を承継したいという意思の強さが違いますので、できるだけ複数の買い手候補にあたってみることです。買い手候補が2社の場合は両社を天秤にかけながら交渉を進め

ます。買い手候補が多数存在する場合には、入札で2〜3社に絞り込んでから交渉を進めることも可能です。また、対象会社と買い手候補との業界におけるポジションや業態によっても、買い手から見た対象事業の価値が異なりますので、同業者に限定せず、異業種や垂直統合も検討すると、より選択肢の幅は広がります。

　なお、M&Aの仲介業者に買い手探しを依頼する場合は、並行して他の仲介業者には依頼できない契約（専任契約）となることもある点を留意しておきましょう。

買い手候補の例

買い手候補の事業	具体例	買い手候補が目指すシナジー
同業者	スーパーマーケット→近隣の同業者	規模の経済（同一事業の規模拡大によるコストダウン、収益性向上を目指す）
異業種	中古車販売→レンタカー事業（中古車両在庫を活用）	範囲の経済（経営資源を他事業と共有化することで、より経済的な事業運営を行う）
垂直統合	旅行会社→リゾートホテル	サプライチェーンを内部に取り込むことによる事業運営、コスト面でのコントロール強化

②　専門家の選定に留意する

　M&Aの仲介業者（双方代理）とFA（フィナンシャル・アドバイザー、片方のみと契約）では、交渉における立場が全く違います。仲介業者は売り手と買い手双方の利害を調整し、M&Aにおける譲渡価額を含めた合意に導くことが任務であり、売買が成立することで収益が立つので、必ずしも売り手側の利益を最大化することは目指していません。これに対し、FAは売り手もしくは買い手の一方の立場で、最も有利な取引条件を獲得することが任務ですので、クライアントの利益の最大化を目指します。M&Aの専門家に相談する場合には、まず仲介業者なのかFAなのか、どちらの立場に立っているかを必ず確認してから話を進めることが必要です。

　個々の専門家の力量にもよりますが、売却価格の最大化を目指すのであれば、仲介業者ではなく、FAを選ぶ方がよいでしょう。

③ 早めに準備を進める

　現経営者に健康問題がある場合や、銀行融資の返済期限が迫っている場合など売り手側に時間の制約がある場合には、交渉上買い手側に有利となり、買い叩かれる可能性が高くなります。時間に余裕をもって計画的に準備を進めることが重要です。また、事業の磨き上げ、知的資産の見える化といった事業価値を高めるための事前準備にも相当の時間が必要ですので、早めに準備を始めるに越したことはありません。

【6】役員退職金の支払い

Q　第三者承継（M&A）を行うことになり、株式譲渡して引退しようと考えています。ここで、株式の譲渡対価と、**引退することに伴う役員退職金の受取額**について、どのように計算されるのでしょうか？

〈フレームワーク〉

確認すべき分野

承継の方向性		事業性評価	企業経営者	承継手続き
	親族内	A-1	A-2	A-3
	従業員	B-1	B-2	B-3
	第三者	C-1	C-2	C-3

問題　解決策　現状

Answer.

　オーナー経営者が第三者承継に伴い、株式譲渡する場合には、株式の譲渡対

価と役員退職金という2つの対価の受取方法があります。この2つを組み合わせた譲渡スキームをつくることによって、実質的な譲渡対価を引き上げることも可能です。

　役員退職金については、税務的に適正な額及び方法で支払われる限りにおいて、対象会社の損金に算入できます[9]ので、繰越欠損金の計上によって買い手の将来キャッシュ・フローを増加させる効果があります。したがって、これをもとに株式の譲渡価額の引上げを交渉することが可能です。一方で、役員退職金を受領する経営者の方も譲渡対価の一部を役員退職金として受け取ることによって税負担を軽減させることが可能です。このように役員退職金を組み合わせた譲渡スキームをつくることにより実質的な譲渡対価（＝手取金額）を最大化させることができます。

　この税負担の違いは、株式譲渡に係る譲渡所得の税率（20.315％）と退職所得に係る税負担の差によるものです。退職所得に係る税負担は、退職所得控除を行った上で、その2分の1が課税退職所得金額となり、また、他の所得と分離して課税されるなど、税負担が軽くなるよう配慮されています。

　例えば、勤続30年の経営者が、2,300万円を役員退職金として受け取る場合の税負担は、以下の計算の通り78万円で、その税負担率は3.39％となり、株式譲渡に係る譲渡所得と比べて税負担を低く抑えることができます。

　1）退職所得控除額＝800万円＋70万円×（勤続年数30年－20年）＝1,500万円

　2）課税退職所得金額＝（2,300万円－1,500万円）×1／2＝400万円

　3）所得税及び復興特別所得税の源泉徴収税額＝（400万円×20％－427,500円）×1.021＝380,322.5円⇒380,322円（1円未満の端数は切り捨て）

　これに、住民税40万円（課税退職所得金額400万円×10％）を加えると、税負担は78万円になります。

---

[9] 会社が役員退職金をいくら支払うかは自由ですが、役員退職金規定の有無や金額などにより、損金として認められない（＝退職所得とみなされない）ことがあります。

Ⅳ 財務デュー・ディリジェンス

【1】調査の目的と範囲

 　　事業の譲渡（M&A）にあたり、買い手側から派遣された公認会
計士から当社の財務内容を調査する財務デュー・ディリジェンスの
申入れがありました。財務デュー・ディリジェンスの目的、内容と
デュー・ディリジェンスを受ける側の準備について教えてください。

〈フレームワーク〉

確認すべき分野

		事業性評価	企業経営者	承継手続き
承継の方向性	親族内	A-1	A-2	A-3
	従業員	B-1	B-2	B-3
	第三者	C-1	C-2	C-3 問題 現状 解決策

Answer.

　財務デュー・ディリジェンスの目的は、対象事業（会社）の財務内容を調査
のうえ、買収を実行してよいかどうかの判断を行うとともに、事業価値の評価
のための情報を得ることです。財務デュー・ディリジェンスの具体的な手続き
は、個別のM&A案件ごとに異なりますが、概ね以下のように調査を行いま

す。

　まず、実態貸借対照表を把握します。これは、事業価値評価の基準となる時点（基準日）における資産及び負債の調査を行い、実態貸借対照表を作成することによって、清算価値（時価）ベースの修正純資産額を評価するためです。

　また、正常収益力を把握します。事業計画の実現可能性を検討するために、過去の損益計算書を分析した上で、一時的な事象を除外し、対象事業がもつ本来の収益力を把握します。

　同時に、キャッシュ・フロー分析が行われます。短期的な資金計画の作成や、事業価値を評価するために、事業を営むのに必要な運転資本や設備投資の金額を分析します。

　さらに、リスクの有無及びコンプライアンスの状況が調査されます。財務情報の分析に加え、会計方針（とその変更）、経理体制、不正な会計処理の有無、税務申告漏れ、簿外債務や偶発債務の有無などを調査します。簿外債務や偶発債務については、経理の資料を分析するだけではわからない場合もありますので、他のデュー・ディリジェンスのチームとの連携が必要です。例えば、人事デュー・ディリジェンスで発見された未払残業代、事業デュー・ディリジェンスで発見された品質問題による修理費用などが財務諸表に適正に反映されていない場合には、そのコストを見積もった上で、純資産額が下方修正される場合もあります。

　なお、株式譲渡によって会社を譲渡する場合、税務デュー・ディリジェンスという形で、税務に関して詳細な調査を行う場合もあります。例えば、対象会社が海外に子会社を保有する場合には、移転価格税制の調査を行い、グループ企業間の取引価格が不適正なこと（独立企業間価格で取引されていないこと）によって追徴課税されるリスクを調査することがあります。

　これらの内容を買い手候補が調査するために、売り手に対して、資料の開示及びインタビューによる調査を要請します。会社の決算書、関連する経理関連の帳票類、税務申告書に加えて、簿外債務の有無を調査するために、取締役会議事録、経営会議議事録、第三者との契約書、従業員規程など様々な書類の開示要請があります。したがって、売り手側はこのような要請に迅速に対応するために、事前に会社の規程や帳票類を整理しておく必要があります。

【2】 調査を受ける側の対応と留意点

 　　買い手候補から財務デュー・ディリジェンスに必要な資料である

ということで**短期間の間に、膨大な資料を提出するよう要請**があり

ました。

　売り手側では、日常業務に追われながらごく少数の人員で対応しており、

対応に苦慮していますが、どのように対応すればよいでしょうか？

〈フレームワーク〉

確認すべき分野

		事業性評価	企業経営者	承継手続き
承継の方向性	親族内	A-1	A-2	A-3
	従業員	B-1	B-2	B-3
	第三者	C-1	C-2	C-3

問題
解決策
現状

Answer.

　デュー・ディリジェンスは通常、1か月くらいの短期間で集中的に情報のや

りとりを行い、買い手側が案件を進めるための最終判断を下すために必要な情

報を収集・分析するものです。買い手候補にもよりますが相当な分量の資料開

示を要求されますので、以下の点に留意して対応します。

　第1に、予め想定される資料は準備しておくことです。財務デュー・ディリ

ジェンスの際に必要な資料は買い手候補から提示されますが、どの買い手候補

でも要求すると思われる基本的な情報は予め売り手側で準備しておくとよいで

しょう。

　第2に、それぞれの開示資料について、買い手候補に優先順位、期限をつけてもらうことです。広範な情報開示を要求されますので、買い手候補側でそれぞれの資料について、重要性や提出希望期限等を記載したリストを作成してもらい、優先順位に従って段階的に準備していくとよいでしょう。

　第3に、マネジメント・プレゼンテーション、インタビューで情報を補完することです。どんな専門家であっても、初めてデュー・ディリジェンスを行う対象会社の全体像を短期間で把握するのは容易なことではありません。したがって、単に資料を渡すだけではなく、予め売り手側で対象会社の事業概況、ビジネス・モデル、収益構造などを説明できる資料を準備しておき、買い手候補へプレゼンテーションを行ったり、質問に答える機会を早い時期に設けたりすることです。これによって買い手候補側の事業への理解も進みますので、的外れな資料要求や質問を減らすことができます。

　最後に、外部専門家を活用することです。上記第1から第3の対応を進めるにあたっては、事業承継を専門とする中小企業診断士など経験豊富な外部専門家の支援を依頼することにより、効率良く進めることができます。

【3】 実態貸借対照表の把握

Q　　会社の株式譲渡（M&A）の交渉の最終局面に来ています。買い手候補は、「財務デュー・ディリジェンスの結果、実態貸借対照表が想定よりも悪かったため、**譲渡価額の減額を要求したい**」と言い出しました。
　　実態貸借対照表は、通常の決算における貸借対照表をどのように修正して作成するものなのでしょうか？

〈フレームワーク〉

確認すべき分野

	事業性評価	企業経営者	承継手続き
親族内	A-1	A-2	A-3
従業員	B-1	B-2	B-3
第三者	C-1	C-2	C-3

承継の方向性

問題　解決策　現状

Answer.

　通常の決算における貸借対照表は、必ずしも全ての項目が時価で評価されているわけではありませんので、買い手側は、対象会社の貸借対照表の主要項目を時価で評価して、修正純資産を評価します。また、簿外債務や不適切な会計処理がある場合にも修正を行います。

　実態貸借対照表の流動資産で修正される項目としては、売掛債権、棚卸資産の回収可能性です。経営破綻している取引先への売掛債権や長期滞留で劣化した棚卸資産は減額を行います。有価証券については上場株式については時価評価できますが、非上場株式や子会社株式については、財務状況からその実態を評価します。固定資産では、不動産の時価評価を行います。特にM&A案件の規模から判断して不動産が重要な資産となる場合には、不動産鑑定士による評価を取得することが望ましいでしょう。また、固定資産の中には、対象事業で使用されていない土地や建物などが計上されている場合もありますので、このような非事業用資産についても確認し、事業用資産とは区別して評価を行います。

　一方、役員や従業員の退職金の引当てが不足もしくは未計上の場合には、調整を行います。また、簿外債務が発見された場合にも修正を行います。

【4】正常収益力の把握

 財務デュー・ディリジェンスにおいて、**対象事業の正常収益力を把握される**と聞いてますが、どのように把握され、どのように使われるものなのでしょうか？

〈フレームワーク〉

確認すべき分野

	事業性評価	企業経営者	承継手続き
親族内	A-1	A-2	A-3
従業員	B-1	B-2	B-3
第三者	C-1	C-2	C-3

承継の方向性

問題　現状　解決策

Answer.

　正常収益力は、過去の損益計算書から一時的に発生する項目の影響を取り除いて、対象事業（会社）の本来の収益力を把握し、それをもとに買い手側の立場から見た事業計画の立案や、事業価値評価の基礎資料となります。

　例えば、自然災害による一時的な損失が過去に発生していた場合、その影響を取り除いたものを正常収益力とする、という見方をします。

　一方で、人為的な事象による損失については、売り手としては一過性のものであると主張しても、その本質的な原因が取り除かれていない限り、繰り返し発生する性格のものであると買い手は主張するでしょう。事業価値向上のためにも、問題の原因を究明の上、社内体制の整備やマニュアル化、従業員教育などリスク要因の削減のために必要な措置を講じておく必要があります。

【5】 調査結果と契約交渉

Q
　　買い手候補から財務デュー・ディリジェンスを受け、これから株
式譲渡に向けた最終条件交渉が始まります。財務デュー・ディリ
ジェンスの結果はどのように契約交渉に反映され、また、その場合
の条件交渉はどのように対応すべきでしょうか？

〈フレームワーク〉

確認すべき分野

承継の方向性	事業性評価	企業経営者	承継手続き
親族内	A-1	A-2	A-3
従業員	B-1	B-2	B-3
第三者	C-1	C-2	C-3

問題　解決策　現状

Answer.

　財務デュー・ディリジェンスの結果は、契約交渉においては、主に①価格条項と②表明保証及び損害賠償条項に反映されます。価格条項とは、譲渡価額に関する取引条件です。譲渡価額をDCF法から求める場合には、将来のフリー・キャッシュ・フローの予測値が必要となります。通常、将来のキャッシュ・フローを予測する際には、事業デュー・ディリジェンスで分析した将来の収益性見通しと財務デュー・ディリジェンスで分析した正常収益力（過去の財務諸表から判断した対象会社の実力）を考慮して、予測損益計算書を作成します。その上で、キャッシュ・フローに影響を与える運転資本回転率や実効税率などの情報（Value Driver：バリュー・ドライバー）を加味して、事業価値を求めます。

これらのバリュー・ドライバーの多くは財務デュー・ディリジェンスによる調査結果が利用されます。

　また、コスト・アプローチで譲渡価額を評価する場合には、財務デュー・ディリジェンスで作成した実態貸借対照表を基準にします。

　買い手側では財務デュー・ディリジェンスにおける分析結果をもとに譲渡価額を評価していますので、契約交渉にあたっては、これらの前提条件を買い手候補に確認します。その上で、それらの前提条件に誤解はないか、あるいは買い手側が過度に保守的な評価を行っていないか、という点を見極めた上で交渉する必要があります。

　例えば、過年度の財務諸表において、対象会社の顧客の一時的なトラブルにより対象会社からの出荷が止まり、棚卸資産が増加したが現在では既に解決しているという事象があったとします。この場合、買い手側の予測フリー・キャッシュ・フロー作成の前提となる棚卸資産回転率が通常よりも悪くなっているおそれがあるため、対象会社の通常の事業実態を反映したものかどうか確認する必要があります。

　また、表明保証及び損害賠償条項にも反映されます。財務デュー・ディリジェンス（事業、人事、法務デュー・ディリジェンスでも同様）において売り手が買い手候補に開示した情報が正確なものであるという表明保証を契約書に記載します。そして万が一、情報が不正確なために買い手が損害を被った場合には、売り手が買い手にその損害を賠償する、というのが損害賠償条項です。

　デュー・ディリジェンスで発見された簿外債務については、譲渡対価の引下げを要求されたり、損害賠償条項に賠償項目を記載されたりする可能性があります。

　売り手側としては、指摘された債務の内容やその影響額を把握した上で、契約書に記載される内容をできるだけ最小化するよう交渉します。また、保証金額の上限をいくらまでにするか、保証期間を何年にするか、といった契約条項も重要です。国内のM&A案件においては、「譲渡価額の100％を保証する」という契約条項も以前にはありましたが、最近ではせいぜい10％から30％程度にまで下がってきています。保証期間については、特別な場合を除き、1〜2年程度が一般的ですので、売り手としてはあまり長い保証期間を合意しないよ

うにしましょう。

V　第三者への労働契約の承継

【1】事業譲渡と労働契約

　　経営環境の悪化に伴い、小売店を営む既存事業の全部を同業他社に譲渡し、当社は不動産賃貸業として子供に相続させることを考えています。従業員の継続雇用を図るためには、やむを得ません。幸いにも大手上場企業が第三者承継（M&A）に合意してくれました。

　そこで、当社の小売事業を買い手へ**事業譲渡**しようと思いますが、**従業員の労働契約はどのように承継されるのでしょうか？**

〈フレームワーク〉

確認すべき分野

承継の方向性

	事業性評価	企業経営者	承継手続き
親族内	A-1	A-2	A-3
従業員	B-1	B-2	B-3
第三者	C-1	C-2	C-3 問題 / 現状 → 解決策

Answer.

　第三者承継（M&A）の主な手法として、株式譲渡や合併の他に事業譲渡や会社分割があります。株式譲渡の場合は、労働契約の主体（使用者・従業員）

に変更がなく、従前の労働契約は原則として継続できます。また、合併の場合は、売り手の権利義務の全部が買い手に包括的に承継されるため、従前の労働契約の内容である労働条件もそのまま買い手に承継されます。そのため、ここでは、事業譲渡及び会社分割における労働契約の承継に限って説明します[10]。

　事業譲渡は、譲渡会社と譲受会社との合意によって個別の権利・義務または契約の承継が行われる特定承継です。労働契約の承継には、個々の労働者の「承諾」が必要となります[11]。また、譲渡会社において「承諾」しない労働者を解雇することも、通常の解雇と同じであり、正当な理由が必要となることにも留意しなければなりません。

　事業譲渡では、主に労働者保護のためのいわゆる「事業譲渡等指針」[12]が平成28年9月から適用されており、承継予定労働者及び労働組合への事前通知や事前協議などについて定められています。

【2】会社分割と労働契約

　会社分割は、事業譲渡の代替案等として使用される手法です[13]。この会社分割においては、雇用契約関係も承継の対象となります。そして、吸収分割契約又は新設分割計画（分割計画書等）において承継される労働者の範囲を、分割会社の意思により定めることができます。この場合、労働者の同意は必要ない

---

[10] なお、この点に関しては、「中小PMIガイドライン」（105頁）のコラム（人事・労務分野におけるM&Aの実施形態による留意点）が参考になります。

[11] 民法625条1項

[12] 「事業譲渡又は合併を行うに当たって会社等が留意すべき事項に関する指針」（平成28年厚生労働省告示第318号）

[13] 行政法上の許認可等をそのまま承継したい場合等に、事業譲渡ではなく会社分割を選択することがあります。例えば、風営法上の「風俗営業者の地位」（風営法7条の3）や、食品衛生法上の「許可営業者の地位」（食品衛生法53条）は、それぞれ、事業譲渡ではなく会社分割であれば、そのまま承継できることがあります。ただし、会社分割の場合には、事業譲渡の場合と異なり、債権者保護手続き等の法定の手続きのため時間を要することがありますので、スキーム選択の際には具体的なスケジュール感を踏まえた慎重な検討が必要です。なお、行政法上の許認可等の承継は、原則として個別の根拠法の定め次第ではありますが、年々広く認められるようになってきている傾向にあり、事業譲渡に伴い承継が可能な許認可等も相当数ありますので、今後も各種業法改正の動き等は継続的に確認することが望ましいです。「事業承継ガイドライン」102頁の「〈参考〉許認可等の承継」も参考になります（なお、「中小PMIガイドライン」118頁の「コラム　許認可等の承継」も同内容です）。

のですが、会社の恣意的な選別によって労働者が不利益を被るのを防止することを目的として、「会社分割に伴う労働契約の承継等に関する法律」（労働契約承継法）が定められています。

　労働契約承継法では、労働者の理解と協力を得るよう努めること、労働者と事前協議を行うこと、労働者・労働組合へ通知すること、労働者の異議の申出の機会を提供すること等の手続きを定めています。これに従わない場合、会社分割に伴う労働契約の承継について、その法的効力が生じない可能性があります。

　そして、労働契約承継法では、承継される事業に「主として従事している労働者」と、「主として従事していない労働者」の２つに区分しています。

　会社分割に伴う労働者の区分と労働契約の承継、異議申出についてまとめますと、次図のようになります。

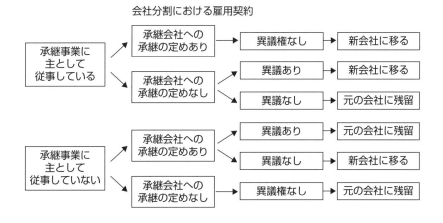

会社分割における雇用契約

　承継される事業に「主として従事している労働者」については、本人の同意を得ることなく、分割計画書等に記載することにより承継会社に雇用契約を承継することができます[14]。ただし、分割計画書等に雇用契約を承継する旨が記載されていない場合、これらの労働者が承継してほしいと異議を申し出たならば、雇用契約が承継されることになります[15]。

14　労働契約承継法3条
15　労働契約承継法4条

　承継される事業に「主として従事していない労働者」については、分割計画書等に記載された場合には、雇用契約を承継することができます。ただし、労働者が承継してほしくないとの異議を申し出たならば、雇用契約はそのまま分割会社に残ることが可能となっています[16]。

　なお、労働契約承継法施行規則・指針[17]は、平成28年9月に改正されており、同指針では、労働条件の不利益変更を行う会社分割に対して、「会社分割の前後において労働条件の変更を行う場合にも、労働契約法第10条の要件を満たす就業規則の合理的な変更による場合を除き、労使間の合意によることなく労働条件を不利益に変更することはできないこと」が明確化されました。また、会社分割のみを理由とする解雇の禁止や、労働者への通知事項の追加など、一層の労働者保護の改正が行われています。

---

[16] 労働契約承継法5条
[17] 「分割会社及び承継会社等が講ずべき当該分割会社が締結している労働契約及び労働協約の承継に関する措置の適切な実施を図るための指針」（平成12年労働省告示第127号）

Ⅵ　承継後の PMI

【1】PMI の手法

> **Q** 事業（会社）の譲渡にあたり、買い手側から M&A 完了後の PMI への協力を要請されました。しかし、初めての経験になりますので、そもそも PMI がどういうものか想像もつきません。
> PMI とはどのようなものなのでしょうか？　なぜ、**M&A 完了後でも対応が必要なのでしょうか？**

〈フレームワーク〉

	事業性評価	企業経営者	承継手続き
親族内	A-1	A-2	A-3
従業員	B-1	B-2	B-3
第三者	C-1	C-2	C-3

確認すべき分野

承継の方向性

Answer.

　PMI（Post Merger Integration）とは、主に M&A 成立後に行われる統合に向けた作業であり、M&A の目的を実現させ、統合の効果を最大化するために必要なものです。PMI の成否は、M&A の成功・失敗を左右する大きな要因と

なっています。

　PMIの取組みは、「経営統合」「信頼関係構築」「業務統合」の３つの領域に大別されます。「Post（後）」の字の印象からM&A後のみに実施検討すべき取組みと誤解されがちですが、M&Aの目的の明確化や売り手・買い手の現状把握等を含め、M&Aの成立前から準備する必要があります。

M&AとPMIの目的[18]

PMIの取組領域

経営統合	異なる経営方針のもと経営されていた2社の経営の方向性、経営体制、仕組み等の統合を目指す。
信頼関係構築	組織・文化の融合に向けて実施するべき取組。経営ビジョンの浸透や、従業員の相互理解、取引先との関係構築等を目指す。
業務統合	事業（開発・製造、調達・物流、営業・販売）や、管理・制度（人事、会計・財務、法務）に関する統合を目指す。

　「中小PMIガイドライン」では、中小PMIの大まかなプロセスは「中小PMIの全体像」として整理されています。以下ではこれに沿って説明します。

18　両図とも「中小PMIガイドライン」10頁より抜粋

中小 PMI の全体像[19]

時期の目安			M&Aのステップ	PMIのステップ

時期の目安

M&Aプロセス
- トップ面談前
- トップ面談
- 基本合意締結
- DD
- 最終契約締結
- クロージング

M&A 成立

M&Aのステップ
- **１** M&A初期検討
- 対象企業DD
- クロージングに向けた条件交渉

PMIのステップ
- **１** M&A初期検討
- **２** "プレ"PMI（M&A成立前の取組）

概ね1年（※）

PMIプロセス
- 集中実施期
- それ以降

- **３** PMI（集中実施期）
- **４** "ポスト"PMI（それ以降）

※特に、PMI推進体制の確立、関係者との信頼関係の構築、M&A成立後の現状把握等は、100日までを目途に集中的に実施。

(1)　M&A 初期検討

　PMI 以前の話として、まずは M&A の目的を明確化することが肝要です。なぜ M&A を目指すのか、M&A を経てどのような状態になっていたいのかを言語化し、それに向けた戦略を策定・精査しておくことが重要です。

　その際には、M&A における「成功」が何であるのかを定義しておくことも重要です。これにより、定期的な振返りを通じた取組の評価や軌道修正が可能となります。

(2)　"プレ"PMI（M&A 成立前の取組み）

　M&A の目的の実現のために必要となる PMI の取組みを意識し、DD 等の調査を通じて売り手の情報を可能な限り取得しておくことが重要です。

　クロージング前の DD 等において取得できる情報には一定の限界があります

---

[19]「中小 PMI ガイドライン」18頁より抜粋

が、クロージング後のPMIの集中実施期において何をすべきかを計画しておくことが大切です。

(3)　PMI（集中実施期）

　まず、PMI推進体制を構築する必要があります。中小企業を対象とするM&Aでは、多くの場合、売り手・買い手ともに人員に余裕がない状況で、通常業務に加えてPMIの取組みを実施することになります。そのような状況下でPMIプロセスを円滑に進めるためには、PMI推進のために求められる役割を整理し、売り手・買い手の適切な人材で役割分担しながら進める必要があります。また、必要に応じて支援機関による支援など外部リソースの活用も検討することが望ましいです。

　その上で、PMIの取組みを実行します。M&A成立後、売り手の事業について詳細な現状把握を進めながら、新たに把握した課題への対応も含めて取組方針を検討し、計画的な実行と効果検証を行う必要があります。M&A成立後おおむね1年間を目途に、M&Aの目的を実現するため、どの事項への対応が必要であるかを検討し、優先順位をつけて集中的に取り組みます。なお、あくまで目安ではありますが、特にPMI推進体制の確立、関係者との信頼関係の構築、M&A成立後の現状把握等は、M&A成立後100日まで[20]を目途に集中的に実施することが望ましいです。

(4)　"ポスト" PMI（それ以降）

　PMIプロセスは、場合によっては数年単位の長期にわたることもあります。1年程度の集中実施期だけの取組みとして終わらせるのではなく、中長期的な取組みとして継続していくことが重要です。それまでの取組みを振り返りながら、M&Aの目的やPMIの進行状況等に応じて、買い手・売り手の更なる統合を行う等（例えば、買い手がいったん子会社化した売り手と数年後に合併するケースが想定されます）、グループ組織体制の見直しも必要に応じて検討していくこ

---

[20] 実務では「100日プラン」という呼称が用いられることも多いですが、「中小PMIガイドライン」では、リソースの乏しい中小企業においても現実的に対応が可能なスケジュール感を意識し、概ね1年の集中実施期において、特に早期に対応すべき取組みについては100日までを目途に集中的に実施するという内容となっているものと思われます。

とになります。

　なお、売り手の会社の事業が同一法人格においてそのまま継続する場合（例えば、株式譲渡の場合）は、必ずしも厳密な意味での「統合」は必要となりません。しかし、買い手・売り手が一体となって成長していくためには、経営や業務等の面で一定程度の「すり合わせ」が必要になることから、「中小 PMI ガイドライン」では、このような「すり合わせ」も「統合」と称しています（10頁）。そのため、読み手によっては、PMI の示す範囲がやや広く感じられるかもしれません。

【2】売り手にとっての PMI

> **Q**　M&A の交渉中に買い手から「M&A の成功は、PMI の成功にかかっているのです、ぜひご協力ください」と言われました。確かに、事業を買い手がうまく引き継いで、存続してくれなければ、従業員の幸せを実現することができません。
> **売り手の立場から、PMI で気をつけるべき課題**は何がありますか？

〈フレームワーク〉

確認すべき分野

承継の方向性	事業性評価	企業経営者	承継手続き
親族内	A-1	A-2	A-3
従業員	B-1	B-2	B-3
第三者	C-1 現状→問題→解決策	C-2 現状→問題→解決策	C-3 現状→問題→解決策

Answer.

　PMI の取組は、「経営統合」「信頼関係構築」「業務統合」の 3 つの領域に大別されます。主として買い手が検討することになりますが、売り手の経営者や従業員による協力が欠かせないものになります。どの程度の協力を要するかはケースバイケースですが、買い手としてはこのようなプロセスをスムーズに行うために協力を要請してきているということを理解し、売り手としても適切な対応を行っていくことが望まれます[21]。

(1)　経営統合

　異なる経営方針のもと経営されていた 2 社の経営の方向性、経営体制、仕組み等の統合を目指します。

　その中でも、経営の方向性の確立は特に重要です。まず買い手は① M&A 初期検討の段階では、新たな経営の方向性を検討し、言語化することが必要です。また、②"プレ"PMI の段階では、トップ面談等を通じて売り手のこれまでの経営の方向性を把握し、新たな経営の方向性との差異を理解することが必要です。その上で、③ PMI の段階では、売り手の関係者に対し、従前の経営の方向性を尊重し可能な限りの配慮を行いながら、買い手が考える経営の方向性を丁寧に説明します。

　このような中で、売り手は、トップ面談等で従前の経営の方向性を買い手に具体的に伝えるほか、仮に新旧の経営の方向性の間の差異が大きい場合にはその差異を埋めることが可能かという検討や、新たな経営の方向性を円滑に浸透させる取組みについての計画策定に協力することが考えられます。

(2)　信頼関係構築

　組織・文化の融合に向け、経営ビジョンの浸透や、従業員の相互理解、取引

---

[21] なお、「中小 PMI ガイドライン」では、PMI にかけられる経営資源等に応じて、必要な取組を参照できるよう、M&A 案件規模に応じて分類の上、「経営統合」「業務統合」についてそれぞれ「基礎編」「発展編」に分けていますので、以下では「基礎編」の内容をベースに説明します。「信頼関係構築」については「基礎編」しかなく「発展編」がありませんが、これは他の 2 つの領域に比べて容易であることを意味せず、案件規模にかかわらず全ての M&A において「信頼関係構築」が等しく重要であるということを表す趣旨と思われます。

先との関係構築等を目指します。

　買い手の側から見ると、売り手の経営者や従業員、取引先をはじめとする関係者との信頼関係構築が必要です。① M&A 初期検討の段階では、売り手経営者とのコミュニケーションを通じた相互理解の深化から始まります。②“プレ”PMI の段階では、M&A 成立後における売り手経営者の処遇（役職、報酬、在籍期間等）に関する条件を覚書等の書面により明確化することや、キーパーソンへの情報開示・協力要請等を行います。③ PMI の段階では、やはり売り手経営者との継続的なコミュニケーションを通じて信頼関係を深化させることは重要です。また、キーパーソン以外の従業員との関係でも、例えば、説明会や個別面談により不安や混乱の防止を図りつつ、クイック・ヒットとして即効性のある就労環境改善策を可能な範囲で実行し、日頃からの継続的なコミュニケーションにより信頼関係を構築することが必要です。取引先には関係性に応じて、M&A の目的や経緯、買い手に関する情報等を説明することが必要です。これら以外にも、金融機関や（事業用不動産が賃借の場合）賃貸人、各種組合や業界団体、許認可等の所管官庁といった関係者への対応も検討する必要があります。

　このような中で、売り手は、トップ面談等で伝えるべき情報を整理したり、自分の処遇について明確化するため協力したりするほか、従業員や（主要な）取引先への説明役の役割を果たす等、買い手と関係者との信頼関係構築に向けて協力することが必要です。

　なお、ケースバイケースではありますが、売り手の経営者が M&A 実行により支配権を失った後も、一定期間以上、そのまま取締役または顧問として経営に関与するケースは多く見られます。中小企業には独自の歴史や暗黙知があり、そこに最も精通しているのはオーナー経営者です。また、長年一緒に戦ってきた従業員や関係者との人的つながりも非常に重要な要素であり、それがその事業の強みとなり支えになっているケースが多く見られます。このような背景から、オーナー経営者は M&A 実行後に即座に引退してしまうのではなく、一定期間の引継ぎに協力することが望まれるケースが多く見られます。ただし、売り手経営者の関与の在り方は、最終的には売り手・買い手の協議によって決まります。

(3)　業務統合

　開発・製造、調達・物流、営業・販売といった事業活動（事業機能）における改善・連携を進め、売上・コストシナジーを実現することで収益性を高めます。また、人事・労務、会計・財務、法務、IT システム等の事業を支える機能（管理機能）の改善を進めます。

　本書では詳細については言及しませんが、まず買い手は M&A 成立後の事業の円滑な引継ぎに向けた対応を進めます。②"プレ"PMI の段階では、DD 等を通じた事業の現状把握等を行いますが、M&A 成立前の DD だけでは検知できないこともあります。また、売り手の経営者や一部の従業員のみに属人化している業務があるほか、業務に関する規程や帳票等が存在しなかったり実態と乖離していたりすることもあります。そのため、③PMI の段階では売り手の経営者や従業員へのヒアリングやコミュニケーション等を通じて、より広範かつ詳細に売り手の事業の現状を把握するとともに、優先順位の高いものから順次改善に取り組む必要があります。

　このような中で、売り手は、買い手からのヒアリング等に対応し、場合によっては現場で業務の手順等を伝えたりして引継ぎに協力する必要があります。この点、オーナー経営者やベテラン従業員の暗黙知や経験則、売り手内部の組織や外部との契約関係等を明文化・データ化したりすることは、事業の円滑な引継ぎに資するものでもありますので、常日頃から整えることが重要です。M&A が行われるに当たっては、そういった積み重ねが PMI の成功につながり、事業がまた一歩成長するきっかけとなります。

第6章

支援者の役割

I 税理士の役割

【1】 事業承継支援における税理士の役割

> Q 「顧問税理士が事業承継の指導を行ってくれない。M&A 仲介業者に丸投げされた」という声を聞くことがあります。なぜ、税理士が税務顧問として指導しているにもかかわらず、M&A を指導しないのでしょうか。

　税理士は、そのほとんどが個人事業主または税理士法人オーナーです。その顧客は、個人事業主及び中小規模の法人です。また、顧客との顧問契約に基づく業務は、会計記帳代行及び個人の確定申告書と法人の決算書と申告書の作成になります。これらは、毎年１回、永続的に発生する業務ですから、長期かつ安定的な仕事になります。

　この点、事業承継支援という単発でイレギュラーの仕事については、税理士には大きな弱点があります。なぜなら、税理士という仕事は、反復継続的な書類作成であり、経営者の人生相談など対人能力やコミュニケーション能力を求められる仕事、事業戦略立案や経営管理体制構築のような企業経営のコンサルティング業務に係る能力と経験に欠けるからです。また、会計事務所という狭い社会の中で書類作業の仕事を長く続けていると、日本経済の将来まで考える視野を持つことはできません。

　良くも悪くも税理士の顧問契約は、サブスクリプション型の長期安定的なものです。税理士業は、充分な収益性を確保できる殿様商売であり、顧客を増やし、営業基盤を拡大する必要性はありません。それゆえ、税理士は、事業承継やM&A というイレギュラーな業務に自ら対応しようとせず、M&A 仲介業者など他の支援者に丸投げするのです。

【2】税理士が指導を行うメリット

中小企業の経営者から、「**事業承継を顧問税理士に指導してもらいたい**」という声を聞くことがあります。事業承継の指導を税理士が行う場合のメリットは何でしょうか。

　事業承継には、事業性評価、経営者の人生などコンサルティング業務だけでなく、承継手続きに係る実務作業が必要であり、特に、贈与税や相続税の税務申告を含む資産税に係る専門性が不可欠です。

　この点、資産税に対応できる専門性を持っていることで、税理士は他の支援者と比べて優位な支援者ということができます。もちろん、法人税務を中心に行っていて、資産税は苦手だという税理士がいるかもしれませんが、それでも申告書の作成までは対応できるはずです。

　また、事業承継支援を専門とする税理士であれば、税負担を軽減させることを目的としたアドバイスが可能となります。このようなアドバイスは、顧客の個人財産やキャッシュ・フローの増大をもたらすことが可能となるため、非常に重宝されます。たとえ事業性評価や経営者の人生のアドバイスを提供できないとしても、税負担軽減という大きな価値を提供できる税理士は、顧客に最も大きな価値を提供する支援者だと考えられます。

II　弁護士の役割

【1】 事業承継支援における弁護士の役割

Q　弁護士は、事業承継を支援する専門家として、どのような役割を担うのでしょうか？

Answer.

弁護士の役割については、「事業承継ガイドライン」[1]においても、以下の通り言及されています[2]。

「弁護士は、中小企業や経営者の代理人として、事業承継を進めるにあたり、経営者とともに金融機関や株主、従業員等の利害関係者への説明・説得を行い、円滑な事業承継を進める役割を担う。

　とりわけ、株主関係が複雑な場合や、会社債務・経営者保証等に関する金融機関との調整・交渉が必要な場合、M&A を活用する場合等においては、法律面全般の検討と課題の洗い出し、それらを踏まえたスキーム全体の設計、契約書をはじめとする各種書面の作成といった支援が期待される。」

以上も踏まえた上で、弁護士には、主に、次のような役割があると考えます。

(1)　法的な観点からの検討・助言

　事業承継においては、検討すべき法的な問題点、踏まえておくべき法的な手続きが、随所にあります。

　例えば、親族内承継は、相続についての民法のルールが関わってきます。現

---

[1] 「事業承継ガイドライン」126頁
[2] 「中小 M&A ガイドライン」（76〜83頁）では、中小 M&A における弁護士の主な役割について記載されており、参考になります。

経営者が後継者に事業用資産を遺贈するような場合には、遺言が民法の要求する方式を満たしていることが必要ですし、後継者への贈与・遺贈の場合には、後継者以外の相続人の遺留分への配慮も必要です。また、現経営者が借入債務・保証債務等を背負ったまま亡くなった際には、相続人がそのまま全て相続する単純承認を避けた方がよい場合もありますので、その場合には、限定承認や相続放棄も検討する必要が生じてきます。さらに、現経営者が、後継者に対して株式を譲渡するような場合には、会社法のルールも関わってきます。

　一方、従業員承継やM&Aでは、株式譲渡のほか、事業譲渡や会社分割等について、主に会社法のルールが深く関わってきます。

　また、仮に事業再生中の企業であれば、メインバンク等の債権者と、会社債務・経営者保証等に関して調整・交渉する場合に、法的な観点も踏まえて経済合理性を説明することが必要となることもあります。さらには、特定調停・特別清算・民事再生といった、裁判所を利用する手続きが必要になることもあるかもしれません。その際には、破産した場合の配当率（清算配当率）よりも高い弁済率を確保するべきという清算価値保障原則の理解も必要となってきます。

　このように、事業承継においては、法的な観点からの検討・助言が不可欠です。仮に、法的に踏むべき手続きを踏んでいないということが後で判明すると、最悪の場合には、事業承継の法的な有効性を争われてしまうケースもあり得ます。弁護士は、最後の締めのところだけで出てくる存在ではなく、事業承継案件の初動の時期から、継続して関与・連携することが望ましいと考えます。

⑵　紛争の予防・対処

　事業承継においては、様々な利害関係が交錯する場合があります。

　例えば、親族内承継に関連して、相続争い（争族）が併発することがあります。また、役員・従業員同士での派閥争い・支配権争いのような、社内紛争が生じることもあります。さらに、事業再生局面にある企業（特に債務超過企業）においては、不当に低価での（ないし無償での）財産移転が行われたり、特定の債権者のみへの弁済（偏頗弁済）が行われたりしてしまうと、メインバンクその他の債権者との信頼関係を損なってしまうこともあるかもしれません（最悪の場合には詐害行為取消権[3]等により効力を否定されることもあるかもしれませ

ん）。

　紛争の解決には、弁護士が適しています。このようなイメージは、世間的にも広く共有されているのではないかと思いますが、むしろ紛争化する前に、事業承継の初期段階から弁護士が関与していれば、防ぐことができる紛争もあるのです。

　加えて、近年の傾向として、労働基準法や労働契約法といった労働法の重要性は、ますます高まってきています。不当解雇や、サービス残業の明示的・黙示的な強制に対する世間の風当たりはますます強まっており、労働者が労働審判制度等を利用して使用者に対して地位確認や未払残業代等を請求する労働事件も多いです。事業承継の対象となる中小企業は、古い歴史を有する優良企業も多いと思いますが、こういった労働法のルールについてはあまり理解されていないケースも散見されます。いわゆる働き方改革関連法が中小企業においても適用され始めた昨今、従業員の労働環境改善・幸福度追求はもちろんのこと、社内紛争の予防のためにも、事業承継を機に、人事・労務コンプライアンスにはより一層留意することが望まれます。

(3)　手続きについてのコーディネーター

　弁護士は、事業承継に伴う法的な問題点を検討し、事業承継に必要となる法的な手続きの全体像を理解した上で、事業承継の具体的なスキームを構築し、これを指揮・遂行する役割が求められます。事業承継において、事業・ビジネスについてのコーディネーターが中小企業診断士であるとすれば、弁護士は手続きについてのコーディネーターといえます。

　ただし、事業承継においては、法務面に限らず、税務面等での検討が不可欠ですので、弁護士は、税理士等とも適宜連携の上、手続きの方針を決定する必要があります。

　弁護士には、事業承継の全体像を把握し、他業種の専門家と円滑に連携するための幅広い知見が必要であり、日々のアップデートを怠らない姿勢が求められます。そして、事業が生き物であることを理解し、可能な限りで、事業・ビ

---

[3] 民法424条以下

ジネス面についての見識も高めていくことが望まれます。

【2】 事業承継支援において弁護士が注意すべき点

 弁護士は、事業承継を支援する際に、特に、どのような点に注意すべきでしょうか?

Answer.

特に、利害関係の対立について敏感であるべきです。

事業承継においては、先代経営者と後継者以外にも、例えば、家族、他の役員・従業員、株主、取引金融機関・仕入先・得意先等といった、様々なプレイヤーの利害関係が絡まってきます。全てのプレイヤーの利害関係が一致するとは限りません。

特に、親族内承継においては、「争族」に巻き込まれないよう注意が必要です（なお、遺産分割は、いわば1つのパイを相続人が分け合う関係にあるものであり、複数相続人からの相談や受任に関しては利益相反の問題[4]が生じ得る[5]ため、弁護士は厳重に注意しなければなりません）。例えば、先代経営者の子である後継者に兄弟がいた場合に、この兄弟が、後継者による事業承継そのもの、あるいは、後継者が（相続財産の大部分を占めることが多い）株式や事業用資産を相続することを快く思わない場合には、株主構成にも細心の注意が必要ですし、後継者以外の相続人の遺留分にも配慮しなければなりません。また、先代経営者と後継者の間で方針や思惑が異なる場合もあり、誰が自分の依頼者であるのかという点に立ち返って、慎重な言動を心掛けるべきケースもあります。

加えて、事業再生局面にある企業の事業承継に当たっては、債権者との調整が必要になってくることが多いと思います。同じ債権者であっても取引金融機関（金融債権者）と仕入先（取引債権者）は区別して考える必要がありますし、

---

[4] 弁護士法25条、弁護士職務基本規程27条、28条違反
[5] 第二東京弁護士会法律相談センター運営委員会「相続・遺言ガイドブック」（第二東京弁護士会、補訂版、2017年）2～3頁

同じ取引金融機関でもメインバンクとそれ以外の金融機関ではスタンスが大きく異なってくると思います。事業を毀損せずに（特に資金繰りには細心の注意を払いながら）存続させる一方で、協議・交渉を適宜行いながら利害関係を調整し、利害関係者の理解・同意を得て手続きを前に進めていく、という姿勢が重要です。

　弁護士は、利害関係の対立を認識し、可能な限り利害関係に配慮した形での事業承継を目指すことが望ましいです。もちろん、全てのプレイヤーを満足させることは、ほとんどの場合、難しいことだと思いますが、大切なことは、利害関係の対立をリスクとして認識し、紛争の芽の大きさを把握しておくこと、可能であれば紛争の芽を摘んでおくこと、であると思います。

【3】事業承継後における弁護士の関与

Q　　私は、事業の後継者です。中小企業診断士や税理士、弁護士等の専門家のおかげで、無事に先代経営者からの事業承継を成功させることができました。
　今後も弁護士に関与してもらう必要はあるでしょうか？

Answer.

　各事業の状況によっても異なりますが、弁護士が継続的に関与することには、一定のメリットがあります。

　仮に先代経営者が事業の創業者であった場合、その事業運営については、多かれ少なかれ、欠陥・欠点や、改善すべき点も見受けられると思います。それでも、先代経営者にカリスマ的な魅力があり、そのおかげで、取引先との関係や、労使間の関係が、良好に保たれ、事業が上手くいっている、というケースは多く見受けられます。先代経営者が引退すると、従来のパワーバランスが崩れ、それまでも存在はしていたけれども見えていなかった（顕在化していなかった）問題が見えてくる、ということも多いようです。

　例えば、前述の【1】で触れた通り、ここ数年で強く意識されるようになっ

た労働法の問題が、先代経営者の亡くなった後に浮上してくることがあります。先代経営者の時代にはさほど問題とされてこなかったことでも、後継者の時代になってから槍玉に挙げられるケースが見受けられます。また、先代経営者の時代にはその強力なリーダーシップのもと、不文律により会社がなんとなく動いていたものの、後継者の時代になって意思決定プロセスや業務分掌の不明確をはじめ組織としての未熟さが目立つようになり、決裁や報告に関する混乱が生じるケースもあります。

　他方で、先代経営者の時代には、取引先との間で、契約書等の書面を一切締結していなかったり、法的に不備のある書面を取り交わしていたりすることもあります。先代経営者が、株主総会や取締役会といった会社法上の手続きをほとんど踏んでいないということも、往々にしてよくあるようです。しかし、そういった法的にルーズな状態を継続していると、実際にトラブルが生じた際に、事業に生じるダメージを最小化することができないおそれがあります。このような状況のままでは、そもそも、「事業承継を成功させることができた」とは言い切れないようにも思われます。

　古き良き高度経済成長期の時代から、もはや時代は変わりました。法令遵守・コンプライアンスという観点のみならず、紛争予防・予防法務やガバナンス構築、ひいては企業の持続可能な成長・発展という観点からも、事業承継後の中小企業に弁護士が関与する意義は大きいものと思います。自社の事業承継の手続きに関与した弁護士であれば、当該事業の全体像・概要を理解していることが多いと思いますし、そのまま顧問弁護士等として継続支援してもらうということも、選択肢の1つであると思います（なお、最近は、弁護士・法律事務所によって、様々な契約形態・料金体系があるようです）。これは、M&A成立後における経営統合作業（PMI）と、主に買い手（譲受側）サイドで関与した弁護士の関係においても、共通することだと思います。

　いずれにせよ、弁護士は、個別の紛争や手続きといった有事のスポット対応だけでなく、平時の継続的な形での関与にも一定の意義があるという点は、頭の片隅に留めておいていただけるとよいかと思います。

　これまでの時代には、中小企業の身近な相談役という役割を、主に税理士が担ってきた面が大きいと思います。税金は事業にとって重大なコストですし、

資金繰りや事業・ビジネスの方向性も含めて相談できる税理士は、中小企業の代表者にとって、これからも頼れる存在であると思います。ただ、それに加えて、今後は、特に事業承継後の後継者による再スタートに当たっては、弁護士の関与の重要性も増してくるものと思います。

　私見ですが、事業承継後の後継者には、弁護士が身近な相談相手であると感じてほしいと思いますし、弁護士は、そのように感じてもらえる存在になっていく必要があると考えています。弁護士は、事業承継後の後継者を継続的に支援できるよう、時代の変化に対応するための努力と挑戦を継続していく必要があるものと思います。

Ⅲ　後継者支援の専門家の役割

【1】後継者の相談相手

　自分は、父が創業した会社に入社して8年たちます。後継者とし
て、事業を承継することを期待されていますが、まだ、実権は現経
営者にあり、責任は限定的で権限もありません。経営者でもなく、
従業員とも立場が違うという中途半端な立ち位置です。

　事業を継いだときには、重い責任を負うことになることは何となくわ
かっていますが、どうしたらいいのかわかりません。誰に相談したらいい
のでしょうか？

Answer.

　後継者が事業を承継しようと決意できたとき、誰に相談すればいいのでしょ
うか。実は、今のわが国には、事業承継の全ての範囲をカバーできる専門家は
非常に少ないと言ってよいでしょう。事業承継にあたって、譲渡する株式評価
をしてくれる人、相続や贈与のスキームを考案してくれる人、将来の事業戦略
などを助言してくれる人、このような専門家は数多く存在しています。しかし、
彼らは事業承継の「一部分」の助言をしているに過ぎず、事業承継全体を捉え
ているわけではありません。

　言うまでもなく、事業承継とは、事業のある「一部分」を承継するのではな
く、会社・組織の事業や経営そのものを承継するのですから、事業や経営全体
を「俯瞰」してみることのできる専門家に相談し、包括的なアドバイスを受け
ることが必要です。

　もしも、特定の「一部分」のみの専門家に相談したらどうなるでしょうか。
確かに、その専門家は、特定の「一部分」においては、最適な解を授けてくれ

るでしょう。しかし、その「部分最適解」が「全体最適解」になるとは限りません。それどころか、「部分最適解」を後継者が実行したところ、かえって会社に悪影響を及ぼして、経営を悪化させる場合も多く、結果として後継者が困難な状況になります。例えば、事業戦略の専門家に相談して新事業を立ち上げようと多額の資金を借り入たものの、新事業が上手くいかず、会社の資金繰りを悪化させたというのは決して珍しい話ではありません。

　「全体最適解」は、会社が置かれている状況によって全く異なります。会社の数だけ「全体最適解」があるといってよいでしょう。

　現経営者であれば、長年の経験と実績により自分の会社の状況に精通しているので、前述のような問題を引き起こすことはさほど多くありません。しかし、後継者の場合、会社にどのようなリスクがあるのかをまだ知らないことが多いので、大切な部分を見落としてしまい、重大な問題を引き起こしてしまうおそれがあるのです。

　したがって、まだ会社の全容を掴み切れていない後継者は、「一部分」の専門家ではなく、経営全体の視点から俯瞰的に捉えて「全体最適解」を導いてくれる専門家に相談することが望ましいのです。

【2】後継者支援の専門家のミッション

 　後継者支援の専門家とは、後継者に対してどのように指導してくれる存在なのでしょうか？

Answer.

　後継者支援の専門家は、後継者の成長を促し、自律的かつ主体的な歩みを支援するコンサルティングを行います。

　事業承継の時期には、会社と当事者個人の両方に多くの課題が存在しており、隠れていた失敗の構造が浮かび上がってきて、これが後継者の成長を妨げます。

　後継者は、次の「経営者」になるという重い宿命を背負いながら、現時点では、①事業そのものが後継者の身の丈よりもはるかに高い壁であり、②後継者

の知らないことやわからないことが数多く存在し、③後継者が掌握、コントロールできないことは無数に転がっていて、④経営上の爆弾（過去の負の遺産）が埋め込まれていたり、潜んでいたりすることに気づかないものなのです。

　しかしながら、後継者がこれらの問題の本質に早く気づくことができれば、これまでの長い間に蓄積されてきた経営資源（ヒト・モノ・カネ・情報など）と後継者の新しい能力との融合によって、継続性と新鮮さが事業にもたらされ、マイナスを解消し、プラスに転じる可能性を秘めているのです。

　後継者支援の専門家は、後継者の立場や特性を十分に理解した上で、個人の成長を妨げている阻害要因の除去と主体的な行動の手助けをします。具体的には、後継者自身が自己を客観視するとともに、事業の現実と向き合って、事業承継の決意と覚悟のもと、新たな価値創出のための担い手としての成長戦略を描き、行動することを支援します。すなわち、後継者による事業の成長と後継者個人の成長のメカニズムを熟知した専門家として、適切な助言と強力な課題解決支援を提供します。

【3】後継者支援の専門家に必要な能力

 後継者支援の専門家になるためには、どのような能力が必要でしょうか？

Answer.

　後継者支援の専門家は中小企業診断士や税理士など「士業」で明確に分けられるものではなく、事業承継支援に必要な総合的な知識と経験を有した専門家です。事業承継は後継者が会社の全てを引き継ぐので、総合的な支援ができるノウハウが必須です。

　例えば　①後継者の立場や心理を知っている、②経営理念の策定支援ができる、③既存事業を改善し、新規事業を作れるマーケティング力がある④人材と組織運営の改善と育成のサポートができる、⑤後継者の財務力を育成する、⑥自社株対策ができる、などがあります。

　最も大切な資質は事業承継で成功するために後継者と企業が成長する可能性を信じて支援することであり、それが「後継者支援の専門家」の必須条件です。

　また、ともすれば一般的な専門家は「上から目線」になりがちですが、、「後継者支援の専門家」は、後継者とラポール（信頼関係）を築き、後継者がまだ発揮していない能力を引き出し、後継者個人の行動そのものの質の向上を促す役割を担います。

　そのためには、ある特定分野だけでなく、企業経営という、総合的な営みを支援するためには、そのような見識が必要不可欠なのです。

　例えば、事業承継支援において、多様な士業（中小企業診断士、公認会計士、税理士、司法書士、社労士など）が集まる専門家集団である日本事業承継コーチング協会（https://www.jsc-kyokai.com/）は、全国で多くの後継者支援の実績がありますので、門をたたいてみるのもよいでしょう。

Ⅳ　中小企業診断士の役割

【1】　事業承継支援は何から始めるか

　プロの経営コンサルタントとして10年の経験を持つ中小企業診断士です。これまで創業支援や補助金申請で多数の実績を持っています。

　信用保証協会の専門家派遣によってお客様を紹介され、中小企業の事業承継をサポートすることになりましたが、事業承継の支援を行うことが初めてで、何から始めたらよいかがわかりません。

Answer.

　初めて事業承継支援の依頼を受けたときは、事業承継に関する様々なテクニックや支援策は知っていても、何から始めたらよいかわからず、困惑してしまうことでしょう。お客様の将来を左右する重要な仕事であり、現経営者やそのご家族のライフプランにも影響を与えることでもあるため、大きなプレッシャーを感じることになります。

　そのような場合、まずは、対象会社の属する業界をよく知るというところから始めるとよいでしょう。その業界に関する情報を入手するのです。例えば、「業種別審査事典」[6]には、細かい業種別に、業界状況、市場予測、収益構造、商習慣などが説明されています（図書館で閲覧することができます）。

　これによって業界知識を得た上で、支援者として、現経営者とコミュニケーションを充分に取り、徐々にお互いの理解を深めていきましょう。会話の内容は硬いことだけでなく、雑談も大切です。何気ない雑談の中に、折々専門的な

---

[6]　株式会社きんざい発行の金融機関向け事典。多種多様な業種の特徴や経営数値などが記載されています。

情報やアドバイスを挟むことで自然と信頼を得られるようになります。

　専門知識の押し付け的な会話とならないようにすることがコツです。

　1つの会話のパターンとして、「業界や会社のことは、社長に教えてもらう」「事業承継の事例や自分のスタンスや体験などを話す」というように、お互いに情報提供や勉強をするという感じになることで、依頼者・受任者という関係ではなく、パートナーとして共に取り組むという関係ができます。

　なお、事業承継の推進方法や留意点などは、中小企業庁の「事業承継ガイドライン」に詳細に記載されているので、熟読しておくことをお勧めします。承継の種類ごとの説明やプロセスなども解説されており、支援者がハンドブック的に使うだけでなく、現経営者や後継者への説明にも便利です。

　また、中小企業診断士であれば、中小企業診断協会が提供している「中小企業の事業承継支援業務と知識体系」[7]を利用することができます。これは、事業承継支援業務における調査／検討／実施事項を、チェックリスト形式で全て網羅しており、事業承継支援が初めての方でも「具体的に何をしたらよいのか」が分かるように作られています（本書の執筆陣が所属する事業承継支援コンサルティング研究会にて作成しました）。ぜひ、ご活用ください。

【2】 支援者の心構え

　初回面談したお客様から、事業承継の進め方について継続してアドバイスしてほしいとの依頼を受けました。事業承継の支援者としての心構えにはどのようなものがありますか？

Answer.

　当然のことですが、事業承継の専門家として「お客様の信頼にシッカリと応える仕事をすること」が大切です。

　事業承継を進めていると、いろいろな障害にぶつかることがあります。例え

---

[7] 中小企業診断協会のホームページよりダウンロードできます。https://www.j-smeca.jp/contents/001_c_kyokainitsuite/010_c_jigyonaiyou/008_jigyosyoukei_chishikitaikei.html

ば業績が悪化してきた、金融機関の融資条件が厳しい、相続の問題で家族がも
める、幹部の理解が得られない、後継者が思ったように育たないなどなど。そ
ういうときに、現経営者の精神的な支えとなれるような存在であることが大切
です。社長の辛さを理解しつつも、支援者はしっかり前を向き、「必ずこの苦
境は乗り切れる」という姿勢で現経営者を支えることです。

　それと関係しますが、常に経営者目線で考えることも大切です。特に支援者
がどこかの組織に勤務している立場の場合は、経営者目線になることは容易で
はありません。現経営者もそれは理解しているはずですが、少しでもその溝を
埋められるように「自分が経営者だったら……」という意識を忘れないように
したいものです。

　また、仕事に入り込むと、気がつかない間に独りよがりになったり、発想が
固定化したりすることがあります。そのことに自ら留意して、視野が狭くなる
のを意識的に防ぐようにしましょう。支援者の持っている人脈などを活かして
情報を入手したり、中小機構や商工会・商工会議所などが主催する事業承継セ
ミナーに参加して最新の情報に触れてみるのもよいでしょう。

　いずれにしても、支援者の立場として重要なのは、専門的な知識が深いこと
や、技術的な知識を持っていることよりも、あなたが現経営者や後継者の信頼
に足るだけの人物であることや精神力・行動力を持っているということです。

　なぜなら、専門知識の不足は他の専門家からのサポートを受けることで解決
しますが、お客様である現経営者や後継者が心底頼れるかどうかは、支援者自
身の人間性や仕事への姿勢によるものだからです。

　お客様に「覚悟」を求めると同時に、支援者自身も現経営者や後継者と共に
苦難を乗り越え、一緒に事業承継を成功させるという覚悟を持つことが必要で
す。

V 投資ファンドの役割

【1】投資ファンドとは何か

 親族外承継を検討していく中で、アドバイザーから「投資ファンドも候補に入れないか？」と提案がありました。ですが、そもそも投資ファンドがどういったものなのかわかりませんし、ハゲタカと呼ばれるような悪いイメージもあります。
　投資ファンドとはどのようなものなのでしょうか？

Answer.

　投資ファンドとは「複数の投資家から集めた資金を1つの基金（ファンド）として投資を行い、そこで得られたリターンを投資家に分配する仕組み」のことを言います。例えば、10人から1億円ずつ集めると10億円のファンドが組成されます。その10億円で「何か」に投資をしてリターンを狙います。「何か」とは会社の株式や債券、不動産などで、ファンドごとに投資方針があり投資先が決定されます。これらに投資を行い、5億円のリターンを生み出せばファンドの総額は15億円になります。（投資ファンドの取り分を無視するとして）これを10人に分配しますので、1人当たり1億5,000万円受け取ります。1人で見ると、1億円出して1億5,000万円戻ってきたので、5,000万円の利益となります。

　さて、事業承継における投資ファンドとは、「投資先が中小企業の株式」であるファンドのことを言います。投資ファンドは、オーナー経営者から株式を買い取ることで投資を実行したことになり、オーナー経営者は、投資ファンドに株式を譲渡することで事業承継を行ったことになります。

　投資ファンドは買い取った株式でリターンを出さなければいけませんので、投資ファンドの運営者自らが承継した会社の経営に取締役などの立場で参加

し、営業やオペレーション、マーケティングなどの改善支援（ハンズオン支援）を行います。ハンズオン支援により事業価値を高めた上で、株主として配当を受け取りつつ、最後は他社にその株式を売却することでリターンを得ます。

　ここで登場人物ごとのメリットを考えてみましょう。登場人物は、会社のオーナー経営者、会社、投資ファンドです。会社のオーナーは、投資ファンドに株式を譲渡することにより事業の承継ができるとともに、株式の譲渡対価を受け取りますので、まとまった資金を獲得できます。会社は、後継者不在の課題から解放されるとともに、新オーナーである投資ファンドが経営の支援を行ってくれますので、事業の成長と長期的な存続が実現されます。投資ファンドは会社のオーナーから貴重な投資機会を得て、自らの経営支援によりリターンを得ることができます。つまり3者とも win-win-win の関係と言えます。

　近年、中小企業の事業承継を投資対象とする投資ファンドが非常に増えてきていますので、親族外承継の買い手の候補先の1つとして検討が可能です。

【2】投資ファンドに承継するメリット

Q　他の事業会社ではなく、投資ファンドに事業承継（売却）を行うメリットはあるのでしょうか？

Answer.

　ここでは3つ、メリットを挙げたいと思います。1つは、投資ファンドの経営支援によって事業価値を向上させることができることです。投資ファンドは承継した会社の価値を高め、リターンを出すことでビジネスモデルが成り立っています。そのため投資ファンドからは通常、経営の専門家などが対象会社に派遣され様々な支援や経営実務を担います。中小企業は人材不足が恒常化しており、優秀な人材をなかなか採用できませんが、投資ファンドが経営を担うことにより経営の高度なノウハウが会社にもたらされ、事業の成長を加速させることができるとともに、長期的な存続が叶います。従業員の教育にもつながりますし、良い刺激にもなります。一概には言えませんが、リターンにコミット

し、経営の専門家を抱える投資ファンドの方が事業価値を高めることに長けていることが多く、有望な選択肢の1つになると考えます。最近の事例では、この経営ノウハウや経営支援が得られることを目的とし、投資ファンドのみを事業承継の買い手として検討するオーナーも増えています。

　2つ目は、同業他社への譲渡に対して従業員の抵抗がある場合、投資ファンドであれば、従業員の理解を得やすいことです。オーナーが株式を譲渡する場合に、同業他社や同じエリアを避けることがあります。やはり、これまでライバルとしてやってきた同業他社に買われ子会社になるというのはオーナーも心理的に抵抗がありますし、働く従業員も心良く思わない場合があります。また、同じエリアの会社であれば、譲渡の交渉がうまくいかなかった場合、風評リスクや情報漏洩のおそれもあります。これに対して、投資ファンドであれば、事業的にもエリア的にも一切の競合が無いため、スムーズな事業承継の受け皿となり得ます。

　そして、投資ファンドへの承継によって、事業の売却価格を最大化できる可能性があります。中小企業の事業承継においてこれまで最も一般的なプロセスは、M&A仲介業者やFA（フィナンシャル・アドバイザー）による相対取引でしたが、投資ファンドがターゲットとするような一定規模以上の企業では、売却価格の最大化を狙い、競争入札のプロセスを取ることも多くなってきました。

　もし、譲受会社を探す際に競争入札のプロセスを採用する場合は、投資ファンドも入札に参加させるのもよいでしょう。昨今は投資ファンドへ多額の資金が流れており、投資ファンドも投資先を探すことに必死です。投資ファンドは投資をしなければ仕事になりませんので、競争入札になるような案件では多少高くても攻めの価格（高値）を提示してくる傾向があります。

　事業会社は投資をすることが仕事ではなく、あくまで承継する会社が自社にどれだけ利益をもたらすかを考え買収価格を決めますが、投資ファンドは、経営支援を行うことにより自ら対象会社の事業価値を高めることができますので、その成長の可能性を考えて事業会社より高い価格提示を行う可能性もあります。

【3】投資ファンドの投資対象

　　どのような会社であれば投資ファンドが投資対象として検討するのでしょうか？

Answer.

　投資ファンドの規模や投資方針、メンバー構成や得意分野、過去の投資先などによって変わってきますが、中小企業の事業承継において、以下の点は重要になってきます。

　第1に、安定したキャッシュ・フローを生み出していることです。投資ファンドは、投資によってリターンを出さなければいけません。投資ファンドがリターンを出すためには、投資した会社の株式を売却してキャピタルゲインを得ることや、株主配当を受け取ることが考えられますが、その源泉となるものはキャッシュ・フローです。毎期安定的にキャッシュ・フローが出ていれば、何年で投資回収ができそうか、おおよその絵を描くことができます。簡易な数字で表すと、安定的に年間1億円のキャッシュ・フローが出ている会社であれば、たとえ5億円で買収したとしても5年で元が取れますし、投資ファンドの経営支援でキャッシュ・フローが増えれば、もっと早く投資回収ができます。このような分析を、実際はもっと精緻に行い、投資の可否を判断しています。

　第2に、業歴が長いことです。安定したキャッシュ・フローにも関連しますが、業歴が長いことは、その事業の価値を図る上で重要なポイントになり得ます。例えば、業歴が30年の会社であれば、ITバブル崩壊やリーマン・ショック、大震災、コロナ禍など数々の危機を乗り越え今に至っています。長く生き残ることができる会社には、その理由がありますし、過去の施策やその結果が多ければ多いほど、今後の予測も立てやすくなります。逆に業歴が短いと、この先に何かが起こった時にどのように対処することができるのか未知数となってしまいます。また、これまでの業績が実力であったのか、偶然なのか、判断材料が足りない場合もあります。事業承継に係る投資において、基本的に対象会社の100％の株式を投資ファンドが保有し、コミットしますので、事業の安

定性は重要となってきます。

　ちなみに、ベンチャー・キャピタルと呼ばれる投資ファンドは、業歴が短くても成長余力がありそうな事業にリスクを取って投資しますが、100％の株式ではなく、10％や20％など少数の株式に投資をしてコミットの割合を減らし、その分多くの事業に投資することによりリスクを分散させています。

　第3に、投資ファンドとして出口が見える業種業界であることです。投資ファンドはリターンを出すことが仕事です。よって、投資した会社の株式をいずれは売却し、キャピタルゲインを得ます。これを投資ファンドでは出口（Exit、イグジット）と呼んでいます。この出口をいかに成功させるかが投資ファンドのパフォーマンスを決める上で最大の肝になります。

　自らの投資額よりも高い金額で買ってもらうために、経営支援を行い事業価値の向上を目指すのですが、そもそも買い手が見つかりづらい業種業界が存在します。投資ファンド側から見ると、出口で売りづらい業種業界ということになります。

　例えば、ニッチすぎる製品を作っているメーカーで、その技術は他に応用ができないとなると、買う方もどのようにシナジーを生み出せばよいのか判断が難しくなります。また、一概には言えませんが、フランチャイジーのみの会社や、卸売業、不動産仲介業などは、その事業独自の強みや付加価値というものが見出しづらいため、投資対象として難しくなる傾向があります。逆に、M&Aが非常に盛んな業種業界も存在します。この点は、ファンドの投資方針によりケースバイケースとなります。

Q　投資ファンドへの事業承継を検討する上で、何か気をつけるべきことはありますか？

Answer.

　まず、投資ファンドに対して、しっかりとした知見を持ったFA（フィナンシャル・アドバイザー）に相談することが重要です。投資ファンドは、近年、無数に存在しており、それぞれの違いは一般的にはわかりづらく、インターネッ

トの公開情報で調べることも困難です。投資ファンドは、その投資方針やメンバーの経歴等によって、投資実行後の経営支援の関わり方が大きく変わってきます。投資ファンドによっては、自社ホームページに過去の投資実行先を掲載していますので、そのような事例を見て、おおよその雰囲気をつかむことはできますが、やはり普段から投資ファンドと接している FA に聞くほうが生の情報を得ることができます。

　また、投資ファンドのメンバーとしっかり面談をして、「一緒にやっていけそうかどうか？」を見極めることが重要です。買い手が事業会社であれば事業を完全に任せてしまうことになりますが、買い手である投資ファンドが提供するのは、資金と経営管理のノウハウになりますので、自ら経営を継続し、一緒に会社を成長させていくパートナーとしてふさわしいかどうかという点が重要です。また、オーナー経営者が、事業の譲渡後すぐに引退する場合でも、残される役員や従業員がその投資ファンドのメンバーと上手くやっていけるかどうかという目線で投資ファンドのメンバーと議論していくことが重要になってきます。

　なお、事業承継の投資案件を扱う投資ファンドは、一般的には、その会社の組織体制を急激に変えることは少ないです。中小企業ではオーナーが代表取締役でもあることが多いですが、その場合もオーナーが引退を希望しなければ、引き続き代表取締役として残ってもらい、経営を担ってもらうことも多くあります（オーナーでは無くなりますが、経営者のままということです）。

　例えば、50代前半のオーナー社長で、まだまだ元気だが、親族内に後継者がいないことは明らかなので、早めに投資ファンドに会社の株式を譲渡して、その譲渡対価を得るというケースがあります。このような場合、社長は引退するわけではなく、投資ファンドのメンバーを経営パートナーに得て、引き続き社長として経営を行って役員報酬を受け取ります。その結果、事業の成長が加速し、従業員の待遇も改善することができます。

　このケースのように、「後継者不在、自分も高齢であと何年やれるかわからないから譲渡先を急いで探す」という形ではなく、戦略的に投資ファンドを利用し、経営者として何も変わらないまま後継者不在を解決する事例が近年増えてきています。

どのような専門家と組むべきか

【1】どのような専門家と組むべきか

Q　　お客様から正式に依頼され、事業承継支援の仕事をスタートすることとなりました。しかし、支援しなければいけない業務の範囲が広く、とうてい自分1人では対応しきれないと思うのですが、どのような専門家と組めばよいでしょう？

Answer.

　事業承継に関するすべての業務を1人で行うことができるという人は、まずいません。1人で対応できないのが当然です。心配する必要はありません。

　事業承継支援のために必要となる主な業務について、どのような専門家が適しているか、下表にまとめました。これらの専門家と連携し、チームを編成すればよいでしょう。身近にこのような専門家がいない場合は、本書の執筆陣が所属する事業承継支援コンサルティング研究会までお気軽にご相談ください。

業務	専門家
事業承継全体のコーディネート	中小企業診断士
事業計画や経営戦略の立案、組織改革の実行など経営に係る業務	中小企業診断士
役員報酬や給与体系の見直し、助成金申請などに係る業務	社会保険労務士、行政書士
自社株式の評価、事業承継税制の適用申請、退職金の計算、節税対策などの業務	税理士、公認会計士
親族間、株主間の紛争解決、会社法を活用した自社株式対策に係る業務	弁護士
遺言書の作成、民事信託に係る業務	弁護士、司法書士、税理士
引退後のライフプランに関すること	ファイナンシャル・プランナー、中小企業診断士
法人設立、会社分割、定款変更、登記、契約書のチェックなどの法律に関する業務	弁護士、司法書士
後継者教育、幹部教育など教育関連の業務	中小企業診断士、キャリアコンサルタント
事業承継補助金など公的支援策活用に関する業務	中小企業診断士、税理士（経営革新等認定支援機関）
後継者への多面的な支援業務	中小企業診断士
M&A、第三者承継などの推進業務	公認会計士・税理士、中小企業診断士、FA

【2】専門家とのアライアンスの組み方

Q　私は中小企業経営支援のスペシャリストとして10年以上の経験を持つ中小企業診断士です。経営コンサルタントの仕事は、社長であるお客様と私が、1対1で対話を行うことによって進めるべきであり、複数の専門家が寄せ集まって対応するものではないと考えていました。

　しかし、事業承継支援の仕事はどうやら1人で遂行することが難しいようです。ただ、私は今まで一度も複数の専門家とチームを組んで仕事をしたことがありません。他の専門家とのチームはどのように組めばよいのでしょう？

Answer.

　チームとしての仕事のやり方は、自分が支援チームをコーディネートする立場か、コーディネートする支援者と組む立場かによって異なります。まずは、自分に声をかけてくれた現経営者、後継者、支援者に「自分は事業承継の支援全般のコーディネートを行うのか、専門分野のみを担当するのか」を確認する必要があります。そこで、まだ全般的なコーディネーターを誰にするのか決めていないという状況であれば、経営全般を見渡せる中小企業診断士がコーディネートの役割を担うことで最適なチームを編成／運営することができます。

　ここでは、中小企業診断士がコーディネーターとなることを前提として、専門家とのチームの組み方を整理してみます。

　まず、他の専門家に依頼する範囲を明確にします。それぞれの専門家は、予め決められた専門業務となることが一般的ですが、それ以外の分野にも精通している可能性があります。例えば、司法書士の方の中には、遺言や信託契約の作成支援だけでなく、自ら大規模な司法書士事務所を経営するなど企業経営そのものに強い方もいらっしゃいます。その場合、後継者教育なども合わせて依頼することもできるわけです。

　それゆえ、案件ごとに、一緒に仕事をする専門家それぞれがカバーできる範囲、および実際に依頼する仕事の一覧表を作って、整理をするとよいでしょう。

その際のポイントは、専門家が提供することができる役割という視点で考えるのではなく、事業承継支援の中で必要とされる役割という視点から、誰に対して依頼することが最適かというまとめ方をすると、漏れやダブリを避けることができます。

でき上がった一覧表を現経営者や後継者に提示すると、お客様も安心するとともに、コーディネーターへの信頼が高まります。

次に、業務委託契約の内容を確認します。依頼する仕事が決まりましたら、それぞれの専門家に、事業承継の方針や事業承継計画書の内容を説明した上で、依頼したい業務内容やそのタイミングなどを確認しておきます。また、契約形態や報酬に関する条件を決めることも忘れずに行いましょう。

基本的に、全体を総合的にコーディネートする支援者が、現経営者個人または対象会社と契約を締結し、窓口を一本化しておいたほうが話はスムーズです。専門家の方とも、顧問という形式で定額報酬の契約を行うか、作業発生の都度依頼をする従量課金の契約を行うか、などを決めておきます。

一般的には1人の専門家が、事業承継の最初から最後まで何かしらの仕事をし続けるということはあまりないため、事業承継の期間の長短や作業量などを勘案して、お互いに一番よいスタイルを検討します。例えば、短期間で事業承継を完了してしまう場合は、それぞれの専門家の出番が集中的にありますが、数年間をかけて実行する場合は、それぞれの専門家の出番が少なくなり、間延びすることになります。そのような場合、出番がない期間はセカンド・オピニオンを提示する役割を与えて、Q&Aに対応してもらえるような契約を検討します。

また、チームのルールを決めておきます。複数の専門家が一緒に仕事をしていくうえでは、いくつかの決め事をしたほうが、スムーズに行きます。例えば、報・連・相の仕方やタイミング、お客様との連絡窓口や方法、情報や資料の共有方法、資料のナンバリング方法などです。支援者が一般企業で勤務した経験があるならば、そのときに使われていたルールを思い出すと参考になるはずです。

なお、チーム全体として中小企業の事業承継支援に関する理解の共通化や議論の前提知識を整えておくために、中小企業庁の「事業承継ガイドライン」の読み合わせを行っておくとよいでしょう。

著者紹介

奥野 美代子（おくの みよこ）

魅力発信ブランディングコーチ
中小企業診断士、事業承継アドバイザー、CFP®、
一級ファイナンシャルプランニング技能士
株式会社アイリスプランナー　代表取締役
北海道大学文学部（文学部英語英米文学専攻）卒業
グロービス経営大学院（経営学修士）修了。
Bang & Olufsen a/s（デンマーク）の日本法人設立時
より27年、ブランド＆リテールマーケティングを統
括。PRやCRM（顧客管理）、店舗開発、スタッフ教育
に従事した。
2010年に中小企業診断士として独立。医療・美容系のサービス業の戦略策定、マーケ
ティング、経営改善、事業承継などの経営コンサルティングを行う。あなたの魅力を
理想のお客様に発信し、ぜひと選ばれるブランディングをコーチングで支援している。
事業承継では、知的資産経営をベースに価値を伝えるブランディングで、経営戦略
策定、組織活性化及び後継者教育を行う。また、健康経営とワークライフバランス
を推進し、中小企業の働き方改革の支援を行う。
医業経営コンサルタント、知的資産経営士、株式会社ワーク・ライフバランス認定
上級コンサルタント
本書執筆担当：第3章Ⅱ、第4章Ⅲ

岸田 康雄（きしだ やすお）

公認会計士、税理士、中小企業診断士、宅地建物取
引士、国際公認投資アナリスト（日本証券アナリス
ト協会認定）、一級ファイナンシャル・プランニング
技能士、一橋大学大学院修了。
中央青山監査法人（PwC）にて事業会社、都市銀行、
投資信託等の会計監査および財務デュー・ディリ
ジェンス業務に従事。その後、メリルリンチ日本証
券、SMBC日興証券、みずほ証券、税理士法人、三
菱UFJ銀行に在籍し、個人の相続対策から大企業の
M&Aまで幅広い資産承継と事業承継をアドバイスし

た。現在、相続税申告を中心とする税理士業務、中小企業に対する事業承継コンサルティング業務を行っている。日本公認会計士協会中小企業施策調査会「事業承継支援専門部会」委員。平成28年度経済産業省中小企業庁「事業承継ガイドライン」委員、東京都中小企業診断士協会中央支部「事業承継支援研究会」代表幹事。
著書には、「富裕層のための相続税対策と資産運用」、「中小企業の両利きの経営」、「事業承継ガイドライン完全解説」、「専門家のための事業承継入門」、「プライベート・バンキングの基本技術」、「プライベート・バンカー試験受験対策問題集」、「信託&一般社団法人を活用した相続対策ガイド」、「資産タイプ別相続生前対策パーフェクトガイド」、「事業承継・相続における生命保険活用ガイド」、「税理士・会計事務所のためのM&Aアドバイザリーガイド」、「証券投資信託の開示実務」などがある。
本書執筆担当：集1章、第6章Ⅰ

黒須 靖史（くろす　やすふみ）

株式会社ステージアップ代表取締役
中小企業診断士、相続診断士（一社相続診断協会会員）
1964年東京都大田区出身。和光大学経済学部経済学科卒業。
システムインテグレーターにてIT導入と業務改善支援に従事。1996年、IT系コンサルタントとして独立。様々な企業のIT化支援に携わる中で、経営全般への関与が大きくなり、中小企業診断士を取得。以来、主に中小企業の様々な経営課題解決の支援を行う。現場に密着したコンサルタントとして、事業のことだけにとどまらず経営者の個人的な相談にも広く対応し、喜ばれている。「企業の発展・存続を支援する」という経営コンサルタントの基本的な命題の中で、コーディネーターとして事業承継の全局面をサポートする機会が自然と多くなっている。自身がドラマのような相続トラブルに巻き込まれた経験から、事業承継は企業としての問題だけではなく、社長や後継者を含め、様々な個人の人生に大きく影響することを痛感し、誰もが幸せになる事業承継コンサルティングを心がけている。堅苦しい会議より、経営者と飲んでいる時間のほうが長い。
東京都中小企業診断士協会『事業承継支援コンサルティング研究会』元代表、『事業承継研究会』会員、『フランチャイズ研究会』会員、同協会中央支部『AI・人工知能研究会』代表、『思想・哲学研究会』会員。
著書には、『コンサルティング・コーチング』（同友館）、『社内コーチング導入マニュアル』（同友館）、『ITプロフェッショナルのためのビジネススキル』（ソフトバンク

クリエイティブ)、『なぜこのメソッドが未熟な社員を短期間で名プレーヤーに変えられたのか?』(カナリアコミュニケーションズ) などがある。
本書執筆担当:第3章Ⅲ〜Ⅴ、第5章Ⅲ、Ⅳ、第6章Ⅳ〜Ⅵ

皿谷 将 (さらや しょう)

弁護士(東京弁護士会所属)/センチュリー法律事務所所属
認定経営革新等支援機関
山形県出身。東京大学法学部卒業、東京大学大学院法学政治学研究科法曹養成専攻(法科大学院)修了。平成25年(2013年)に弁護士登録以来、主に事業承継、M&A、事業再生、成長支援廃業支援をはじめとする中小企業法務等の案件に従事。
平成27年(2015年)に、税理士である父が急に亡くなったことで、その経営する税理士事務所の事業承継問題に直面(税理士法人化等を経て現在は第三者のもと運営)。また、人口減少社会の最前線である地方において、中小企業の経営者の高齢化と廃業の増加が進行している現状に危機感を覚えたことから、令和元年(2019年)9月から令和4年(2022年)3月にかけて、経済産業省中小企業庁事業環境部財務課にて、課長補佐(経営承継)として、主に中小企業のための事業承継・M&A支援策の立案等に従事。特にコロナ禍において中小企業支援の必要性が高まるなか、「事業承継・引継ぎ支援センター」や経営承継円滑化法に基づく「所在不明株主に関する会社法の特例」の創設に関連する法令改正、「中小M&Aガイドライン」「中小PMIガイドライン」「事業承継ガイドライン」といった各指針の策定・改訂、「中小M&A推進計画」の取りまとめ、「中小企業の経営資源の集約化に資する税制」「中小企業経営力強化支援ファンド」「M&A支援機関登録制度」「経営資源引継ぎ補助金」(現事業承継・引継ぎ補助金)の創設、中小企業庁と日本弁護士連合会・中小企業診断協会の連携強化に関する各共同宣言等に関与。
令和4年(2022年)4月1日にセンチュリー法律事務所に復帰。
本書執筆担当:第3章Ⅵ、第4章Ⅰ、Ⅱ、第5章Ⅰ、Ⅱ、Ⅴ、Ⅵ、第6章Ⅱ(なお、初版の内容を可能な限り残すよう努めたものの、法令改正やガイドラインの策定・改訂等の影響を受け、また紙幅との兼ね合いにおいても、初版の内容について大幅な変更がある点についてはご了承頂きたい。)

高橋 秀仁 （たかはし しゅうじん）

株式会社高橋 代表取締役 中小企業診断士
一般社団法人 次世代経営協会 理事長
日本事業承継コーチング協会 理事長

事業承継は特別な準備をしなければ、会社は多大な損害を受ける。自らも後継者として事業承継時に社内外で大きな問題を抱え、親子間軋轢や従業員の反発、事業戦略の再構築など、後継者特有の苦い経験から、後継者共通の悩みを知り、事業承継独特の「ヒト」と「カネ」問題を独自手法で解決する。

事業承継の本質である後継者のリーダーシップとマネジメントという「社長力」を育成し、業種業界規模にかかわらず多くの後継社長を成功へ導く。独自の事業「勝」継理論を完成させ、後継者は良い経営者になる「DNA」を必ず持っているという信念で、全国で多くの後継者をセミナーとコンサルティングで育成している。

また、税理士や中小企業診断士など士業を事業承継支援の専門家に育てる「事業承継コーチ養成講座」をオンラインで開催しており、受講後は全国で活躍する士業を多数輩出している。

（一社）東京都中小企業診断士協会「事業承継支援コンサルティング研究会」副幹事。
著書には、『頑張らない2代目が成功する　事業『勝』継の極意』（ギャラクシー出版）、
本書執筆担当：第2章、第3章Ⅰ、第6章Ⅲ

和田 耕太郎 （わだ こうたろう）

マラトンキャピタルパートナーズ株式会社　取締役／共同パートナー

中小企業診断士、早稲田大学商学部卒業。

野村證券にて資産運用業務や事業承継支援、米国ゼネラル・エレクトリック（GE）の金融部門であるGE Capitalにて国内中堅企業向けの資金調達業務に従事した後に、国内独立系ファンドである日本創生投資に参画。投資フロント主要メンバーとして、主に事業承継・再生に関するバイアウト投資に従事。その後、製造業のM&Aを推進するセイワホールディングスにてM&A部門の責任者に就任し、役員としてチームの立ち上げと事業承継に

関するバイアウト投資を推進した。ファンドによる投資と事業会社による投資を合わせて、合計16件（スモール・マイクロキャップ中心）のバイアウト投資を経験。その後、国内中小企業の事業承継に関するバイアウト投資を行う PE ファンド、マラトンキャピタルパートナーズ株式会社を創業し、取締役／共同パートナーとして PE ファンドの経営及び投資案件のソーシング、エグゼキューション、投資後のハンズオン支援、Exit 等、バイアウト投資の一連の業務に従事している。
本書執筆担当：第3章Ⅵ【1】、第5章Ⅱ、Ⅵ、第6章Ⅴ

新版 専門家のための 事業承継入門
事例で学ぶ！事業承継フレームワーク

新版発行　2023年2月10日

編　者　事業承継支援コンサルティング研究会

発行者　橋詰 守

発行所　株式会社 ロギカ書房
　　　　〒101-0052
　　　　東京都千代田区神田小川町2丁目8番地
　　　　進盛ビル303号
　　　　Tel 03（5244）5143
　　　　Fax 03（5244）5144
　　　　http://logicashobo.co.jp/

印刷・製本　亜細亜印刷株式会社
978-4-909090-89-8　C2034